Lothar Semper
Bernhard Gress

DIE HANDWERKER-FIBEL

Dr. Lothar Semper
Dipl.-Kfm. Bernhard Gress

DIE HANDWERKER-FIBEL

für die praxisnahe Vorbereitung auf die Meisterprüfung Teil III

Band 2 Gründungs- und Übernahmeaktivitäten vorbereiten, durchführen und bewerten

mit Übungs- und Prüfungsaufgaben

53., überarbeitete Auflage

Holzmann Medien | Buchverlag

Die Handwerker-Fibel enthält in der Regel Berufsbezeichnungen, Gruppenbezeichnungen usw. nur in der männlichen Form. Wir bitten diese sinngemäß als Doppelbezeichnungen, wie zum Beispiel Frau/Mann, Handwerksmeisterin/Handwerksmeister, Betriebsinhaberin/Betriebsinhaber usw. zu interpretieren und anzuwenden.

53., überarbeitete Auflage 2015
Band 2: Artikel-Nr. 1762.35 | ISBN: 978-3-7783-0954-4

Lektorat: Achim Sacher, Holzmann Medien | Buchverlag
Umschlaggestaltung: Markus Kratofil, Holzmann Medien | Buchverlag
Bildquellen Umschlag: © Dan Race - Fotolia.com | © olly - Fotolia.com
Satz: abavo GmbH | Buchloe
Druck: Kessler Druck + Medien | Bobingen

Vorwort

Die 53. Auflage der Handwerker-Fibel basiert auf der aktuellen Fassung der Verordnung über die Meisterprüfung in den Teilen III und IV im Handwerk und in den handwerksähnlichen Gewerben (Allgemeine Meisterprüfungsverordnung – AMVO), die zum 01.01.2012 in Kraft getreten ist. Nachdem seit 01.01.2010 die AMVO für Teil IV der Meisterprüfung und seit 01.08.2009 die Ausbildereignungsverordnung (AEVO) für die Vermittlung der berufs- und arbeitspädagogischen Kenntnisse die Handlungsorientierung vorsehen, wurde diese nunmehr auch für Teil III der Meisterprüfung umgesetzt. Der Stoff für jedes der drei Handlungsfelder wird in einem eigenen Band dargestellt, sodass die Handwerker-Fibel insgesamt vier Bände umfasst – Band 1-3 für Teil III und Band 4 für Teil IV der Meisterprüfung.

Grundlage für die Überarbeitung des Teils III der Meisterprüfung war die im Jahr 2008 im Auftrag des damaligen Bundesministeriums für Wirtschaft und Technologie durch das Forschungsinstitut für Berufsbildung im Handwerk (FBH) an der Universität zu Köln entwickelte Struktur für eine handlungsorientierte Prüfung im Teil III.

Als Richtschnur für die Gestaltung der betriebswirtschaftlichen Vorbereitungslehrgänge für junge Meisterinnen und Meister wurde unter der Federführung des Ludwig-Fröhler-Instituts in München ein handlungsorientierter Rahmenlehrplan erarbeitet, der die neuen Prüfungsanforderungen aufgreift. Er zeichnet sich durch Praxisnähe und Kompetenzorientierung aus, um die berufliche Handlungsfähigkeit sowie die unternehmerische Eigenverantwortung und Selbstständigkeit der Lernenden zu fördern.

Teil III der Meisterprüfung enthält drei Handlungsfelder, die sich an den Phasen eines Unternehmenslebenszyklus orientieren:

1. Wettbewerbsfähigkeit von Unternehmen beurteilen
2. Gründungs- und Übernahmeaktivitäten vorbereiten, durchführen und bewerten
3. Unternehmensführungsstrategien entwickeln.

Handlungsorientierung bedeutet, dass berufliche Handlungssituationen oder Handlungsfälle, die an der Betriebs- und Berufspraxis und an Geschäfts- und Arbeitsprozessen orientiert sind, beispielhaft zum Gegenstand der Ausbildung gemacht werden. Der Lernende soll selbstständig Handlungen planen, durchführen und kontrollieren sowie sich im Anschluss über die jeweiligen Zusammenhänge klar werden. Damit erreicht er berufliche Handlungskompetenz, das heißt, er kann in beruflichen Situationen im betrieblichen Gesamtzusammenhang sach- und fachgerecht durchdacht und in wirtschaftlicher und gesellschaftlicher Verantwortung handeln.

Die von den Meisterinnen und Meistern zu erwerbenden Fertigkeiten, Kenntnisse und Fähigkeiten sind für die einzelnen Handlungsfelder als Kompetenzen formuliert. Auf der Grundlage des Rahmenlehrplans ist der Inhalt dieses Bandes nach Handlungsfeldern und Lernsituationen gegliedert. Bei jeder Lernsituation sind die zu erwerbenden Kompetenzen vorangestellt.

Die Handwerker-Fibel versteht sich als elementare und unabdingbar notwendige Grundlage für ein erfolgreiches Lernen, für die Aneignung von Handlungs- und Problemlösungskompetenz und für das Bestehen der Meisterprüfung, sowohl in zulassungspflichtigen wie auch in zulassungsfreien Handwerken. Sie ist dafür sowohl das wichtigste Lernmittel und Begleitmaterial als auch Grundlage für das Selbststudium. Der Schwerpunkt der Inhalte ist nicht auf Begriffswissen, sondern in erster Linie auf anwendungsbezogenes Handlungswissen und berufliche Handlungsfähigkeit für die Praxis gelegt. Auch im Rahmen der handlungsorientierten Ausbildung und Vorbereitung auf die Meisterprüfung ist ein Lehrbuch wie dieser Band der Handwerker-Fibel für ein erfolgreiches Lernen, den Erwerb der erforderlichen Kenntnisse, für die Aneignung von Handlungskompetenz und das Bestehen der Prüfung unverzichtbar. Darüber hinaus hat sich die Handwerker-Fibel als Handbuch und Nachschlagewerk für die wirtschaftliche Betriebs- und Unternehmensführung des Handwerksmeisters nach der Meisterprüfung, sei es als selbstständiger Unternehmer oder als angestellte Führungskraft, bewährt. Dabei hilft den Nutzern ein umfangreiches Stichwortverzeichnis.

Nach den Textteilen zu den Lernsituationen folgen Wiederholungsaufgaben sowie handlungsorientierte, fallbezogene Übungs- und Prüfungsaufgaben. Dabei kommen folgende Aufgabentypen vor:

- Aufgaben mit programmierten Auswahlantworten bzw. Auswahllösungen
- Textaufgaben mit offenen Antworten bzw. Lösungen
- fallbezogene Aufgaben mit Leitfragen und offenen Lösungen
- fallbezogene Aufgaben mit frei formulierter Lösung
- fallbezogene Aufgaben mit Berechnungen
- Einsetzaufgaben und Zuordnungsaufgaben.

Sie dienen dem handlungsorientierten Vorgehen im Unterricht oder beim Selbststudium, ermöglichen eine den Lernprozess begleitende Kontrolle und eine rationelle Vorbereitung auf die Prüfung. Die fallbezogenen Aufgaben mit programmierten Auswahllösungen sind durch Ankreuzen von einer oder teilwiese auch zwei (dies ist dann bei der jeweiligen Aufgabe angegeben) der fünf vorgegebenen Lösungen zu bearbeiten. Die richtigen Lösungen sind am Schluss des Buches zur Kontrolle abgedruckt. Bei allen Aufgaben erfolgt am Ende der Aufgabenstellung ein Hinweis zum Textteil als Lösungshilfe und um bei festgestellten Lücken entsprechend nachlesen bzw. nacharbeiten zu können.

Alle vier Bände der Handwerker-Fibel sind auch für die Vorbereitung auf Fortbildungsprüfungen im Handwerk geeignet, in denen betriebswirtschaftliche, kaufmännische und rechtliche sowie berufs- und arbeitspädagogische Kenntnisse nach Maßgabe der Verordnung über gemeinsame Anforderungen in der Meisterprüfung im Handwerk und in den handwerksähnlichen Gewerben (AMVO) gefordert werden.

Für diese Auflage wurde der Inhalt wiederum an gesetzliche Änderungen und Neuregelungen angepasst.

Für Anregungen bei Abfassung des Textes für diesen Band danken wir Herrn Holger Scheiding und Herrn Ernst M. Schreyer.

Wir wünschen Ihnen bei der Vorbereitung und Ablegung Ihrer Prüfungen viel Erfolg.

Januar 2015

Die Autoren und
Holzmann Medien | Buchverlag

Mit den aktuellen Lehr- und Lernmitteln von Holzmann Medien erwerben Sie zusätzliche Sicherheit für die erfolgreiche Ablegung Ihrer Meisterprüfung:

> **Der MeisterTrainer.** Trainieren Sie handlungsorientierte, fallbezogene Übungsaufgaben – immer und überall: am PC, Tablet und Smartphone. Prüfungsvorbereitung einfach, schnell und sicher, online und offline. Auch als CD-ROM oder Download erhältlich.

> **Das Übungspaket zu Teil III und IV der Meisterprüfung.** Mit der Bearbeitung der Übungsbögen stellen Sie Ihr vorhandenes Wissen auf den Prüfstand. Gleichzeitig legen Sie den Grundstein für eine erfolgreiche Prüfung.

> **Die Handwerker-Fibel auf CD-ROM.** Der gesamte Inhalt (Text und Abbildungen) per Mausklick sofort abrufbar. Einfache Bedienung, hoher Benutzerkomfort.

Sämtliche Lehr- und Lernmittel können, sofern sie nicht vom Lehrgangsträger zur Verfügung gestellt werden, im Buchhandel oder direkt beim Verlag bezogen werden.

Bestelladresse: **Holzmann Medien GmbH & Co. KG**
Buchverlag
Gewerbestraße 2
86825 Bad Wörishofen
Tel.: 0 82 47 / 35 41 24
Fax: 0 82 47 / 35 41 90
E-Mail: buch@holzmann-medien.de
www.holzmann-medienshop.de

Handlungsfeld 2: Gründungs- und Übernahmeaktivitäten vorbereiten, durchführen und bewerten 15

Handlungsfeld 2: Gründungs- und Übernahmeaktivitäten vorbereiten, durchführen und bewerten

1. Bedeutung persönlicher Voraussetzungen für den Erfolg beruflicher Selbstständigkeit begründen

Kompetenzen

- Für eine erfolgreiche Unternehmertätigkeit relevante Anforderungen identifizieren.
- Eigene Fähigkeit zum selbstständigen Führen eines Handwerksbetriebes erkennen und beurteilen.

1.1 Anforderungen an einen Unternehmer

Wer sich mit der Frage befasst, einen Betrieb zu gründen oder einen zu übernehmen, sollte sich zunächst intensiv damit auseinandersetzen, ob er wesentliche Eigenschaften mitbringt, die im Allgemeinen von einem Unternehmer erwartet werden. Er sollte sich ferner bewusst sein, dass berufliche Selbstständigkeit nicht nur Chancen, sondern auch Risiken und Belastungen mit sich bringt.

Allgemeine Überlegungen

Diese Vor- und Nachteile muss jeder dann für sich selber genau abwägen, ehe er den Schritt zur Existenzgründung wagt. Dabei wird es allerdings in den seltensten Fällen ein eindeutiges Ja oder Nein geben, sondern oftmals auch einen Kompromiss, bei dem jedoch die positive Einstellung überwiegen sollte. Nur dann ist die Wahrscheinlichkeit einer nachhaltigen und dauerhaften selbstständigen Existenz gegeben.

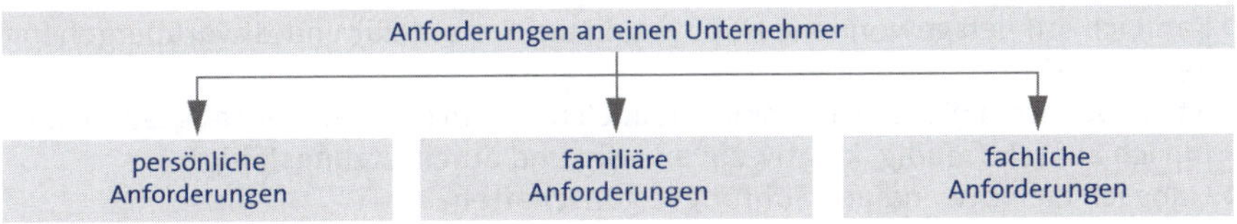

1.1.1 Persönliche Anforderungen

Erfolgreiche Betriebsgründungen und Betriebsübernahmen setzen in der Regel auch bestimmte persönliche Eigenschaften beziehungsweise Anforderungen voraus. Dazu zählen beispielsweise:

- Risikobereitschaft
- Entscheidungsfreunde
- Verantwortungsbewusstsein
- Kommunikationsfähigkeit und Kontaktfreude

> körperliche und emotionale Belastbarkeit
> Konflikt- und Krisenfähigkeit
> Flexibilität
> strategische Denken
> Zielstrebigkeit
> Sozialkompetenz
> Verhandlungsgeschick
> rhetorische Sicherheit
> Führungseigenschaften
> Motivation
> Selbstvertrauen.

Checklisten und Tests

In Handbüchern zur Existenzgründung sowie bei zahlreichen Institutionen wie Handwerkskammern und Fachverbänden gibt es auch Checklisten und Tests, anhand derer man feststellen kann, ob man zum Unternehmer geeignet ist beziehungsweise wo man noch Defizite hat, die ausgeglichen werden können.

Jeder Existenzgründer sollte sich, bevor er im Handwerk den Schritt in die Selbstständigkeit wagt, daher folgende selbstkritische Fragen stellen, um seine persönlichen Voraussetzungen auszuloten:

Selbstkritische Fragen

> Was sind meine Motive für die berufliche Selbstständigkeit?
> Bin ich der Typ, der risikofreudig ist, oder bin ich einer, der eher den Weg der größeren Sicherheit sucht?
> Habe ich die persönliche Stärke, in eigener Verantwortung auch in kritischen Lagen kühlen Kopf zu bewahren, nicht zu resignieren und optimistisch zu sein?
> Verfüge ich über eine überdurchschnittliche psychische und körperliche Belastbarkeit?
> Kann ich Wichtiges und Unwichtiges unterscheiden und mich auf das Wesentliche konzentrieren?
> Bin ich bereit, ein Arbeitspensum zu leisten, das über dem Normalmaß eines Berufstätigen liegt?
> Kann ich auf lieb gewonnene Hobbys und auf Freizeit zumindest vorübergehend verzichten?
> Ist der Schritt in die Selbstständigkeit auch mit dem (Ehe-)Partner abgesprochen?
> Bin ich kontaktfreudig, kreativ, zuverlässig und durchsetzungsfähig?
> Habe ich die notwendigen Führungseigenschaften?
> Reichen Berufsausbildung, Prüfungen, Berufserfahrung sowie Fertigkeiten, Kenntnisse und berufliche Handlungsfähigkeit aus, um der angestrebten beruflichen Selbstständigkeit gerecht zu werden?
> Habe ich alle Voraussetzungen für eine Gewerbeausübungsberechtigung?

1.1.2 Familiäre Anforderungen

Für den Erfolg eines Unternehmers ist es unerlässlich, dass die Familie oder der Partner die Gründung oder Übernahme eines Betriebes bejaht und unterstützt. Unternehmer zu sein ist keine Eigenschaft, die man bei Verlassen seines Betriebsgebäudes ablegen kann. Probleme, die sich im Betrieb stellen, haben auch Einfluss auf das Familienleben. Gerade in der Startphase sind oftmals persönliche und zeitliche Einschränkungen die Regel. Gegebenenfalls sind auch Überlegungen hinsichtlich der Kinderbetreuung anzustellen. Gerade bei Handwerksbetrieben ist es oft üblich, dass der (Ehe-)Partner im Betrieb mitarbeitet.

1.1.3 Fachliche Anforderungen

Wer über die notwendigen fachlichen Voraussetzungen verfügt, erleichtert sich nicht nur den eigenen Start, sondern findet auch leichter die Anerkennung bei Geschäftspartnern, Kunden und Banken.

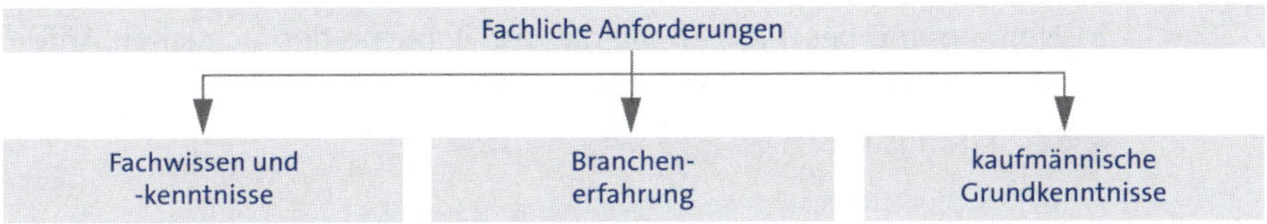

a) Fachwissen und -kenntnisse

Vom künftigen Unternehmer wird gefordert, dass er über die fachtheoretischen und fachpraktischen Kenntnisse verfügt, die er zur Ausübung des Berufs, in dem er sich selbstständig macht, benötigt.

b) Branchenerfahrung

Hier kommt es darauf an, einen Überblick zu haben über

- Marktentwicklung
- Kalkulation
- Kostenfaktoren
- Kennzahlen
- spezifische Wettbewerbssituation
- Standortfaktoren
- spezifische Arbeitsmarktlage und Personalgewinnung.

c) Kaufmännische Grundkenntnisse

Sie sollten ausreichen, um Entscheidungen insbesondere in folgenden Bereichen treffen und begründen zu können:

- Finanzierung
- Personal
- Marketing
- rechtliche Grundlagen
- Rechnungswesen
- Steuerpflichten
- Sozial- und Privatversicherungen.

> Handwerksmeister haben den Vorteil, dass sie zu diesen einzelnen Bereichen im Rahmen der gesamten Meistervorbereitung bereits umfassende Kenntnisse vermittelt bekommen.

Wiederholungsfragen sowie handlungsorientierte, fallbezogene Übungs- und Prüfungsaufgaben

1. Sie setzen sich damit auseinander, ob für Sie der Schritt in die berufliche Selbstständigkeit eine Alternative zu der aktuellen Angestelltentätigkeit ist.

   Aufgabe:

   a) Beschreiben Sie, welche persönlichen Anforderungen Sie dazu erfüllen sollten!

   b) Nennen und beschreiben Sie die drei Bereiche der fachlichen Anforderungen, über die Sie verfügen sollten!

   >> Seiten 15 bis 17 |

2. Wirtschaftliche, gesellschaftliche und kulturelle Bedeutung des Handwerks sowie Nutzen von Mitgliedschaften in den Handwerksorganisationen darstellen und bewerten

Kompetenzen

- > Handwerks- und branchenspezifische Informationen über Entwicklung der Gesamtwirtschaft recherchieren, relevante Daten darstellen und mit anderen Quellen vergleichen.
- > Den gesamtwirtschaftlichen Kontext, in dem ein handwerkliches Unternehmen operiert, erklären können.
- > Selbstverständnis und persönliche Zugehörigkeit zum Handwerk begründen.
- > Aufbau der Handwerksorganisation sowie Aufgaben und Leistungsangebote der einzelnen Organisationen kennen.
- > Nutzen von Mitgliedschaften in Handwerksorganisationen kennen und bewerten.

2.1 Stellung des Handwerks in der Volkswirtschaft

Um die Stellung des Handwerks kompetent beurteilen zu können, werden hier zunächst einige grundlegende Begriffe aus der Volkswirtschaft erklärt.

2.1.1 Grundzüge volkswirtschaftlicher Zusammenhänge

Jeder Mensch hat Grundbedürfnisse zur Bewältigung seines Lebens. Neben den Mindestbedürfnissen an Nahrung, Kleidung und Wohnung entstanden je nach Kultur- und Entwicklungsstand der Menschen weitere Bedürfnisse wie Sicherheitsbedürfnisse, soziale Bedürfnisse, Wertschätzungsbedürfnisse und Entwicklungsbedürfnisse.

Bedürfnisse

> Die Bedürfnisse des Menschen, die am Markt zu Nachfrage nach Gütern und Dienstleistungen führen, nennt man Bedarf. Die Herstellung und Verteilung von Gütern und Dienstleistungen bezeichnet man als Wirtschaft. Die Wirtschaft eines Landes (auch Volkswirtschaft genannt) stellt also Güter und Dienstleistungen zur Befriedigung der menschlichen Bedürfnisse her und übernimmt deren Verteilung.

a) Produktion

Die Grundlagen für die Gütererzeugung sind die Produktionsfaktoren Boden (Bodenfläche und Bodenschätze/Rohstoffe), Arbeit und Kapital (Werkzeuge, Maschinen, Betriebsanlagen usw.).

Produktionsfaktoren

Investitionen

Die Produktion von Gütern und Dienstleistungen geschieht dadurch, dass in einer Produktionsstätte (Betrieb) Arbeitskräfte, Maschinen, Gebäude und Rohstoffe eingesetzt werden. Das gesamte Sachkapital wird durch die „Produktion“ abgenutzt und verliert an Wert. Zur Erhaltung und zur Steigerung der Leistungsfähigkeit des Wirtschaftens muss das Sachkapital immer wieder durch Investitionen erneuert und erweitert werden. Dies setzt eine laufende Kapitalbildung voraus. Kapital kann aber nur gebildet werden, wenn nicht das gesamte Brutto-Inlandsprodukt verbraucht wird, sondern ein Teil davon über das Sparen wieder in die Investition fließt.

Um die drei Produktionsfaktoren in bester Weise wirksam werden zu lassen, ist unternehmerisches Können erforderlich. Jedes Unternehmen ist also innerhalb der Volkswirtschaft eine Einheit, die durch die Verbindung der Produktionsfaktoren zur volkswirtschaftlichen Leistung beiträgt.

b) Brutto-Inlandsprodukt

Das Brutto-Inlandsprodukt ist der Maßstab zur Erfassung der gesamtwirtschaftlichen Leistung. Es umfasst die in einem Wirtschaftsgebiet (beispielsweise Deutschland) in einem bestimmten Zeitraum erbrachten Güter und Dienstleistungen.

Wirtschaftswachstum

Durch Wirtschaftswachstum, das unter anderem durch mehr Leistung pro Arbeitskraft erreicht wird, wird das Inlandsprodukt erhöht.
Der Beitrag der verschiedenen Wirtschaftszweige zum Brutto-Inlandsprodukt ist unterschiedlich. Das Handwerk ist mit knapp 10 % beteiligt.

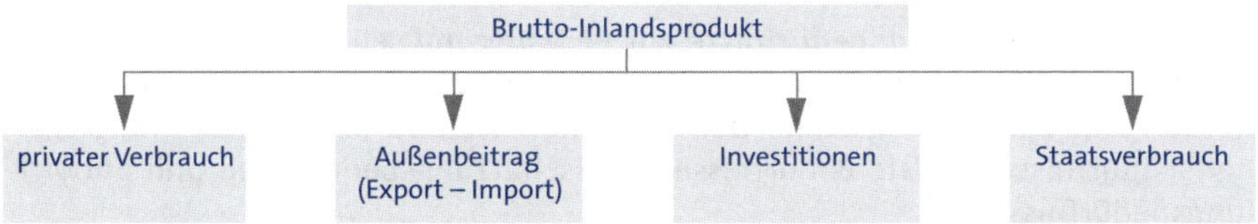

Privater Verbrauch

Investitionen

Der Anteil des privaten Verbrauchs am Inlandsprodukt dient der Steigerung des Lebensstandards. Ein weiterer, nicht verbrauchter Teil des Inlandsprodukts wird investiert (Kauf von Maschinen, Fabriken und Anlagen) und trägt dazu bei, die Produktion für die Zukunft zu erhalten und nach Möglichkeit zu steigern. Das vom Bürger gesparte Geldkapital wird also wieder teilweise in Sachkapital umgewandelt.

Staatsverbrauch

Außenbeitrag

Ein dritter Teil des Inlandsprodukts wird vom Staat für die Erfüllung seiner Aufgaben beansprucht. Ein vierter Teil wiederum wird exportiert. Werden davon die Importe abgezogen, so erhält man den Außenbeitrag. Folgende Abbildung gibt eine Übersicht über die Verwendung des Brutto-Inlandsprodukts in Deutschland:

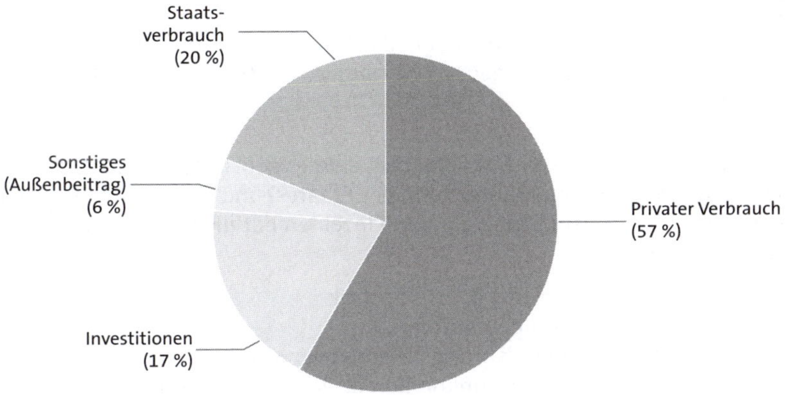

c) Geld und Währung

Euro

Geld hat neben seiner Funktion als Tauschmittel Bedeutung als Recheneinheit und als Wertaufbewahrungsmittel. In Deutschland ist der Euro die geltende Währung. Seit 01.01.2002 ist er gesetzliches Zahlungsmittel in Form von Euro-Banknoten und -Münzen.

Währung

Unter Währung versteht man die Ordnung des Geldwesens innerhalb eines Landes oder eines Wirtschaftsgebietes sowie die Wertbeziehungen und den Zahlungsverkehr zu anderen Ländern.

> Der Wert des Geldes spielt eine wichtige Rolle: Er beruht auf seiner Kaufkraft.

Inflation

Die Kaufkraft wiederum hängt unter anderem davon ab, wie viel Geldvorrat dem Gütervorrat gegenübersteht. Der Geldvorrat soll dem Gütervorrat wertmäßig entsprechen. Bleibt die Warenmenge gleich und die Geldmenge steigt, lässt der Geldwert nach, und man spricht von einer inflationären Entwicklung. Würde die Warenmenge gleich bleiben und die Geldmenge sinken, steigt die Kaufkraft des Geldes. Man spricht dann von einer deflatorischen Entwicklung.

> In der Europäischen Währungsunion hat die Europäische Zentralbank (EZB) in Frankfurt/Main die geldpolitische Verantwortung.

Die nationalen Zentralbanken sind rechtlich eigenständige Untergliederungen der EZB und somit Bestandteil des Systems Europäischer Zentralbanken (ESZB).

Aufgaben der EZB

Die EZB ist verpflichtet, vorrangig das Ziel der Preisstabilität in Unabhängigkeit von den Regierungen zu verfolgen und für einen stabilen Euro zu sorgen.

Sie setzt dabei auf eine vorausschauende Geldmengenstrategie, die auch der Fiskalpolitik (finanzpolitische Maßnahmen des Staates) und der Wirtschafts- und Tarifpolitik eine klare Orientierung gibt. Im Einzelnen hat die EZB folgende grundlegenden Aufgaben:

> Festlegung und Durchführung der Geldpolitik
> Durchführung von Devisengeschäften
> Verwaltung der offiziellen Währungsreserven der Mitgliedstaaten
> Förderung des reibungslosen Funktionierens der Zahlungssysteme.

Die EZB muss dabei, um ihren Stabilitätsauftrag erfüllen zu können, die Unterstützung der Länderregierungen haben. Darauf haben sich die Teilnehmerländer des Euro in einem Stabilitätspakt geeinigt, der insbesondere darauf ausgerichtet ist, Haushaltsdisziplin und Schuldenbegrenzung in den einzelnen Ländern zu gewährleisten.

Geldpolitische Instrumente

Die EZB hat selbst eigene Instrumente der Geldpolitik, um ihre Aufgaben und Ziele zu erreichen. Dazu gehören u. a.:

> Durchführung von Offenmarktgeschäften zur Steuerung der Zinssätze, zur Kontrolle der Liquiditätslage am Geldmarkt und zur Signalisierung des geldpolitischen Kurses
> Zurverfügungstellung ständiger Fazilitäten (= Möglichkeit für die Inanspruchnahme sehr kurzfristiger Kredite), um rasch Liquidität bereitstellen oder vom Markt nehmen zu können
> Verpflichtung der Kreditinstitute zur Haltung von Mindestreserven auf Konten bei den nationalen Zentralbanken.

Über den Einsatz aller Instrumente der EZB bestimmt der EZB-Rat.

d) Wirtschaftssysteme

Als Wirtschaftssystem oder Wirtschaftsordnung bezeichnet man den organisatorischen Aufbau und Ablauf einer Volkswirtschaft. Die zwei extremen Formen sind die freie Marktwirtschaft und die Planwirtschaft (Zentralverwaltungswirtschaft).

Soziale Marktwirtschaft

Weit größere Bedeutung haben aber entsprechende Abwandlungen, insbesondere die soziale Marktwirtschaft.

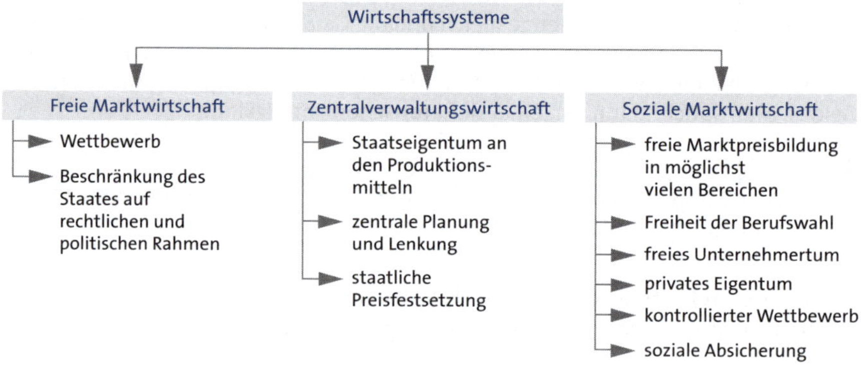

Das in der Bundesrepublik praktizierte System der sozialen Marktwirtschaft geht davon aus, dass die Gemeinschaft und der Einzelne vor Auswüchsen in der Preisgestaltung und vor sozialen Unsicherheiten geschützt werden.

Freie Marktpreisbildung in möglichst vielen Bereichen, Freiheit der Berufswahl und Berufsausübung, freies Unternehmertum, privates Eigentum an Produktionsmitteln und Freiheit des selbstständigen wirtschaftlichen Handelns sind Wesensbestandteile der sozialen Marktwirtschaft.

e) Aufgaben der Wirtschaftspolitik

Es gibt vier zentrale Aufgaben der staatlichen Wirtschaftspolitik:

Zentrale Aufgaben der Wirtschaftspolitik

- Erhaltung bzw. Erreichung der Vollbeschäftigung
- Steigerung des Wirtschaftswachstums
- Erhaltung des außenwirtschaftlichen Gleichgewichts
- Erhaltung bzw. Erreichung der Preisstabilität

2.1.2 Wirtschaftliche Bedeutung

a) Aufgaben des Handwerks

Früher war es wesentliche wirtschaftliche Aufgabe des Handwerks, Güter herzustellen, die der Mensch zur Befriedigung der elementaren Lebensbedürfnisse – Nahrung, Wohnung und Bekleidung – benötigte.

Haushandwerk
Berufshandwerk

Mit einfachen Hilfsmitteln, aus der Verbindung von Geist und manueller Geschicklichkeit, erfüllte zunächst das Haushandwerk und später das Berufshandwerk seine wirtschaftliche Aufgabe als Träger der gesamten Produktion von Gebrauchs- und Verbrauchsgütern.

Kulturelle Leistungen

Dank seiner wirtschaftlichen Leistungskraft hat sich das Handwerk im Laufe der Zeit zu Leistungen weiterentwickelt, die in den kulturellen Bauleistungen und im Städtebau des Mittel- und Spätmittelalters einen Höhepunkt fanden.

Technisierung

Die Technisierung und der daraus folgende Wandel in den Arten des Wirtschaftens ließen aus dem Handwerk heraus die industrielle Gütererzeugung entstehen, die heute überwiegt. Dabei wurde das Handwerk aus einigen Bereichen der gewerblichen Produktion verdrängt.

Die Nachfrage nach individueller Befriedigung der Bedürfnisse und somit nach Qualität, Maßarbeit und kreativen Leistungen ist allerdings nach wie vor groß.

In der Deckung des gehobenen Bedarfs und der persönlichen Dienstleistungen sowie der individuellen Problemlösungen liegen die Stärke und die Zukunftschancen eines großen Teils der handwerklichen Leistungen und Produkte.

Insgesamt liegen die Aufgabenschwerpunkte des Handwerks in:

Heute kommen dem Handwerk durch das Entstehen neuer Werkstoffe, neuer Erfindungen, neuer Technologien und neuer Industriezweige zusätzliche volkswirtschaftliche Aufgaben zu.

Viele industrielle Erzeugnisse (z. B. sanitäre Einrichtungsgegenstände, Heizungsanlagen, Erzeugnisse der Elektroindustrie und andere) werden erst durch Leistungen des Handwerks (Montage) zu einem gebrauchsfähigen Wirtschaftsgut für den Letztverbraucher.

Arbeitsteilung

Abgesehen von einigen Arbeitsgebieten, bei denen die industrielle Massenproduktion und die handwerklichen Erzeugnisse im Wettbewerb stehen (z. B. Bekleidungshandwerk – Bekleidungsindustrie), hat sich in unserer Volkswirtschaft zwischen Handwerk, Industrie und Dienstleistern eine weitgehende, volkswirtschaftlich wünschenswerte Arbeitsteilung vollzogen.

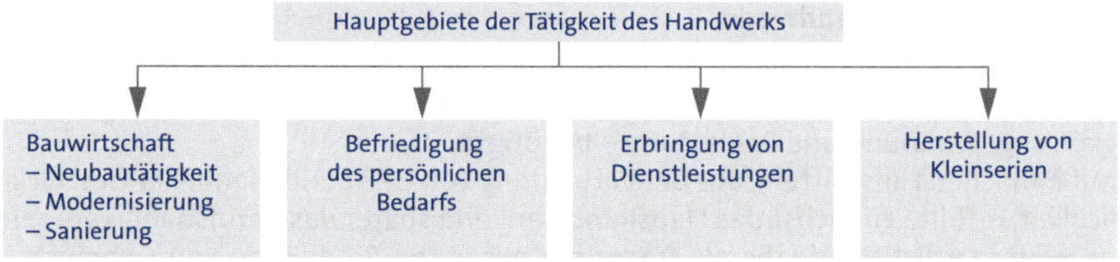

Die Industrie erhält vom Handwerk insbesondere:

- Bau- und Reparaturleistungen
- Dienstleistungen aller Art
- Spezialmaschinen und Werkzeuge
- Modelle, Mess- und Prüfgeräte
- Einzelteile.

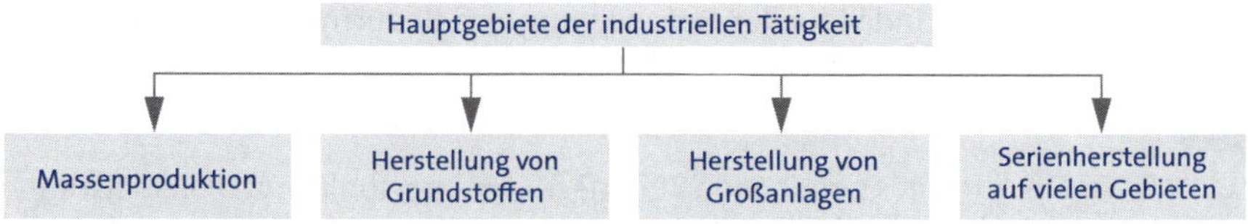

Das Handwerk erhält von der Industrie unter anderem:

- Rohstoffe und Halbfabrikate
- Maschinen und Fahrzeuge.

Industrie und Handwerk schließen sich also nicht aus, vielmehr lassen neue Industriezweige auch neue Handwerkszweige entstehen (z. B. Kfz-Industrie/Kfz-Handwerk).

Neue Technologien

Auch bei den neuen Technologien liegen die Chancen und Schwerpunkte für die Handwerksbetriebe in der Zulieferung an die Industrie sowie bei Montage, Installation und Wartung.

Durch Auslagerung wird das Handwerk zudem stärker in die industrielle Wertschöpfung eingebunden.

b) Strukturwandel und Zukunftsperspektiven des Handwerks

Hauptprobleme des Strukturwandels

> Das deutsche Handwerk hat ständig einen umfassenden technisch und wirtschaftlich bedingten Strukturwandel zu bewältigen.

Hauptprobleme

Die Hauptprobleme des Handwerks sind aktuell:

- steigende Arbeitskosten
- steigende Rohstoffpreise
- Zunahme der Schwarzarbeit, Scheinselbstständigkeit
- Verknappung von Gewerbeflächen in Ballungsräumen
- Verdrängungswettbewerb durch Verbraucher- und Baumärkte
- Verdrängungswettbewerb durch Industrie und Handel
- mangelnde Berücksichtigung der Belange der Kleinbetriebe in der Steuer- und Sozialpolitik
- rasante technologische Entwicklung (z. B. 3-D-Drucker)
- Wandel des Absatzmarktes für zahlreiche Handwerksbetriebe von einem Verkäufer- zu einem Käufermarkt
- Veränderungen in der Bevölkerungsstruktur (demografischer Wandel)
- hoher Sättigungsgrad bei Gütern und Dienstleistungen des täglichen Bedarfs
- Deckung des Nachwuchs- und Fachkräftebedarfs
- Konkurrenz aus Niedriglohnländern
- Öffnung der osteuropäischen Märkte.

Maßnahmen zur Bewältigung der Herausforderungen

Zur Lösung der Hauptprobleme des Handwerks im technischen und wirtschaftlichen Strukturwandel und zur Bewältigung der Herausforderungen sind vor allem in drei Bereichen Maßnahmen notwendig:

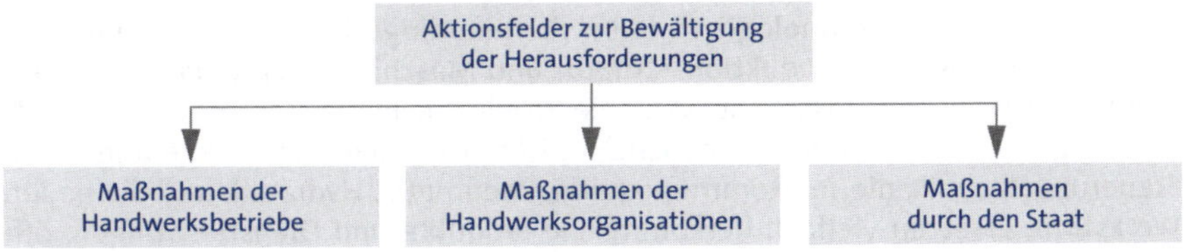

Betriebe

Die Handwerksbetriebe müssen stets bereit sein,

- neue Produkte und Dienstleistungen anzubieten,
- bestehende Leistungsangebote ständig an sich ändernde Marktbedingungen und Zielgruppen anzupassen und zu erweitern,
- neue Absatzwege und Absatzgebiete zu erschließen,
- EDV sowie Informations- und Kommunikationstechnologien konsequent in Werkstatt und Büro einzusetzen,
- Kooperationen auftragsbezogen einzugehen,
- sich noch stärker an den Anforderungen der Kunden und deren Bedarf zu orientieren.

> Die Handwerksorganisationen (Handwerkskammern, Fachverbände, Innungen) müssen ihre Förderungsmaßnahmen, insbesondere Beratung, Informationsvermittlung, Nachwuchssicherung sowie Aus- und Fortbildung, ausweiten. Zur Stärkung des Handwerks in der EU und zur Verstärkung der Exportaktivitäten generell sind außenwirtschaftliche Kontaktstellen und Messebeteiligungen wichtig.

Rahmenbedingungen

Von besonderer Bedeutung ist die Schaffung handwerks- und mittelstandsfreundlicher wirtschaftlicher Rahmenbedingungen durch den Staat, vor allem in der Steuer-, Wettbewerbs-, Sozial- und Bildungspolitik.

Zukunftsperspektiven und Entwicklungschancen des Handwerks

Entwicklungschancen

Günstige Entwicklungsmöglichkeiten eröffnen sich bei entsprechenden Rahmenbedingungen vor allem:

- bei der Befriedigung des individuellen Bedarfs
- bei Reparatur- und Dienstleistungen
- bei der fachkundigen Beratung
- bei Leistungen im Freizeit-, Gesundheits- und Wellnessbereich
- bei der Qualität der Produkte
- durch den technischen Fortschritt
- bei der Umsetzung der Energiewende, z. B. durch energetische Gebäudesanierung
- durch Innovationen, wie z. B. Elektromobilität
- bei Umweltschutz und Steigerung der Energieeffizienz
- durch das Entstehen neuer Marktnischen
- durch Kundennähe und Kundenorientierung
- durch Kooperationen zum Angebot von Komplettleistungen.

Aufgrund der neuen Technologien ändern sich allerdings die Marktgegebenheiten wie Leistungsangebot, Produktionsstruktur und Maschinen sowie das damit verbundene Wissen sehr rasch. Die Mikroelektronik sowie die Neu- und Weiterentwicklung von Informations-, Nachrichten-, Datenverarbeitungs-, Regelungs- und Steuerungstechnik, die Telekommunikation, Pneumatik, Hydraulik und die neuen Werkstoffe ersetzen vielfach herkömmliche Produkte und Dienstleistungen, öffnen den Weg zur Entwicklung flexibler Fertigungs- und Leistungssysteme und führen zu Rationalisierung und Automation.

Zusätzliche Chancen bieten auch Umweltschutz, Klimaschutz, Energieeinsparung und Elektromobilität. Gerade die Klein- und Mittelbetriebe des Handwerks sind hier bewährte Problemlöser und Innovatoren. Umweltschutz

Das Handwerk hat gute Voraussetzungen, in Zukunft zu bestehen. Damit verbunden ist jedoch auch ein ständiger Wandel in weiten Teilen des Handwerks, der zu neuen Berufen und Tätigkeitsschwerpunkten sowie teilweise auch zu anderen Betriebsgrößen führen wird.

c) Leistungsstruktur des Handwerks

Das Handwerk erwirtschaftet ein Zehntel der Umsätze aller deutschen Unternehmen. Die Leistungsstruktur ist vielseitig. Deshalb bezeichnet man das Handwerk auch als Deutschlands vielseitigsten Wirtschaftsbereich.

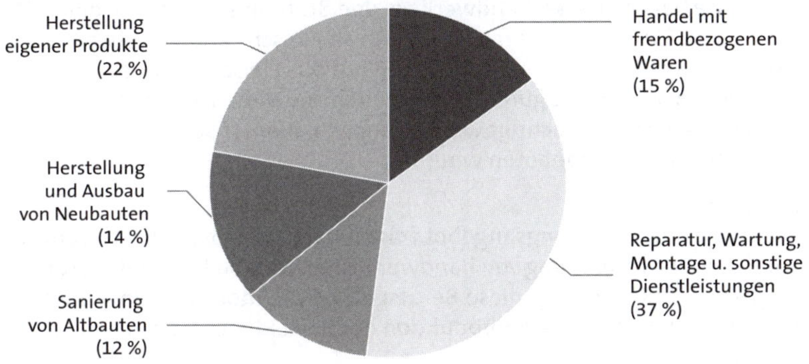

Vom Gesamtumsatz des Handwerks entfallen nach den wichtigsten Abnehmergruppen auf: Abnehmergruppen

- private Haushalte 43 %
- gewerbliche Wirtschaft 44 %
- öffentliche Auftraggeber 13 %.

Die amtliche Statistik teilt die Aktivitäten des Handwerks nach Leistungsbereichen und wirtschaftlichen Funktionen wie folgt ein:

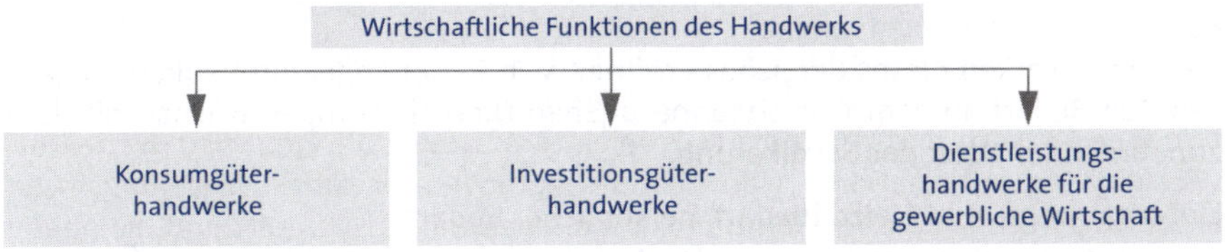

Konsumgüterhandwerke

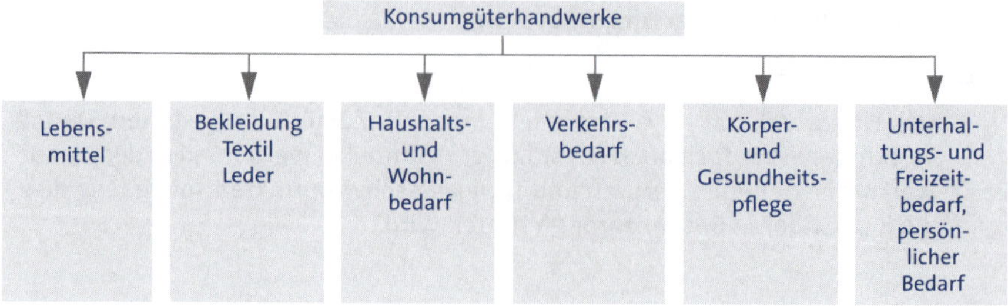

Lebensmittelhandwerke

Bei der Versorgung der Bevölkerung mit Lebensmitteln deckt das Handwerk trotz zunehmender Zahl an Brotfabriken, Wurstfabriken, Großbrauereien und Verbrauchermärkten einen erheblichen Teil des Bedarfs.
Beispielsweise hat das Bäckerhandwerk bei den Brot- und Backwaren einen Marktanteil von rund 55%. Vom gesamten Umsatz an Fleisch- und Wurstwaren entfällt nach wie vor ebenfalls ein merklicher Anteil auf das Fleischer-/Metzgerhandwerk. Dem Handwerk kommt zugute, dass hier die individuellen Verzehrs- und Geschmackswünsche berücksichtigt werden und vor allem frische Ware aus der Region von hoher Qualität angeboten wird.

Bekleidung, Textil, Leder

Zum individuellen Bekleidungsangebot tragen nach wie vor die Bekleidungshandwerke bei. Aus der Verbindung von handwerklicher Verarbeitung des Materials und schöpferischer Fantasie prägt diese Berufsgruppe die modische Linie unserer Zeit und kann daher von der Massenproduktion der Bekleidungsindustrie nie ganz verdrängt werden.

Haushalts- und Wohnbedarf

Die Innenraumgestaltung und -ausstattung bietet ein weites handwerkliches Betätigungsfeld. Die hohen Ansprüche breiter Kreise der Bevölkerung an verbesserte Wohnverhältnisse lassen den Bedarf weiter steigen.

Verkehrsbedarf

Die in dieser Gruppe zusammengefassten Handwerke rund um das Kraftfahrzeug haben innerhalb der Konsumgüterhandwerke eine herausragende Stellung.

Mobilität

Das hohe Mobilitätsbedürfnis unserer Wirtschaft und Gesellschaft ist dafür die wesentliche Ursache.

Körper- und Gesundheitspflege

Den Handwerken dieses Bereiches eröffnen sich in der Regel gute Zukunftschancen. Der Bedarf an derart personenbezogenen Dienstleistungen wächst mit dem zunehmenden Alter der Bevölkerung.

Unterhaltungs- und Freizeitbedarf, persönlicher Bedarf

Die in dieser Gruppe zusammengefassten Handwerke sind sehr stark auf den privaten Verbrauch ausgerichtet.

Private Kunden

Entsprechend kommt dem privaten Kunden als Abnehmer eine große Bedeutung zu. Die Entwicklungsmöglichkeiten in diesem Bereich hängen sehr stark von den verfügbaren Einkommen, dem Wohlstandsniveau, dem Wertewandel und der wachsenden Freizeit ab.

Investitionsgüterhandwerke

Investitionsgüterhandwerke
- Bau- und Ausbauhandwerke
- technische Investitionsgüterhandwerke

Bau- und Ausbauhandwerk

Das Bau- und Ausbauhandwerk stellt nach wie vor eine der stärksten Gruppen (43 % des Gesamthandwerksumsatzes) mit einer Vielzahl von Berufen dar. Es beweist damit, dass das produzierende Handwerk noch eine verhältnismäßig große Rolle in unserer Wirtschaft spielt.
Der Anteil des Handwerks an den im Bauhauptgewerbe geleisteten Arbeitsstunden beträgt 77 %.

Bautätigkeiten

Im Wohnungsbau leistet das Handwerk einen Anteil von 88 % der Arbeitsstunden des Bauhauptgewerbes, im gewerblichen Bau 66 % und im öffentlichen Hoch- und Tiefbau 73 %. In erheblichem Umfang ist das Bau- und Ausbauhandwerk im Bereich der Stadtsanierung, der Denkmalpflege sowie der Sanierung und Modernisierung von Gebäuden aller Art tätig.

Technische Investitionsgüterhandwerke

Die technischen Investitionsgüterhandwerke liefern sowohl den Investitionsgüterproduzenten zu, produzieren eigene maschinelle Ausrüstungen und führen auch Montage-, Reparatur- und Wartungsarbeiten an Maschinen und Anlagen aus.

Auf dem Sektor der Zulieferungen ist ein großer struktureller Umbruch im Gange. Die Industrie verlagert Produktionsbetriebe ins Ausland und/oder lagert Zulieferungen teilweise ins preisgünstigere Ausland aus. Sie will eine kleinere Zahl an Zulieferern. Ferner verlangt sie Qualitätsmanagement und Zertifizierung von den handwerklichen Zulieferern. Die Industrie legt immer mehr Wert darauf, dass nicht nur Produkte, sondern in Kombination auch Dienstleistungen und Komplettlösungen angeboten werden. Schließlich will die Industrie von den Zulieferern größere Betriebseinheiten. Trotz dieser großen Probleme für die Zulieferer aus dem Handwerk haben diese auch in der Zukunft wirtschaftliche Chancen, denn die großen Industriebetriebe gliedern in erheblichem Umfang aus Kostengründen Teilbereiche ihrer Produktion aus (Verringerung der Fertigungstiefe) und übertragen diese an Zulieferer. Die Chancen der Handwerksbetriebe liegen vor allem in Qualität, Spezialwissen, Preiswürdigkeit, Flexibilität, Kooperationsfähigkeit, Zuverlässigkeit und Termintreue.

Chancen

Dienstleistungen für die gewerbliche Wirtschaft

Diejenigen Handwerksberufe, die als Dienstleister für die gewerbliche Wirtschaft tätig sind, haben sich in den letzten Jahren expansiv entwickelt, sind allerdings auch sehr stark von der Entwicklung ihrer Abnehmer abhängig.

d) Betriebe, Unternehmen, Beschäftigte, Umsätze

Handwerksbetriebe, Handwerksunternehmen

Zurzeit gibt es in der gesamten Bundesrepublik rund 1.000.000 Handwerks- und handwerksähnliche Betriebe, die in den Verzeichnissen der Handwerkskammern eingetragen sind. Die amtliche Statistik erfasst Handwerksunternehmen. Dabei werden Betriebe ohne Beschäftigte und mit wenig Umsatz sowie das handwerksähnliche Gewerbe nicht erfasst. Die Zahl der Handwerksunternehmen in Deutschland betrug im Jahr 2011 (letzte amtliche Zahl) rund 580.000.

Tätige Personen

In diesen Unternehmen sind gegenwärtig rund 5,05 Millionen Menschen tätig. Über die Unternehmensgröße informiert die nachstehende Abbildung.

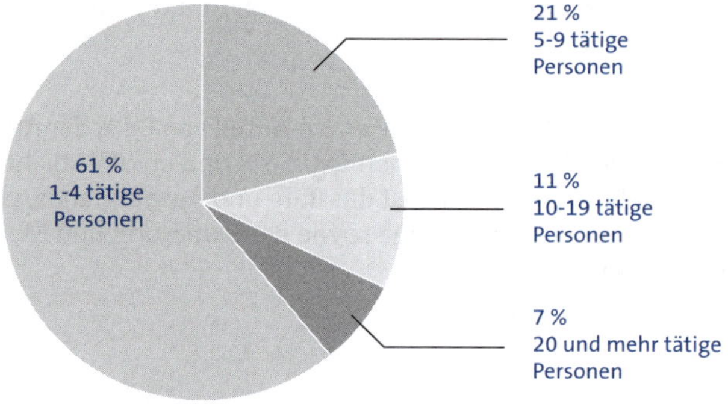

Umsätze

Der Gesamtumsatz des deutschen Handwerks betrug im Jahre 2013 rd. 506 Mrd. EUR (ohne Umsatzsteuer). Er erreicht damit rund 27 % des Umsatzes der Industrie.

Investitionen

Das Handwerk investiert jährlich rd. 14 Mrd. EUR in seine Betriebe.

2.1.3 Gesellschaftliche Bedeutung

> Die Betätigung im Handwerk bildet die Grundlage vieler selbstständiger Existenzen. Eine Marktwirtschaft kann nur funktionieren, wenn es davon eine große Zahl gibt.

Eigenverantwortung

Gesellschaftspolitisch betrachtet ist es von großer Bedeutung, dass eine beachtliche Anzahl der im Handwerk beschäftigten Personen tätige Inhaber und Familienangehörige sind und ein erheblicher Teil aller Handwerker auf eigenem Grund und Boden arbeitet. Jährlich machen sich Tausende im Handwerk selbstständig und sichern bestehende bzw. schaffen neue Arbeitsplätze. Sie zeigen damit ein erhebliches Maß an Initiative, Eigenverantwortung und Risikofreudigkeit. Die breite Streuung der Betriebe auf Stadt und Land führt zu einer gesunden und sozial ausgewogenen Struktur unserer Volkswirtschaft. Zahlreiche Handwerker engagieren sich ehrenamtlich in nahezu allen Lebensbereichen unserer Gesellschaft.

Das Handwerk leistet so über seine ökonomischen Aufgaben hinaus einen wichtigen Beitrag zur Sicherheit und Weiterentwicklung der demokratischen Staats- und Gesellschaftsordnung.

Ehrenamtliche Aktivitäten

2.1.4 Kulturelle Bedeutung

> Handwerk gestaltet Kultur und kulturelle Lebensräume und trägt zur Sicherung der kulturellen Identität einer Region genauso bei wie zur kulturellen Vielfalt in der Formgebung.

Bedeutende Künstler sind aus dem Handwerk hervorgegangen. Handwerker waren die Erbauer der Dome oder berühmter Schlösser, Patrizierhäuser oder Gemeinschaftsbauten. Sie formten Fassaden und Giebel, schmiedeten kunstvolle Gitter, schufen formschöne Luxusmöbel, schlugen aus Stein oder gossen aus Erz unvergessliche Denkmäler.

Auch wenn Idee und Entwurf vielfach von Künstlerhand stammten, waren es dennoch Handwerker, welche der Idee unvergängliche Formen zu geben vermochten. Die Blütezeit des Handwerks war auch eine Blütezeit der Kultur.

Künstler und Handwerker

Handwerklich technisches Können und künstlerische Betätigung gehen vielfach ineinander über. Alle Kultur setzt Arbeit voraus. Die Arbeitswerte werden dadurch zu Kulturgütern, sodass sie zum Ausdruck ihrer Zeit werden.

Nur schöpferisch gestaltende Arbeit kann Kulturgüter erzeugen. Gerade aber der Handwerker ist mit der Planung, Vertiefung und Vollendung seines Werkes persönlich sehr eng verbunden. Seine Werke sind nicht Serien- oder Massenartikel, sondern persönliche Qualitätsarbeiten, an denen vielfach ein Stück seines Lebens hängt. Der Handwerker vermag jedoch nur das in sein Werk zu legen, was er selbst in sich trägt. Daher sind das hohe Niveau seiner handwerklichen Fähigkeiten und Kenntnisse (Gesellenprüfung, Meisterprüfung) und die schöpferisch gestaltende Kraft seiner Persönlichkeit entscheidend.

Schöpferisch gestaltende Kraft

Zweifellos hat sich durch die Fortentwicklung der Technik auch manches in der Formgebung des Handwerks wesentlich geändert. Die Formgebung des gestaltenden Handwerks und dessen kulturelle Bedeutung hat aber auch gerade beim heutigen Zug zur industrialisierten Technik und zum industriellen Design nach wie vor hohe Bedeutung.

Formgebung

Besondere Leistungen erbringt das Handwerk laufend auch in der Denkmalpflege und in der Restaurierung und trägt damit zur Bewahrung des bauhistorischen Erbes bei.

2.2 Handwerksorganisationen

2.2.1 Strukturen und Aufgaben

a) Aufbau der Handwerksorganisationen

Die Handwerksorganisation wird in zwei Gruppen eingeteilt.

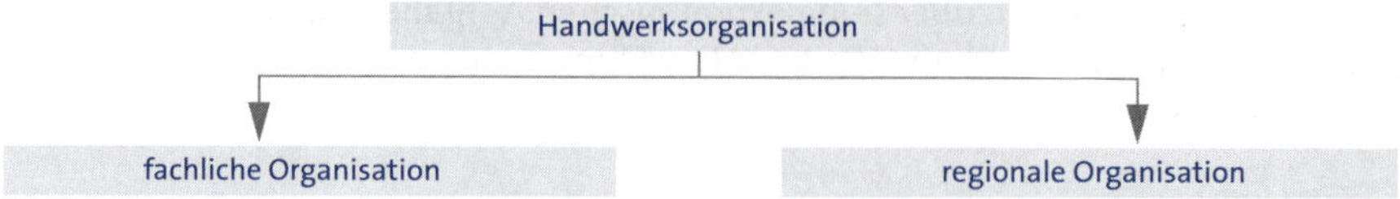

Fachlich ist die Handwerksorganisation aufgebaut in:

- Innungen
- Landesinnungsverbände
- Bundesinnungsverbände.

Der regionale Aufbau erfolgt nach:

- Kreishandwerkerschaften
- Handwerkskammern.

Dachorganisationen

Zur Interessenvertretung gemeinsamer Belange auf Landes- und Bundesebene haben Handwerkskammern und Fachverbände Arbeitsgemeinschaften bzw. gemeinsame Dachorganisationen gebildet.

Beispiele für die Landesebene

- Zusammenschluss der bayerischen Landesinnungsverbände im „Unternehmerverband Bayerisches Handwerk“
- Zusammenschluss der bayerischen Handwerkskammern in der „Arbeitsgemeinschaft der Bayerischen Handwerkskammern“
- Zusammenschluss der Landesfachverbände und der Handwerkskammern Bayerns im „Bayerischen Handwerkstag“.

Landeshandwerksvertretung

Gleiche oder ähnliche „Landeshandwerksvertretungen“ gibt es auch in anderen Bundesländern.

Bundesebene

- Alle deutschen Handwerkskammern bilden den „Deutschen Handwerkskammertag“ (DHKT).
- Die Bundesinnungsverbände sind in dem „Unternehmerverband Deutsches Handwerk“ (UDH) zusammengefasst.
- Die Spitzenorganisation des gesamten deutschen Handwerks ist der „Zentralverband des Deutschen Handwerks“ (ZDH). Dem ZDH gehören die im Unternehmerverband Deutsches Handwerk zusammengeschlossenen Bundesinnungsverbände und die im Deutschen Handwerkskammertag zusammengeschlossenen Handwerkskammern an.

ZDH

Die Handwerksorganisation in Deutschland

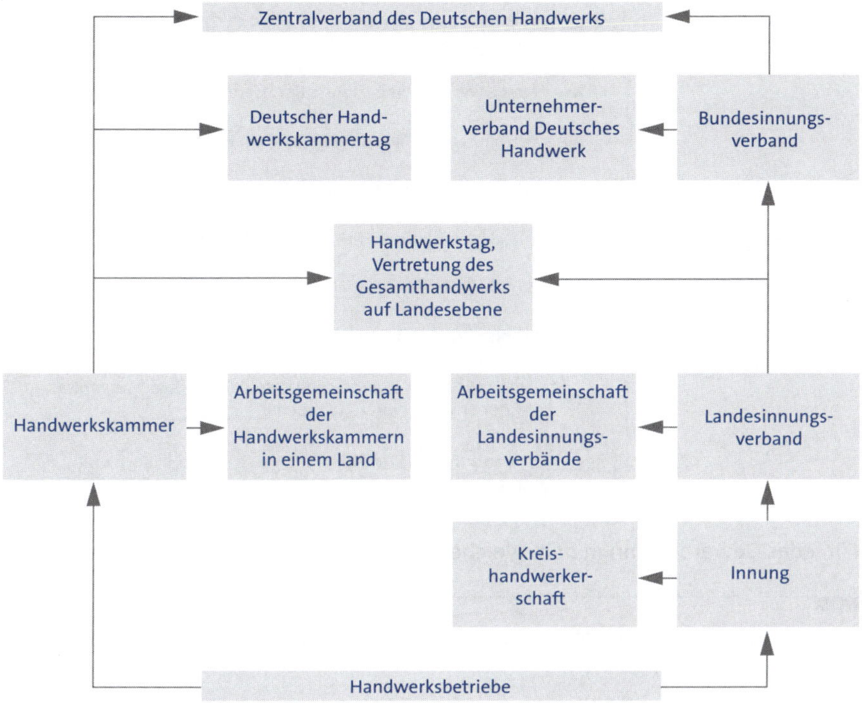

b) Strukturen und Aufgaben der einzelnen Organisationen

Innung

Die Innung ist der freiwillige Zusammenschluss von Inhabern von Betrieben des gleichen zulassungspflichtigen Handwerks oder des gleichen zulassungsfreien Handwerks oder solcher Handwerke oder handwerksähnlicher Gewerbe, die sich fachlich oder wirtschaftlich nahestehen. Voraussetzung ist, dass für das jeweilige Gewerbe eine Ausbildungsordnung erlassen worden ist.

Die Innung ist eine Körperschaft des öffentlichen Rechts. Auch Gewerbetreibende, die ein dem Gewerbe, für welches die Innung gebildet ist, fachlich oder wirtschaftlich nahestehendes handwerksähnliches Gewerbe ausüben, für das keine Ausbildungsordnung erlassen ist, können bei entsprechender Satzung Innungsmitglied werden. Bei Vorliegen der Voraussetzungen darf der Innungsbeitritt nicht versagt werden.

Körperschaft öffentlichen Rechts

Ihre Aufgaben sind:

Wichtige Aufgaben der Innung

- Vertretung der gemeinsamen gewerblichen Interessen ihres Handwerks im Innungsbereich
- Pflege von Gemeingeist und Berufsehre
- Betreuung der Mitglieder in fachlicher Hinsicht
- Erlass von Vorschriften für die Lehrlingsausbildung
- Entscheidung über Lehrlingsstreitigkeiten
- Abnahme der Gesellen-/Abschlussprüfungen
- Erteilung von Gutachten und Auskünften an Behörden
- Unterstützung der anderen Stellen der Handwerksorganisation bei der Erfüllung ihrer Aufgaben
- Vermittlung bei Streitigkeiten zwischen Mitgliedern und ihren Kunden

Für jedes Gewerbe kann in dem gleichen Bezirk nur eine Innung gebildet werden.

Das oberste Organ der Innung ist die Innungsversammlung.

Aufgaben der Innungsversammlung

Ihr sind insbesondere vorbehalten

> alle Beschlüsse von vermögensrechtlicher Bedeutung (Beitragsordnung, Haushaltsplan, Jahresrechnung, Anlage des Innungsvermögens, Mietverträge, Anstellungsverträge usw.),
> die Wahlen der Mitglieder des Vorstandes, der Ausschüsse, der Vertreter bei der Kreishandwerkerschaft und beim Landesinnungsverband sowie
> die Beschlüsse über Satzungsänderung und Auflösung der Innung.

Jedes Mitglied hat eine Stimme. Die Beschlüsse werden in der Regel mit einfacher Mehrheit gefasst.

Dem Vorstand obliegen die Ausführung der Beschlüsse der Innungsversammlung sowie die Vertretung der Innung nach außen.

Er setzt sich zusammen aus dem meist als Obermeister bezeichneten Vorsitzenden des Vorstands und so vielen weiteren Mitgliedern, wie die Satzung bestimmt.
Die Innung kann für die Beratung und Erledigung wichtiger Angelegenheiten besondere Ausschüsse einsetzen. Die nachfolgend aufgeführten fünf Ausschüsse hat in der Regel jede Innung:

Ausschüsse

> Der Ausschuss für Berufsbildung hat die Berufsausbildung der Lehrlinge zu fördern. Er soll insbesondere Vorschriften für die Berufsausbildung erarbeiten und zu Verfahren zur Untersagung des Einstellens und Ausbildens von Lehrlingen

Stellung nehmen, soweit die Innung damit befasst ist. Der Vorsitzende des Ausschusses ist der Lehrlingswart.

- Der Ausschuss zur Schlichtung von Streitigkeiten zwischen Ausbildenden und Auszubildenden hat in Streitfällen einen Schiedsspruch zu erlassen, sofern solche Verfahren keine anderweitige Erledigung finden.
- Der Gesellenausschuss wird von den bei den Innungsmitgliedern beschäftigten Gesellen gewählt und ist an der Innungsversammlung zu beteiligen, wenn es sich um berufsständische Angelegenheiten handelt.
- Der Gesellenprüfungsausschuss hat die Gesellenprüfungen durchzuführen, sofern die Handwerkskammer der Innung die Ermächtigung hierzu erteilt hat.
- Der Rechnungsprüfungsausschuss hat die Kassenführung und die Jahresrechnung zu prüfen und über das Ergebnis der Innungsversammlung zu berichten, in der dem Vorstand Entlastung erteilt werden soll.

> Zur Finanzierung der Aufgaben ist jedes Mitglied der Innung verpflichtet, den von der Innungsversammlung festgesetzten Beitrag zu bezahlen.

Haushaltsplan, Jahresrechnung

Vor Beginn des Rechnungsjahres hat der Vorstand einen Haushaltsplan aufzustellen und der Innungsversammlung zur Annahme vorzulegen. Im Haushaltsplan wird angegeben, welche Einnahmen die Innung im kommenden Geschäftsjahr erwartet und wie sie diese zu verwenden beabsichtigt. Nach Ablauf des Geschäftsjahres ist dann die Jahresrechnung aufzustellen und nachzuweisen, wie hoch die Einnahmen der Innung wirklich waren und entsprechend dem Haushaltsplan verwendet wurden.
Die Aufsicht über die Innung führt die Handwerkskammer.

Kreishandwerkerschaft

> Die Kreishandwerkerschaft setzt sich zusammen aus den Innungen, die im Bereich der Kreishandwerkerschaft (Stadt- und Landkreis) ihren Sitz haben. Sie ist eine Körperschaft des öffentlichen Rechts.

Ihre Aufgaben sind:

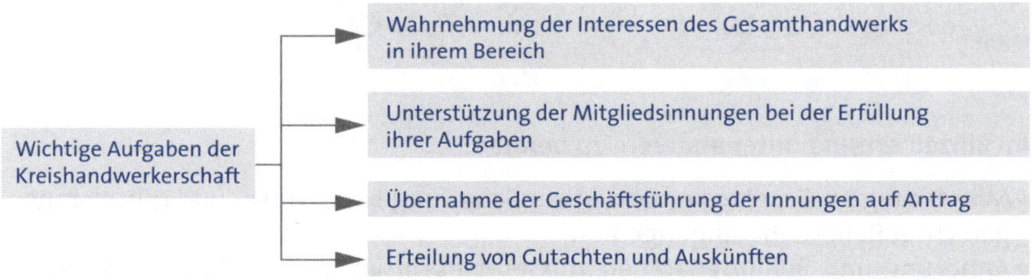

Mitgliederversammlung

Die Mitgliederversammlung der Kreishandwerkerschaft setzt sich aus den Vertretern der Mitgliedsinnungen zusammen. Jede Innung hat eine Stimme. Die Satzung kann bestimmen, dass den Handwerksinnungen entsprechend der Zahl ihrer Mitglieder bis zu höchstens zwei Zusatzstimmen zuerkannt werden.

Kreishandwerksmeister

Den Vorstand bilden der Kreishandwerksmeister, sein Stellvertreter und so viele weitere Mitglieder, wie die Satzung bestimmt.

Ausschüsse können nach Bedarf von der Mitgliederversammlung eingesetzt werden.
Die Beiträge zur Kreishandwerkerschaft werden von den Mitgliedsinnungen nach dem von der Mitgliederversammlung festgelegten Berechnungsmodus entrichtet.
Die Aufsicht über die Kreishandwerkerschaft führt die Handwerkskammer.

Handwerkskammer

> Die Handwerkskammer ist die gesetzliche Berufsstandsvertretung des Gesamthandwerks im Kammerbezirk (z. B. Regierungsbezirk).

Mitglieder

Ihr gehören kraft Gesetz Inhaber eines Handwerksbetriebes und eines handwerksähnlichen Gewerbes des Handwerkskammerbezirks sowie deren Gesellen, andere Arbeitnehmer mit einer abgeschlossenen Berufsausbildung und Lehrlinge an. Zur Handwerkskammer gehören auch Personen, die eine unwesentliche Teiltätigkeit eines zulassungspflichtigen Handwerks ausüben und diese nach dem 31.12.2003 angemeldet haben. Voraussetzung ist, dass sie die Gesellenprüfung in einem zulassungspflichtigen Handwerk erfolgreich abgelegt haben, die betreffende Tätigkeit Bestandteil der Erstausbildung in diesem zulassungspflichtigen Handwerk war und die Tätigkeit den überwiegenden Teil der gewerblichen Tätigkeit ausmacht.
Die Handwerkskammer ist eine Körperschaft des öffentlichen Rechts.
Die Vielfalt der einzelnen Aufgaben der Handwerkskammer lässt sich in drei Hauptaufgabenbereiche zusammenfassen:

Hauptaufgabenbereiche der Handwerkskammer

- Interessenvertretung des gesamten Handwerks
- Handwerksförderung (wirtschaftliche Förderung des Handwerks auf allen einschlägigen Gebieten)
- Selbstverwaltung (Gesetzesvollzug und Erfüllung von Selbstverwaltungsaufgaben des Handwerks)

> Erste wichtige Aufgabe der Handwerkskammer ist die Vertretung und Förderung der wirtschaftlichen Interessen des Gesamthandwerks im Kammerbezirk.

Im Einzelnen sind unter anderem zu nennen:

Aufgaben

> Mitwirkung an Gesetzesinitiativen zur Schaffung handwerks- und mittelstandsgerechter Rahmenbedingungen.
> Anhörung und Stellungnahmen zu Gesetzesentwürfen und Gesetzesänderungen, insbesondere auf den Gebieten des Wirtschafts- und Gewerberechts, des Steuer- und Sozialrechts, des Berufsbildungsrechts sowie des Landesplanungs- und Baurechts. Die Handwerkskammer soll in allen wichtigen das Handwerk und das handwerksähnliche Gewerbe berührenden Angelegenheiten gehört werden.
> Vorschläge zur Stadt- und Landesentwicklung, Regionalplanung, Umweltpolitik, Bau- und Auftragsvergabepolitik.

- Kontakte zu Behörden und Parlamenten auf EU-, Bundes-, Landes- und kommunaler Ebene.
- Wirtschaftsbeobachtung, Statistik und Konjunkturberichterstattung.
- Öffentlichkeitsarbeit und Information (Verbindung zu Presse, Rundfunk und Fernsehen).
- Vertretung der Interessen in allen das Handwerk berührenden Fragen auf EU-, Bundes-, Landes- und kommunaler Ebene.

> Die regionale und überfachliche Handwerksförderung ist ein weiterer wichtiger Aufgabenbereich der Handwerkskammer.

Der Bereich der Handwerksförderung durch Bildung und Beratung nimmt heute bei der Handwerkskammer den breitesten Raum ein. Sie erbringt damit wichtige Dienstleistungen für die Mitgliedsbetriebe. Bedeutende Bereiche sind unter anderem:

Berufliche Bildung

- Förderung der beruflichen Bildung durch allgemeine Nachwuchswerbung
- überbetriebliche Unterweisungsmaßnahmen für Lehrlinge
- Fortbildungslehrgänge
- Meistervorbereitungskurse
- Maßnahmen zur Förderung der Unternehmensführung
- Fachvorträge usw.
- berufliche Bildungszentren, Technologietransferstellen, Akademien des Handwerks, Informationsvermittlungsstellen, Betriebsbörsen, Ausbildungsplatzbörsen, gewerbefördernde Einrichtungen

Beratungsdienste

- allgemeine Beratung/Information der Handwerksbetriebe (Rechtsberatung, betriebswirtschaftliche Beratung, EDV-Beratung, technische Beratung, Innovationsberatung, Umweltschutzberatung, Formgebungsberatung, Exportberatung, EU-Beratung, Ausbildungsberatung)
- Förderung auf dem Gebiet der Finanzierung der Existenzgründung und Betriebsübernahme; Gründeragenturen
- Förderung der Formgebung (Formgestaltung) im Handwerk

Messewesen

- Förderung des Handwerks durch Beteiligungen an Messen und Ausstellungen
- Beteiligung bzw. Unterhaltung wirtschaftsfördernder Einrichtungen, wie Messegesellschaften, Buchstellen, Bürgschaftsbanken, Kapitalbeteiligungsgesellschaften, Handwerkerhof- und Gewerbehofgesellschaften, Technologiezentren
- Förderung der Handwerksbetriebe bei der Nutzung des Internets
- Förderung des Handwerks durch Mitgliedschaft bei wirtschaftsfördernden Einrichtungen

Wissenschaftliche Förderung

- Förderung durch Beteiligung an wissenschaftlichen Einrichtungen (z. B. Deutsches Handwerksinstitut e. V.)
- Förderung des Images des gesamten Handwerks durch geeignete Werbemaßnahmen (Öffentlichkeitsarbeit für das Handwerk).

> Die Selbstverwaltung ist das dritte wichtige Aufgabengebiet der Handwerkskammer.

Hier sind als wesentliche Bereiche unter anderen zu nennen:

Hoheitliche Aufgaben

- Führung der Handwerksrolle und des Verzeichnisses der zulassungsfreien Handwerke sowie der handwerksähnlichen Gewerbe
- Führung eines Verzeichnisses von Personen, die eine nicht wesentliche Teiltätigkeit eines zulassungspflichtigen Handwerks ausüben
- Bestellung und Vereidigung von Sachverständigen zur Erstellung von Gutachten über Waren, Leistungen und Preise von Handwerkern
- Aufsicht über Innungen und Kreishandwerkerschaften
- Regelung und Überwachung der Berufsausbildung nach dem Berufsbildungsgesetz und der Handwerksordnung
- Führung des Verzeichnisses über die Berufsausbildungsverhältnisse (Lehrlingsrolle)
- Erlass von Prüfungsordnungen
- organisatorische Durchführung der Meisterprüfungen
- Abnahme von Gesellenprüfungen bzw. Überwachung des Gesellenprüfungswesens
- Durchführung von Fortbildungs- und Umschulungsprüfungen
- Errichtung von Vermittlungsstellen zur Beilegung von Streitigkeiten zwischen Inhabern eines Handwerksbetriebs und ihren Auftraggebern
- Ausstellung von Ursprungszeugnissen über in Handwerksbetrieben gefertigte Erzeugnisse
- Ausfertigung von anderen dem Wirtschaftsverkehr dienenden Bescheinigungen
- Handwerkskammern können auch die Aufgaben der höheren Verwaltungsbehörden bei der Erteilung von Ausübungsberechtigungen und Ausnahmebewilligungen sowie der Zu- und Aberkennung der Ausbildungsberechtigung übertragen werden.
- In einzelnen Bundesländern sind die Handwerkskammern ferner einheitliche Ansprechpartner entsprechend der Europäischen Dienstleistungsrichtlinie.
- Zuständige Stelle für Berufe, die nach der Handwerksordnung geregelt sind, für die Feststellung und Anerkennung im Ausland erworbener Berufsqualifikationen.

Oberstes Organ der Handwerkskammer ist die Vollversammlung.

Zusammensetzung

Sie setzt sich zusammen aus den gewählten Mitgliedern bzw. Vertretern des Handwerks und des handwerksähnlichen Gewerbes im Kammerbezirk. Je nach Satzung einer Handwerkskammer können auch Personen, die eine nicht wesentliche Teiltätigkeit eines zulassungspflichtigen Handwerks ausüben, Mitglieder der Vollversammlung sein. Die Mitglieder und ihre Stellvertreter werden aufgrund von Wahlvorschlägen (Wahllisten) in allgemeiner, gleicher und geheimer Wahl im Briefwahlverfahren für eine Amtszeit von fünf Jahren gewählt. Eine Wiederwahl ist zulässig.

Wahlverfahren

Da zwei Drittel der Mitglieder der Vollversammlung selbstständige Inhaber von Handwerksbetrieben bzw. handwerksähnlichen Betrieben und ein Drittel Gesellen oder andere Arbeitnehmer mit einer abgeschlossenen Berufsausbildung sein müssen, werden die Wahlvorschläge für diese zwei Gruppen getrennt eingereicht.
Jeder Wahlvorschlag muss von mindestens der zweifachen Anzahl der jeweils für die Arbeitgeber- und Arbeitnehmerseite zu besetzenden Sitze an Wahlberechtigten, höchstens aber von 70 Wahlberechtigten, unterzeichnet sein. Er muss die Na-

men von so vielen Bewerbern enthalten, wie Mitglieder und Stellvertreter nach der Kammersatzung zu wählen sind.

Wählbarkeit

Von den selbstständigen Unternehmern ist wählbar, wer seit mindestens einem Jahr im Kammerbezirk selbstständig ein Handwerk oder ein handwerksähnliches Gewerbe betreibt, das aktive Wahlrecht hat, die Ausbildungsbefugnis für Lehrlinge hat und am Wahltag volljährig ist. Auch gesetzliche Vertreter der wahlberechtigten juristischen Personen und die vertretungsberechtigten Gesellschafter der wahlberechtigten Personengesellschaften sind unter bestimmten Voraussetzungen wählbar.

Die Wahl der Vertreter der zulassungspflichtigen und zulassungsfreien Handwerke sowie der handwerksähnlichen Gewerbe sowie gegebenenfalls der Personen, die eine nicht wesentliche Teiltätigkeit eines zulassungspflichtigen Handwerks ausüben, erfolgt durch die eingetragenen natürlichen und juristischen Personen und Personengesellschaften im Kammerbezirk, die Wahl der Gesellen bzw. der anderen Arbeitnehmer mit einer abgeschlossenen Berufsausbildung durch diese Personengruppe. Ist nur ein Wahlvorschlag eingereicht und zugelassen, so gelten die darin aufgeführten Personen als gewählt, ohne dass es einer Wahlhandlung bedarf.

> Den Vorstand der Handwerkskammer bilden der Vorsitzende (Präsident), zwei Stellvertreter (Vizepräsidenten, von denen einer ein Geselle oder ein anderer Arbeitnehmer mit einer abgeschlossenen Berufsausbildung sein muss) und so viele weitere Vorstandsmitglieder, wie die Satzung bestimmt.

Arbeitnehmerbeteiligung

Auch von diesen weiteren Vorstandsmitgliedern sind zwei Drittel Vertreter der zulassungspflichtigen und zulassungsfreien Handwerke sowie der handwerksähnlichen Gewerbe und ein Drittel Arbeitnehmer.

Ausschüsse werden je nach Bedarf von der Vollversammlung, der obligatorische Berufsbildungsausschuss (zur Regelung aller wichtigen Fragen der beruflichen Bildung) unter Mitwirkung der nach Landesrecht zuständigen Behörde errichtet.

> Die laufenden Verwaltungsgeschäfte der Handwerkskammer führt der Hauptgeschäftsführer.

Er wird dabei von den Bediensteten gemäß Geschäftsverteilungsplan unterstützt.

Präsident und Hauptgeschäftsführer vertreten die Kammer gerichtlich und außergerichtlich.

Beiträge

Beiträge zur Handwerkskammer muss jeder Inhaber eines Betriebs des Handwerks und eines handwerksähnlichen Gewerbes nach einem von der Vollversammlung beschlossenen und von der Aufsichtsbehörde (in der Regel das Wirtschaftsministerium) genehmigten Beitragsmaßstab entrichten. Der Jahresbeitrag setzt sich in der Regel zusammen aus einem Grundbeitrag und einem Zusatzbeitrag, der in einem bestimmten Prozentsatz des Gewerbeertrages bzw. des Gewinns aus Gewerbebetrieb besteht. Die Handwerkskammer kann auch Sonderbeiträge erheben.

Existenzgründer

Für Existenzgründer mit einem Gewinn unter 25.000,00 EUR gelten in den ersten vier Jahren Sonderregelungen. Personen, die selbstständig eine unwesentliche Teiltätigkeit eines zulassungspflichtigen Handwerks als gewerbliche Tätigkeit ausüben, bleiben bis zu einem Jahresgewinn von 5.200,00 EUR beitragsfrei.

Die Aufsicht über die Handwerkskammer führt die oberste Landesbehörde.

Landesinnungsverband

> Der Landesinnungsverband ist der freiwillige Zusammenschluss der Fachinnungen in einem Bundesland. Er ist eine juristische Person des Privatrechts.

Seine Aufgaben sind:

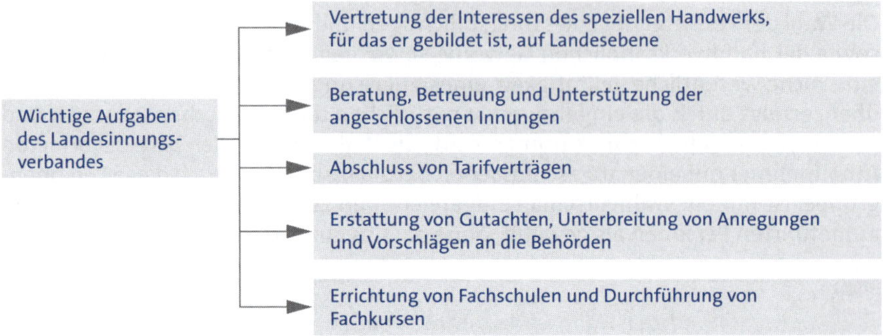

Die Verbandsversammlung setzt sich zusammen aus den Vertretern der Mitgliedsinnungen und, soweit satzungsmäßig vorgesehen, aus Einzelmitgliedern.

Landesinnungsmeister

Der Vorsitzende des Vorstandes wird zumeist als Landesinnungsmeister bezeichnet. Ausschüsse werden von der Verbandsversammlung eingesetzt (z. B. Tarifausschuss).

Beiträge zum Landesinnungsverband entrichten die Mitgliedsinnungen entsprechend ihrer Mitgliederzahl oder nach anderen Bemessungsgrundlagen.

Bundesinnungsverband

> Der Bundesinnungsverband ist der freiwillige Zusammenschluss der Landesinnungsverbände, die für ein bestimmtes Handwerk bestehen. Er ist eine juristische Person des Privatrechts.

Bundesinnungsmeister

Seine Hauptaufgabe ist die Vertretung der Interessen des speziellen Handwerks, für das er gebildet ist, auf Bundesebene. Der Vorsitzende des Vorstandes heißt zumeist Bundesinnungsmeister. Im Übrigen gelten die Bestimmungen über den Landesinnungsverband entsprechend.

c) Sonstige Handwerksorganisationen

Handwerksjunioren

Organisationsstruktur

Der Verband der Junioren des Handwerks ist eine Nachwuchsorganisation, in der junge Handwerker bis zu einer Altersgrenze von 40 Jahren Mitglied werden können. Die Organisationsstruktur umfasst in der Regel die Kreis-, Landes- und Bundesebene. Die Dachorganisation ist der Bundesverband der Junioren des Handwerks e.V.

Aufgaben des Verbandes der Handwerksjunioren

- fachliche und überfachliche Weiterbildung durch Vortragsveranstaltungen, Seminare, Betriebsbesichtigungen
- Informationsveranstaltungen
- Vertretung der spezifischen Interessen junger Handwerker
- Kontaktpflege zu jungen Existenzgründern
- Erfahrungsaustausch zwischen jungen Selbstständigen im Handwerk
- Vorbereitung junger Handwerker auf die ehrenamtliche Mitwirkung in den Handwerksorganisationen und in der Selbstverwaltung

Vereine der Meister- bzw. Unternehmerfrauen im Handwerk

> Die Mitglieder der Vereinigungen der Meister- bzw. Unternehmerfrauen sind mitarbeitende Ehefrauen in Handwerksbetrieben oder selbstständige Meisterinnen im Handwerk.

Die Vereine auf regionaler Ebene bilden in der Regel Landesverbände. Die Landesverbände sind Mitglieder im Bundesverband der Unternehmerfrauen im Handwerk e.V. Deutschland.

Ziele und Aufgaben: Aufgaben

- Interessenvertretung der spezifischen Belange der Meister-/Unternehmerfrauen
- auf die Bedürfnisse der Meister-/Unternehmerfrauen zugeschnittene Bildungsmaßnahmen
- Vortragsveranstaltungen
- Studienreisen
- gesellschaftspolitisches Engagement für die Frauen im Handwerk
- Kontakt zu den anderen Handwerksorganisationen.

Gesellenvereinigungen

> Gesellenvereinigungen sind Zusammenschlüsse von Gesellen im Handwerk. Sie sind in der Regel nach örtlichen, beruflichen oder konfessionellen Zielsetzungen strukturiert.

In erster Linie sind hier die Gesellenzusammenschlüsse des Kolpingwerks und der evangelischen Handwerkervereine zu nennen, die ihre Arbeit für die Mitglieder an Maßnahmen zur persönlichen und beruflichen Lebensbewältigung auf christlicher Grundlage orientieren. Einen breiten Raum der Tätigkeit nehmen Bildungsmaßnahmen ein.

2.2.2 Dienstleistungen

a) Beratungsdienste der Handwerksorganisationen für die Mitgliedsbetriebe – Handwerksförderung

Die Gewerbe- und Handwerksförderung hat die Aufgabe, zur Erhaltung und Verbesserung des Leistungsstandes und der Leistungsfähigkeit des Handwerks beizutragen. Sie soll ferner betriebsgrößenbedingte Wettbewerbsnachteile ausgleichen. Sie gibt den Betrieben eine wichtige Hilfe zur Selbsthilfe.

Technische und wirtschaftliche Entwicklung

Die Notwendigkeit einer ständigen Anpassung der Betriebe an die technische und wirtschaftliche Entwicklung verlangt von Betriebsinhabern und Mitarbeitern:

> handwerkliches Können
> fachtheoretische Kenntnisse
> betriebswirtschaftliche Kenntnisse
> Handlungskompetenz.

Durch die Gewerbeförderung erhalten alle im Handwerk Tätigen Gelegenheit, ihre Kenntnisse fortlaufend zu erweitern. Die Handwerksbetriebe werden durch zahlreiche Förderungsmaßnahmen in die Lage versetzt, wettbewerbsfähig zu werden und zu bleiben.

Träger

Die wesentlichen Träger der Gewerbe- und Handwerksförderung sind die Handwerksorganisationen, also:

> Handwerkskammern
> Kreishandwerkerschaften
> Innungen
> Landes- und Bundesinnungsverbände.

b) Maßnahmen der Handwerksförderung

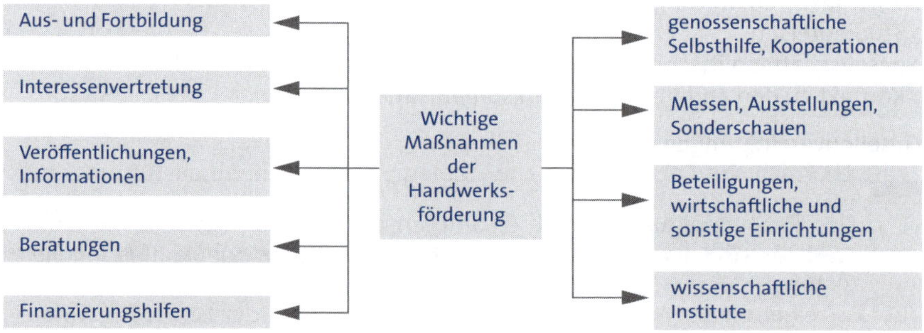

c) Beratungsangebote und Leistungen im Einzelnen

Betriebswirtschaftliche Beratung

> Zur betriebswirtschaftlichen Beratung der Handwerksbetriebe bestehen bei allen Handwerkskammern überfachliche und bei zahlreichen Innungen sowie Landes- und Bundesinnungsverbänden fachliche Betriebsberatungsstellen.

Beratungsgebiete

Die wichtigsten Aufgaben bzw. Beratungsgebiete sind:

- Unternehmensführung
- Existenzgründung und alle damit zusammenhängenden Fragen, wie z. B. Rechtsform, Standortwahl, Finanzierung, Planung
- Betriebsübernahme, Nachfolgeregelung, Betriebsbörse
- Organisation des Rechnungswesens (Buchführung, Kostenrechnung, Auswertung, Controlling)
- Investitionen und Finanzierung, Finanzplanung, Kapitalbeschaffung, spezielle Finanzierungshilfen, Handwerksförderungsprogramme
- Marktanalysen, Marketing/Vertrieb
- Messebeteiligungen
- Kooperationsmöglichkeiten
- Personalwesen
- Arbeitsvorbereitung (REFA)
- Betriebsanalysen, Wirtschaftlichkeitsuntersuchungen, Rentabilitätsberechnungen, Verlustquellenforschung, Schwachstellenanalysen.

Ein Handwerksbetrieb kann nur wettbewerbsfähig sein und bleiben, wenn er über eine gute betriebswirtschaftliche Organisation verfügt. Deshalb sollte sich der Betriebsinhaber bzw. Existenzgründer bei Bedarf von der betriebswirtschaftlichen Beratungsstelle seiner Berufsorganisationen beraten lassen.

Freiberufliche Beratung

Auf dem Sektor der Betriebsberatung sind auch freiberufliche Berater tätig. Deren wichtige Beratungsgebiete sind:

- Existenzgründung
- Existenzaufbau
- Marketing
- Umweltschutz
- Energieeinsparung
- wirtschaftliche und organisatorische Probleme der Unternehmensführung
- Personalwesen.

Zuschüsse

Der Bundesminister für Wirtschaft und Energie gewährt Zuschüsse für die Beratungskosten.
Über Einzelheiten der Auswahl des richtigen Beraters und der Förderungsvoraussetzungen sollte sich der Existenzgründer bzw. Handwerksbetriebsinhaber vorab bei seiner Handwerkskammer informieren.

Technische Betriebsberatung

> Die technische Betriebsberatung und die Technologietransferberatung werden von Handwerkskammern und Fachverbänden durchgeführt.

Aufgaben

Aufgaben technischer Betriebsberatung sind u. a.:

> technische Betriebsplanung
> Betriebsstätte, Betriebseinrichtung
> Verfahrenstechnik
> Innovationen
> Fertigungswirtschaft
> Qualitätssicherung, Qualitätsmanagement, Zertifizierung
> Umweltschutz
> CE-Kennzeichnung von Produkten nach EG-Richtlinien, Normen
> Verwertung von Erfindungen
> Technologietransfer
> Zulieferfragen.

Nach verschiedenen Technologieberatungsprogrammen können auch freiberuflich tätige Unternehmensberater beauftragt werden. Wegen des Förderumfangs und des Antragsverfahrens sollten sich Betriebsinhaber bzw. Existenzgründer vor Erteilung des Beratungsauftrags mit einer Handwerksorganisation in Verbindung setzen.

EDV-Beratung/Neue Medien

Einzelbereiche

Bereiche dieser Beratung sind:

> EDV im betrieblichen Rechnungswesen
> Analyse der betrieblichen Anforderungen
> EDV-Geräte
> Softwareprogramme
> Anwendungsgebiete
> Einsatz des Internets in Werkstatt und Büro.

Beratung in Fragen der Außenwirtschaft, EU-Beratung

Die von den meisten Handwerkskammern betriebenen Exportberatungsstellen unterstützen in Zusammenarbeit mit verschiedenen Kontaktstellen im Ausland eine wachsende Zahl von exportwilligen und exportfähigen Handwerksbetrieben beim Absatz ihrer Produkte und Dienstleistungen auf ausländischen Märkten.

Exportberatungsstellen

Aufgaben der Exportberatungsstellen sind vor allem:

> Warenimport, -export
> Grenzüberschreitendes Arbeiten
> Zahlungsbedingungen, Devisen- und Zollvorschriften
> Normen
> Vermittlung von Geschäftsverbindungen für Einkauf und Verkauf
> Exportfinanzierung
> Werbebroschüren, Exportkataloge, Internetauftritte
> Beteiligung an Ausstellungen und Messen im Ausland
> Kooperationen
> EU-weite öffentliche Ausschreibungen
> Förderprogramme der EU.

Informationsberatung, Informationsvermittlungsstellen

Informationsbedarf

Der Bedarf an Information und deren geeigneter Vermittlung nimmt auch im Handwerk laufend zu.

Um den Handwerksbetrieben dabei zu helfen, haben einzelne Handwerkskammern Informationsvermittlungsstellen geschaffen.

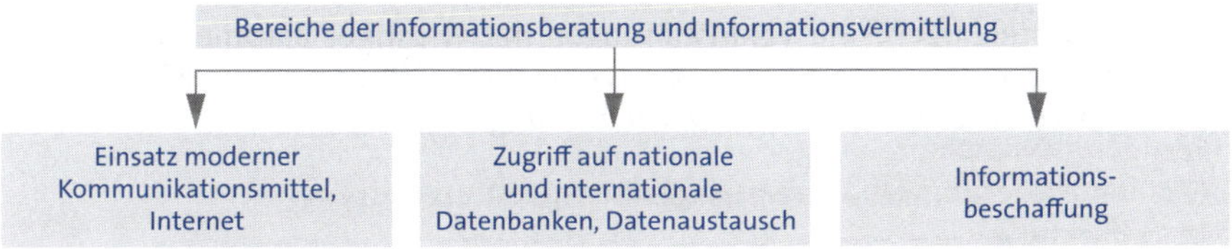

Umweltschutzberatung

Der Umweltschutz berührt den Handwerksbetrieb in zweifacher Hinsicht:

- als von Umweltschutzvorschriften Betroffener
- als Problemlöser bei der Umsetzung des Umweltschutzes.

Energie

Umweltschutzberater bei Handwerkskammern, Fachverbänden und staatlichen bzw. kommunalen Beratungsstellen beraten den Handwerker auf beiden genannten Gebieten. Sie unterstützen ferner Handwerksbetriebe bei der Teilnahme am EMAS (Umwelt-Management-System) und anderen Umweltprüfungen. Sie geben auch Informationen zu unterschiedlichen Themen im Bereich Energie.

Beratung in Formgebung und Formgestaltung

Zur Steigerung der kulturellen Leistungsfähigkeit des Handwerks und zur bestmöglichen Gestaltung von Handwerksprodukten tragen die Formgebungsberatungsstellen der Handwerksorganisationen, insbesondere der Handwerkskammern, bei.
Hauptaufgaben der Formgebungsberatung sind:

- Aufklärung über die kulturelle Bedeutung des Handwerks
- Herausstellung der Wertarbeit
- verkaufswirksame Gestaltung handwerklicher Produkte
- Mitwirkung bei Ausstellungen und Messen
- moderne Gestaltung von Produkten/Design.

Rechtsberatung

Die engmaschige Gesetzgebung zieht einen großen Bedarf bei der Rechtsberatung nach sich. Die Handwerksorganisationen (Handwerkskammern und Verbände) geben ihren Mitgliedern auf allen einschlägigen Rechtsgebieten Auskunft.
Wichtige Gebiete:

- Zivilrecht
- öffentliches Recht
- Arbeitsrecht
- Sozialversicherungsrecht, Versicherungsfragen
- Steuerrecht (keine Steuerberatung).

Sonstige Beratungsbereiche

Beratung durch die Handwerksorganisationen erfolgt ferner durch die Ausbildungsberatung und die Fortbildungsberatung der Handwerkskammern (>> auch Abschnitte 1.5.4, 4.4.1 sowie 4.4.5 in Band 4 der Handwerker-Fibel.).

Zwei wichtige Bereiche der Handwerksförderung sind des Weiteren:

> Messen, Ausstellungen, Sonderschauen

Messen

Messen/Ausstellungen sind Veranstaltungen mit wichtiger Barometer- und Signalfunktion. Sie gewinnen für das Handwerk durch Öffnung zusätzlicher Märkte insbesondere in Europa noch mehr an Bedeutung.

Internationale Handwerksmesse

Die Leitmesse des deutschen Handwerks und größte Messe des Handwerks und der Zulieferindustrie für das Handwerk auf der ganzen Welt ist die Internationale Handwerksmesse in München.

Ziele

Mit den Messeveranstaltungen sollen folgende Ziele erreicht werden:
- Absatzförderung für Produkte und Dienstleistungen der Handwerker
- Beschaffungs- und Einkaufsmöglichkeiten für das Handwerk
- Anbahnung internationaler Geschäftsbeziehungen und Kooperationen
- Informationsbörse für Handwerksbetriebe und Verbraucher
- Image- und Nachwuchswerbung für das Handwerk
- Förderung der Kooperation der Betriebe im Handwerk und zwischen Industrie und Handwerk
- Forum für Rahmenveranstaltungen wie Fachtagungen und Kongresse
- Forum für handwerkspolitische Dialoge.

> Wissenschaftliche Institute

Handwerksforschung

Zur wissenschaftlichen Untersuchung der Handwerkswirtschaft und zur wissenschaftlichen Förderung des Handwerks wird handwerks- oder mittelstandsbezogene Forschung betrieben.
Die umfassendste Handwerksforschung erfolgt durch das Deutsche Handwerksinstitut (DHI). Dessen wichtige Forschungsbereiche sind:
- Technik, Organisation, Qualifizierung
- Beruf, Bildung, Arbeit
- Handwerkswirtschaft, Recht.

Umsetzung

Die wissenschaftlichen Forschungsergebnisse werden ausgewertet und gewerbefördernden und handwerkspolitischen Entscheidungen und Maßnahmen zugrunde gelegt. Ferner werden zahlreiche Forschungsergebnisse des DHI zur Stärkung der Wettbewerbsfähigkeit in den Handwerksbetrieben umgesetzt.

Wiederholungsfragen sowie handlungsorientierte, fallbezogene Übungs- und Prüfungsaufgaben

1. Unter Brutto-Inlandsprodukt versteht man

- a alle in einem Wirtschaftsgebiet produzierten Güter und Dienstleistungen.
- b alle Bar- und Sachleistungen der gesetzlichen Krankenversicherung.
- c nur die Sachleistungen der gesetzlichen Krankenversicherung.
- d alle Leistungen der gesetzlichen Sozialversicherungszweige.
- e das Wirtschaftswachstum in einer Volkswirtschaft, bezogen auf die Leistungen pro Arbeitskraft.

>> Seite 20 |

2. Was wissen Sie über die Verwendung des Brutto-Inlandsprodukts?

>> Seite 21 |

3. Unter Währung versteht man

- a die Kaufkraft des Geldes, bezogen auf den Gütervorrat in einer Wirtschaft.
- b das in einer Volkswirtschaft umlaufende Metallgeld.
- c das in einer Volkswirtschaft umlaufende Papiergeld.
- d die Ordnung des Geldwesens eines Landes oder eines Wirtschaftsgebietes sowie die Wertbeziehungen und den Zahlungsverkehr zu anderen Ländern.
- e den geldlichen Bereich der Wirtschaftspolitik.

>> Seite 21 |

4. Wovon hängt die Kaufkraft des Geldes unter anderem ab?

>> Seite 21 |

5. Welche wichtigen Aufgaben hat die Europäische Zentralbank (EZB)?

>> Seite 22 |

6. Stellen Sie die wichtigsten geldpolitischen Instrumente der Europäischen Zentralbank (EZB) dar!

>> Seite 22 |

7. Beschreiben Sie die wesentlichen Merkmale der Wirtschaftssysteme!

>> Seite 22 |

8. Kennzeichnen Sie mit (1) Merkmale der sozialen Marktwirtschaft und mit (2) Merkmale der Planwirtschaft:

- [ ] a Zentrale Planung und Lenkung
- [ ] b Staatliche Preisfestsetzung
- [ ] c Freiheit der Berufswahl
- [ ] d Staatseigentum an den Produktionsmitteln
- [ ] e Kontrollierter Wettbewerb
- [ ] f Freiheit der Berufswahl.

>> Seite 22 |

9. Wesentliche Elemente einer sozialen Marktwirtschaft sind

- [ ] a umfassende Investitionslenkung in allen Bereichen durch den Staat und die sonstigen Gebietskörperschaften öffentlichen Rechts.
- [ ] b weitgehende Verstaatlichung der Grundstoffgüterindustrie und geringes Eigentum an Produktionsmitteln.
- [ ] c Verstaatlichung des gesamten Bankensystems und eingehende Regelung der Zinspolitik durch die Bundesregierung.
- [ ] d weitgehende Einschränkung der Tarifautonomie der Sozialpartner sowie Lenkung der Berufswahl und Berufsausübung.
- [ ] e freie Marktpreisbildung, freies Unternehmertum und Freiheit des selbstständigen wirtschaftlichen Handelns.

>> Seite 23 |

10. Die zentralen Aufgaben der staatlichen Wirtschaftspolitik in der sozialen Marktwirtschaft sind

- [ ] a Maßnahmen zum bestmöglichen Einsatz der Produktionsfaktoren Arbeit, Rohstoffe und Kapital.
- [ ] b die Einrichtung von staatlichen Unternehmensberatungsstellen zur Förderung von Rationalisierungsmaßnahmen.
- [ ] c die Verteilung des Sozialprodukts für Verbrauchs- und Investitionszwecke sowie für den Staatsverbrauch.
- [ ] d die Erreichung von Vollbeschäftigung, Wirtschaftswachstum, Preisstabilität und außenwirtschaftlichem Gleichgewicht.
- [ ] e Einflussnahme auf Preisbildung, Lohn- und Tarifpolitik sowie auf die Führung großer Unternehmen.

>> Seite 23 |

11. Als Handwerksunternehmer sollen Sie auch das wirtschaftliche Beziehungsgeflecht erklären können, in dem ein Handwerksbetrieb tätig ist.

a) Welche volkswirtschaftlichen Aufgaben hat das Handwerk in erster Linie?

- a Nur noch Facharbeiter für die Industrie auszubilden.
- b Den individuellen Bedarf an Gütern und Leistungen zu befriedigen.
- c Eine große Masse gleichförmiger Güter herzustellen, die dem täglichen Bedarf dienen.
- d Rohstoffe zu gewinnen und zu verarbeiten.
- e Der Industrie Vorleistungen zu erbringen.

b) Stellen Sie Schwerpunkte der handwerklichen Leistungsstruktur dar!

c) Beschreiben Sie die wichtigsten wirtschaftlichen Funktionen und Bereiche, in denen das Handwerk tätig ist!

d) Wo liegen heute die Hauptprobleme des Handwerks?

>> Seiten 23 bis 25 |

12. Beschreiben Sie die Hauptgebiete der Tätigkeit von Handwerk und Industrie und schildern Sie die im Wege der Arbeitsteilung bestehenden Verknüpfungen von Handwerk und Industrie!

>> Seiten 24 bis 25 |

13. Sie sind Inhaber eines Handwerksbetriebs und stellen in Ihrer Arbeit fortlaufend fest, wie sich die Strukturen unserer Wirtschaft im Allgemeinen und im Handwerk im Besonderen verändern. Um den Herausforderungen des technischen und wirtschaftlichen Strukturwandels zu begegnen, sind Maßnahmen zu dessen Bewältigung im Wesentlichen auf drei Aktionsfeldern notwendig.

Aufgabe: Stellen Sie einige Maßnahmen dar, die Sie für erforderlich halten,

a) im Bereich der Handwerksbetriebe!

b) durch die Handwerksorganisationen!

c) durch den Staat!

>> Seiten 25 bis 26 |

14. Wo liegen in der Zukunft die günstigsten Entwicklungschancen für das Handwerk?

>> Seite 26 |

15. Warum ist eine große Zahl von selbstständigen, eigenverantwortlich und wirtschaftlich unabhängig handelnden Handwerksunternehmern für das Funktionieren der sozialen Marktwirtschaft und für die Sicherung einer demokratischen Staats- und Gesellschaftsordnung so wichtig?

>> Seiten 30 bis 31 |

16. Worin besteht der Beitrag des Handwerks zur Formgebung und zur Schaffung und Erhaltung von Kulturgütern?

>> Seite 31 |

17. Als Inhaber eines Handwerksbetriebs wissen Sie, dass die Wahrnehmung und Vertretung der Interessen der Betriebe gegenüber der Politik, den Behörden, den gesellschaftlichen Gruppierungen und der Öffentlichkeit nur durch organisiertes Handeln in Handwerksorganisationen wirksam möglich ist. Deshalb wollen Sie sich einen Überblick über den Aufbau der Handwerksorganisationen verschaffen.

Aufgabe: Ordnen Sie jeweils zu, welche der nachfolgend genannten Organisationen zu den fachlichen (1) und welche zu den regionalen (2) gehört:

☐ a Innung

☐ b Handwerkskammer

☐ c Bundesinnungsverband

☐ d Kreishandwerkerschaft

☐ e Landesinnungsverband.

>> Seite 32 |

18. Die oberste Spitzenorganisation des gesamten deutschen Handwerks nennt sich

☐ a Gesamtverband des Deutschen Handwerks.

☐ b Zentralverband des Deutschen Handwerks.

☐ c Deutscher Handwerkstag.

☐ d Bundesverband des Deutschen Handwerks.

☐ e Deutscher Handwerkskammertag.

>> Seite 32 |

19. Die Handwerksinnung ist

- [ ] a der freiwillige Zusammenschluss von Inhabern von Betrieben des gleichen zulassungspflichtigen Handwerks oder des gleichen zulassungsfreien Handwerks.
- [ ] b der zwangsweise Zusammenschluss von Inhabern von Betrieben des gleichen zulassungspflichtigen Handwerks oder des gleichen zulassungsfreien Handwerks.
- [ ] c der freiwillige Zusammenschluss von selbstständigen und unselbstständigen Handwerkern eines bestimmten Handwerks in einem bestimmten Bereich.
- [ ] d der zwangsweise Zusammenschluss der unter c) genannten Handwerker.
- [ ] e eine Einrichtung der gemeinsamen Selbsthilfe von Arbeitgebern und Arbeitnehmern.

>> Seite 33 |

20. Welche Rechtsform hat die Handwerksinnung?

- [ ] a Sie ist eine Handwerkergenossenschaft.
- [ ] b Sie ist ein nicht rechtsfähiger Verein.
- [ ] c Sie ist ein im Vereinsregister eingetragener rechtsfähiger Verein.
- [ ] d Sie ist eine Körperschaft des öffentlichen Rechts.
- [ ] e Sie ist eine Gesellschaft des bürgerlichen Rechts.

>> Seite 33 |

21. Sie sind als Inhaber eines Handwerksbetriebs noch nicht Mitglied der zuständigen Innung. In einem Schreiben des Obermeisters wurden Sie gebeten, Mitglied der Innung zu werden. Bevor Sie eine Entscheidung über die Mitgliedschaft treffen, wollen Sie sich einen möglichst vollständigen Überblick darüber verschaffen, welche Aufgaben die Innung hat bzw. was sie für die Mitglieder tut.

Aufgabe: Stellen Sie die Aufgaben der Innung dar!

>> Seite 34 |

22. Woher bekommt die Innung die finanziellen Mittel, die sie zur Erfüllung ihrer Aufgaben benötigt?

a Von den Innungsmitgliedern, die Beiträge an die Innung zahlen müssen.

b Von allen Inhabern von Betrieben des gleichen zulassungspflichtigen Handwerks oder des gleichen zulassungsfreien Handwerks.

c Von der Kreishandwerkerschaft.

d Von der Handwerkskammer.

e Vom Staat aus Gewerbeförderungsmitteln.

>> Seite 35 |

23. Die Kreishandwerkerschaft ist

a der Zusammenschluss der Handwerksinnungen, die in einem Landkreis bestehen.

b der Zusammenschluss aller in einem bestimmten Landkreis ansässigen selbstständigen Handwerker.

c der Zusammenschluss einiger selbstständiger Handwerker zu einem Arbeitskreis.

d der Zusammenschluss von älteren Handwerksmeistern, die seit mehr als 25 Jahren selbstständig sind.

e der Zusammenschluss der Gesellen in einem Stadt- oder Landkreis.

>> Seite 35 |

24. Welche Rechtsform hat die Kreishandwerkerschaft?

a Nicht rechtsfähiger Verein.

b Personengesellschaft.

c Kapitalgesellschaft.

d Rechtsfähiger Verein.

e Körperschaft des öffentlichen Rechts.

>> Seite 35 |

25. Welches ist die wichtigste Aufgabe der Kreishandwerkerschaft?

- [ ] a Durchführung von geselligen Veranstaltungen von Handwerkern.
- [ ] b Durchführung von Aufgaben der Handwerkskammer als deren Außenstelle.
- [ ] c Rechtsaufsicht über die Innungen.
- [ ] d Wahrnehmung der Interessen des Gesamthandwerks im Kreishandwerkerschaftsbezirk.
- [ ] e Abschluss von Tarifverträgen.

>> Seite 35 |

26. Die Handwerkskammer ist

- [ ] a der freiwillige Zusammenschluss von Inhabern von Betrieben des gleichen zulassungspflichtigen Handwerks oder des gleichen zulassungsfreien Handwerks in einem bestimmten Regierungsbezirk.
- [ ] b die gesetzliche Berufsstandsvertretung des Gesamthandwerks im Kammerbezirk (z. B. Regierungsbezirk).
- [ ] c der freiwillige Zusammenschluss von selbstständigen und unselbstständigen Handwerkern im Kammerbereich.
- [ ] d der zwangsweise Zusammenschluss von selbstständigen und unselbstständigen Handwerkern im Kammerbereich.
- [ ] e der freiwillige Zusammenschluss der Arbeitnehmer von Handwerksbetrieben im Regierungsbezirk.

>> Seite 36 |

27. Die Handwerkskammer hat die Rechtsform

- [ ] a einer juristischen Person des Privatrechts.
- [ ] b eines nicht rechtsfähigen Vereins.
- [ ] c einer BGB-Gesellschaft.
- [ ] d einer Körperschaft des öffentlichen Rechts.
- [ ] e einer Handwerkergenossenschaft.

>> Seite 36 |

28. Sie haben als selbstständiger Handwerker einen Beitragsbescheid der Handwerkskammer erhalten. Es ist für Sie von Interesse, zu wissen, wofür Sie diesen Pflichtbeitrag leisten, d. h. welche Aufgaben die Handwerkskammer grundsätzlich und für die einzelnen Mitglieder erfüllt.

Aufgabe: Stellen Sie dar, welches die drei Hauptaufgabenbereiche dieser Einrichtung sind!

>> Seite 36 |

29. Beschreiben Sie die wichtigsten Tätigkeitsbereiche der Handwerkskammer als Dienstleistungsunternehmen (Handwerksförderung) für ihre Mitglieder!

>> Seite 37 |

30. Auf welchen Gebieten wird die Handwerkskammer zur Vertretung der Interessen ihrer Mitglieder hauptsächlich tätig?

>> Seiten 36 bis 37 |

31. Welche von den nachstehend aufgeführten Aufgaben gehört nicht zu den gesetzlichen Aufgaben der Handwerkskammer?

- a Vertretung der Interessen des Gesamthandwerks im Kammerbereich.
- b Festsetzung von Preisen für handwerklich erzeugte Waren und für handwerkliche Dienstleistungen.
- c Beratung aller Handwerker des Kammerbezirks in allen mit dem Handwerk zusammenhängenden Fragen.
- d Bestellung und Vereidigung von Sachverständigen für die verschiedenen Handwerke.
- e Führung der Handwerksrolle und der Lehrlingsrolle.

>> Seiten 36 bis 38 |

32. Zu den zentralen Aufgaben der Handwerkskammer gehören (zwei Antworten sind richtig!)

- a die Vertretung und Förderung der wirtschaftlichen Interessen des Gesamthandwerks im Kammerbezirk.
- b die Betreuung der freiwilligen Mitglieder in fachlicher Hinsicht.
- c die Unterstützung der Mitgliedsinnungen bei der Erfüllung ihrer Aufgaben.
- d die regionale und überfachliche Handwerksförderung.
- e die Entscheidung über Lehrlingsstreitigkeiten.

>> Seiten 36 bis 38 |

33. Welches ist das oberste Organ der Handwerkskammer?

- a Der Präsident.
- b Der Hauptgeschäftsführer.
- c Präsident und Hauptgeschäftsführer zusammen.
- d Die Mitgliederversammlung (Vollversammlung).
- e Der Gesamtvorstand.

>> Seite 38 |

34. Sind in den wichtigsten Organen der Handwerkskammer auch die Gesellen oder andere Arbeitnehmer mit einer abgeschlossenen Berufsausbildung vertreten?

- a Nein, sie bestehen nur aus selbstständigen Handwerkern.
- b Ja, die Gesellen oder andere Arbeitnehmer mit einer abgeschlossenen Berufsausbildung sind mit 50 % in allen Organen vertreten.
- c Ja, die Gesellen oder andere Arbeitnehmer mit einer abgeschlossenen Berufsausbildung sind mit 20 % in allen Organen vertreten.
- d Ja, ein Viertel der Mitglieder der Vollversammlung, des Vorstandes und des Präsidiums sind Gesellen oder andere Arbeitnehmer mit einer abgeschlossenen Berufsausbildung.
- e Ja, ein Drittel der Mitglieder der Vollversammlung, des Vorstandes und des Präsidiums sind Gesellen oder andere Arbeitnehmer mit einer abgeschlossenen Berufsausbildung.

>> Seite 39 |

35. Welches ist die wichtigste Finanzierungsquelle der Handwerkskammer für die Durchführung ihrer Aufgaben?

- a Alle im Kammerbereich ansässigen Inhaber eines Betriebs eines Handwerks und eines handwerksähnlichen Gewerbes und deren Arbeitnehmer sind verpflichtet, an die Handwerkskammer Beiträge zu bezahlen.
- b Alle Inhaber eines Betriebs eines Handwerks und eines handwerksähnlichen Gewerbes sind verpflichtet, an die Handwerkskammer Beiträge zu bezahlen.
- c Alle Innungen eines Kammerbereichs sind verpflichtet, einen Teil ihrer Einnahmen an die Handwerkskammer abzuführen.
- d Alle benötigten Finanzmittel erhält die Handwerkskammer vom Staat aus Gewerbeförderungsmitteln.
- e Alle Gemeinden des Kammerbereichs sind verpflichtet, einen Teil (10 %) der von ihnen erhobenen Gewerbesteuer an die Handwerkskammer abzuführen.

>> Seite 39 |

36. Bezüglich der Mitgliedschaft in einzelnen Handwerksorganisationen gelten unterschiedliche Regelungen. Sie stehen auch in bestimmter Beziehung zueinander.

Aufgaben: Setzen Sie in die unten stehenden Sätze den jeweils richtigen Buchstaben ein: A = Handwerkskammer; B = Kreishandwerkerschaft; C = Innung

- a Die Rechtsaufsicht über die Innungen hat die _____.
- b Innungen sind Pflichtmitglied bei einer _____.
- c Alle Inhaber von Handwerksbetrieben sind entsprechend Gesetz Mitglied der _____.
- d Freiwillige Mitgliedschaft gilt bei der _____.

>> Seiten 33 bis 39 |

37. Stellen Sie wichtige Aufgaben der Landes- und Bundesinnungsverbände dar!

>> Seite 40 |

38. Aufgaben der Gewerbeförderung sind

- a die Erhaltung und Verbesserung des Leistungsstandes und der Leistungsfähigkeit des Handwerks.
- b nur die Maßnahmen zur Förderung der beruflichen Aus- und Fortbildung.
- c vorwiegend Maßnahmen zur Förderung des Exports und außenwirtschaftlicher Kontakte.
- d vorwiegend Maßnahmen zur Förderung der zwischenbetrieblichen Kooperation.
- e Pflege von Gemeingeist und Berufsehre im Handwerk.

>> Seite 42 |

39. Wichtigste Träger von Gewerbe- und Handwerksförderungsmaßnahmen sind

- a die Handwerkskammern, Kreishandwerkerschaften, Innungen und Verbände.
- b vorwiegend die Handwerkskammern und die Kreishandwerkerschaften.
- c in größtem Umfang der Bundesminister für Finanzen.
- d in größtem Umfang das Bundesministerium für Wirtschaft und Energie.
- e vorwiegend die Gewerbeämter.

>> Seite 42 |

40. Nennen Sie die wichtigsten Maßnahmen der Handwerksförderung!

>> Seite 42 |

41. Welche Ziele werden mit der Durchführung von Messeveranstaltungen im Handwerk angestrebt?

>> Seite 46 |

42. Sie sind selbstständiger Handwerksmeister und haben die Erfahrung gemacht, dass zur sachgerechten Leitung eines modernen und erfolgreichen Handwerksbetriebs die Inanspruchnahme von Beratungsleistungen erforderlich ist. Die Beratungsangebote der Handwerksorganisationen sind neben freiberuflichen Beratungsleistungen, wie z. B. durch Steuerberater und Rechtsanwälte, für Sie die wichtigsten. Damit Sie diese Beratungsleistungen je nach Bedarf in bestmöglicher Weise beanspruchen können, verschaffen Sie sich einen Überblick.

Aufgabe: Erstellen Sie eine Liste über die wichtigsten Beratungsleistungen der Handwerksorganisationen, die Sie in Anspruch nehmen können!

>> Seiten 43 bis 46 |

43. Stellen Sie die wichtigsten Beratungsangebote der betriebswirtschaftlichen Berater der Handwerkskammer dar!

>> Seite 43 |

44. Welche Möglichkeiten bestehen für einen Handwerksbetrieb, freiberufliche Berater über die Handwerksorganisation in Anspruch zu nehmen?

>> Seite 43 |

45. Das Handwerk wird wissenschaftlich gefördert

- [ ] a durch alle Universitäten in der Bundesrepublik.
- [ ] b durch alle Fachhochschulen in der Bundesrepublik.
- [ ] c durch alle Fachakademien des Handwerks.
- [ ] d in erster Linie durch das Deutsche Handwerksinstitut e. V.
- [ ] e nur durch den Bundesminister für Bildung und Forschung.

>> Seite 46 |

3. Möglichkeiten der Inanspruchnahme von Beratungsdienstleistungen sowie von Förder- und Unterstützungsleistungen bei Gründung und Übernahme eines Unternehmens aufzeigen und bewerten

Kompetenzen

- > Anlaufstellen für Gründungsberatung kennen sowie deren Leistungsangebot bewerten.
- > Öffentliche Förder- und Unterstützungsprogramme sowie wichtige Voraussetzungen und Anlaufstellen kennen und begründet auswählen.

3.1 Gründungsberatung

Vor dem Schritt in die Selbstständigkeit ist es von besonderer Wichtigkeit, dass sich der Existenzgründer auf allen Gebieten gründlich beraten lässt.

Berater

Nur dadurch lassen sich existenzgefährdende Fehler bei der Betriebsgründung und Betriebsübernahme verhindern. Dazu stehen neben den schon beschriebenen Beratern der Handwerksorganisationen auch weitere Experten zur Verfügung. Dies sind unter anderem:

- > freiberufliche Unternehmensberater (Zuschüsse zu den Kosten möglich)
- > Rechtsanwälte und, sofern erforderlich, Notare
- > Steuerberater
- > Wirtschaftsförderungsstellen der Gemeinden, Städte oder Landkreise
- > Banken und Sparkassen
- > die Agenturen für Arbeit
- > verschiedene Gründernetzwerke.

Daneben gibt es auch viele Internetportale rund um die Fragen der Existenzgründung.
Eine besondere Fördermaßnahme ist das Gründercoaching Deutschland über die KfW für die Zeit nach der Existenzgründung. Gefördert werden Coachingmaßnahmen zu allen wirtschaftlichen, finanziellen und organisatorischen Fragen zur Steigerung der Wettbewerbsfähigkeit bis zu einem bestimmten Höchstbetrag. Auskünfte dazu erteilen auch die Handwerkskammern.

3.1.1 Rechtliche Aspekte

Zu klärende Fragen

Für eine erfolgreiche Existenzgründung ist die Klärung verschiedener rechtlicher (auch steuerrechtlicher) Fragen notwendig. Für einen typischen Handwerksbetrieb sind dabei insbesondere folgende Gebiete einschlägig:

- > Handwerksrecht: Vor der Betriebsgründung sind die handwerksrechtlichen Voraussetzungen nach der Handwerksordnung zu prüfen.
- > Handelsrecht: Hier ist zu prüfen, inwieweit Vorschriften für Kaufleute zu beachten sind.
- > Steuerrecht: Jeder Betriebsinhaber unterliegt besonderen steuerlichen Pflichten.
- > Baurecht: Hier sind insbesondere Fragen der Genehmigungsfähigkeit von baulichen Anlagen zu klären.
- > Umweltschutzrecht, Immissionsschutz: Zur Vorbeugung und zum Schutz vor schädlichen Umwelteinwirkungen müssen Handwerksbetriebe die immissionsschutzrechtlichen Vorschriften (Bundesimmissionsschutzgesetz als zentrales bundeseinheitliches Vorschriftensystem und andere) beachten.
- > Abfallrecht: Umgang und Behandlung sowie Transport und Entsorgung von Abfällen stellen hohe Anforderungen an einen Betrieb.
- > Arbeitsstättenverordnung: Sie legt fest, was der Arbeitgeber beim Einrichten und Betreiben von Arbeitsstätten in Bezug auf die Sicherheit und den Gesundheitsschutz der Beschäftigten zu beachten hat.

Die einzelnen oben genannten Rechtsgebiete werden in diesem Band ausführlicher in Lernsituation 8, Abschnitt „Gründungsrelevante Rechtsvorschriften", behandelt. Wiederholungen sollen so vermieden werden.

a) Wahl der Rechtsform

Die Wahl der Rechtsform ist eine wichtige Entscheidung, bei der sich der Unternehmensgründer umfassend informieren und beraten lassen sollte.

Rechtsformen

- Einzelunternehmen
  - Kaufmann
  - Nichtkaufmann
- Gesellschaften
  - Personengesellschaften (Gesellschaft bürgerlichen Rechts, stille Gesellschaft, offene Handelsgesellschaft, Kommanditgesellschaft)
  - Kapitalgesellschaften (z. B. „klassische" GmbH, haftungsbeschränkte Unternehmergesellschaft bzw. „Mini-GmbH")

Zentrale Fragen

Bei der Entscheidung über die Rechtsform hat der Existenzgründer folgende zentrale Fragen zu stellen:

- > In welcher Form sind die handwerksrechtlichen Voraussetzungen gegeben?
- > Ist eine Eintragung ins Handelsregister erforderlich oder möglich?
- > Welche Formvorschriften sind zu beachten?
- > Welche Kosten fallen an?
- > Wie soll die Eigen- und Fremdfinanzierung erfolgen?
- > Gründe ich das Unternehmen alleine oder mit weiteren Personen?
- > Wie soll die Haftung geregelt werden?
- > Wie soll eine Risikobegrenzung oder Risikoverteilung erfolgen?

> Wie soll die Geschäftsführung bzw. Vertretung geregelt werden, oder „will ich allein das Sagen haben"?
> Welche Gewinn- und Verlustverteilung wird für zweckmäßig angesehen?
> Welche Firmierung wird angestrebt?
> Welche steuerlichen Gesichtspunkte sind interessant?
> Soll bereits eine mögliche Nachfolgeregelung berücksichtigt werden?

Die Mehrheit aller Handwerksbetriebe wird als Einzelunternehmen geführt. Der Hauptvorteil für den Betriebsinhaber liegt dabei in seiner Unabhängigkeit und in einem hohen Maß an Selbstständigkeit. Andererseits trägt er jedoch das Risiko allein und haftet für alle finanziellen Verpflichtungen des Betriebs auch mit seinem Privatvermögen.
Eine interessante Alternative kann für den Handwerksbetrieb die neu eingeführte Unternehmensform der haftungsbeschränkten Unternehmergesellschaft sein. Die haftungsbeschränkte Unternehmergesellschaft ist eine Sonderform der GmbH und kann ohne Einhaltung des Mindeststammkapitals gegründet werden.

b) Anmeldungen und Formalitäten

Zuständige Stellen

Zu den rechtlichen Aspekten einer Unternehmensgründung gehören auch zahlreiche Anmeldungen und deren Formalitäten. In der Regel lassen sich viele gleichzeitig mit der Gewerbeanmeldung erledigen, da die Daten des Gewerbetreibenden dabei auch allen weiteren zuständigen Stellen zugeleitet werden.

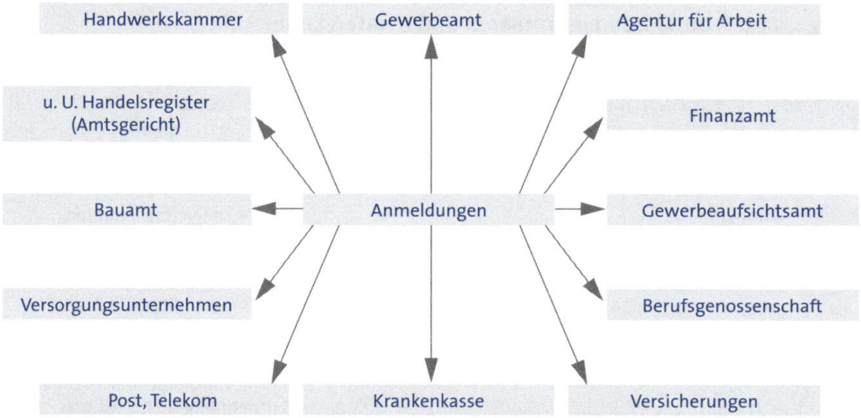

Anmeldestellen

> Handwerkskammer: Bei der Ausübung eines zulassungspflichtigen Handwerks ist die Eintragung in die Handwerksrolle erforderlich. Bei Ausübung eines zulassungsfreien Handwerks oder eines handwerksähnlichen Gewerbes erfolgt die Eintragung in ein Verzeichnis der Inhaber zulassungsfreier Handwerke oder handwerksähnlicher Gewerbe.
Der Existenzgründer erhält von der Handwerkskammer eine Handwerkskarte oder Gewerbekarte.
> Handelsregister (Amtsgericht): Diese Anmeldung ist nur für die Eintragung ins Handelsregister erforderlich.
> Gewerbeamt: Dieses Amt registriert die Gewerbeanmeldung und informiert andere Institutionen. In einigen Bundesländern kann die Gewerbeanmeldung auch über die Kammern erfolgen.

- Agentur für Arbeit: Der Betrieb erhält eine Betriebsnummer, wenn dort Arbeitnehmer beschäftigt werden.
- Finanzamt: Dem Existenzgründer wird nach Ausfüllen eines Betriebsfragebogens eine Steuernummer zugeteilt.
- Gewerbeaufsichtsamt: Dem Gewerbeaufsichtsamt obliegt die Überwachung der Arbeitsschutzgesetze.
- Berufsgenossenschaft: Die Berufsgenossenschaften sind für die Pflichtversicherung der Arbeitnehmer in der Unfallversicherung und je nach Satzung auch für die Pflicht- und freiwillige Versicherung der selbstständigen Unternehmer und für den Unfallschutz zuständig.
- Versicherungen: Hier muss für rechtzeitigen Versicherungsschutz gesorgt werden.
- Krankenkasse: Die Arbeitnehmer sind bei einer gesetzlichen Krankenversicherung zu melden.
- Post, Telefon, Fax, E-Mail-Adresse, Internet: Die dafür notwendigen Anschlüsse und Verträge sind zu beantragen.
- Versorgungsunternehmen: Je nach Bedarf sind Lieferverträge für Strom, Gas, Wasser und Entsorgungsverträge für Abwasser und Müll abzuschließen.
- Bauamt: Planungen für gewerbliche Um- und Neubauten oder Nutzungsänderungen sind rechtzeitig zu beantragen bzw. abzustimmen.

3.1.2 Konzeptionelle Aspekte

Am Anfang der Existenzgründung steht die Geschäfts-/Unternehmensidee – also schlichtweg die Frage, womit der künftige Unternehmer meint genügend Kunden und Abnehmer zu finden. Nicht jede Geschäftsidee muss dabei etwas komplett Neues beinhalten. Entscheidend für den Erfolg sind eher eine intensive Planung und durchdachte Umsetzung über ein entsprechendes Unternehmenskonzept.

Geschäftsidee

> Grundsätzlich wird das Unternehmenskonzept in Form eines Businessplanes (Unternehmenskonzept oder Geschäftsplan) dargestellt. Seine Erstellung ist die zentrale Aufgabe in der Vorbereitung einer Betriebsgründung.

Von der Aussagefähigkeit und Überzeugungskraft des Businessplanes hängt auch ab, ob potenzielle Geldgeber das erforderliche Kapital zur Verfügung stellen.
Er sollte folgende Themen beinhalten:

Businessplan

- Unternehmensidee, Leitbild, Unternehmensgrundsätze
- Angaben zur beruflichen Qualifikation und bisherigen Tätigkeit des Betriebsgründers
- Beschreibung und Begründung des Vorhabens
- Standort, Betriebsräume
- Betriebsgröße
- Rechtsform
- Produkt- und Leistungsprogramm
- Kundenzielgruppen, Kundenstruktur
- Absatzmarktbeurteilung für das Produkt- und Leistungsprogramm
- Marketingmaßnahmen
- Verkaufsförderungs- und Werbemaßnahmen

- >Personalbedarf und Personalstruktur
- >Investitionsplan
- >Gesamtkapitalbedarfsrechnung
- >Finanzierungsplan
- >Liquiditätsplan
- >Umsatz-, Kosten- und Gewinnplan, Rentabilitätsvorschau.

Folgende allgemeine Bedingungen sollte der Businessplan in jedem Fall erfüllen:

Allgemeine Anforderungen

- >Darstellung der Umsetzung der Geschäftsidee in der Praxis
- >Berücksichtigung aller maßgeblichen Faktoren
- >klare Gliederung
- >verständlicher Schreibstil
- >prägnante Darstellung der Informationen
- >übersichtlicher Umfang
- >nachvollziehbare Aussagen und Informationen
- >ansprechendes äußeres Erscheinungsbild
- >sorgfältige Wortwahl.

Auf nähere Einzelheiten des Businessplans wird in Lernsituation 10 noch eingegangen.

3.1.3 Finanzielle Aspekte

Wer sich zur beruflichen Selbstständigkeit entschließt, steht vor besonderen Fragen:

Ausgangsfragen

- >Welche Geschäftsideen sind lohnend?
- >Welche Kosten entstehen?
- >Wie finanziere ich das Vorhaben?
- >Gibt es Fördermittel und andere Unterstützungsmaßnahmen?

Die Gründungsfinanzierung ist nicht nur Voraussetzung dafür, dass ein Unternehmen starten kann. Sie entscheidet auch mit über dessen dauerhaften Erfolg. Deshalb ist es besonders wichtig, sich mit

- >Art und Umfang des Vorhabens
  sowie
- >dem konkreten Finanzierungsbedarf

intensiv auseinanderzusetzen.
Der Finanzierungsbedarf sollte nicht zu knapp kalkuliert werden. Deshalb sind in den meisten Fällen Finanzierungspartner bzw. Kapitalgeber unverzichtbar. Neben den Hausbanken können das insbesondere sein:

Finanzierungspartner

- >die öffentlichen Kapitalgeber, also Bund und Länder mit ihren Förderbanken
- >Bürgschaftsbanken
- >Kapitalbeteiligungsgesellschaften
- >die Agentur für Arbeit.

Eigenkapital

Allerdings wäre es verfehlt, ein Unternehmen nur mit Fremdkapital starten zu wollen. Es muss auch eigenes Geld, also Eigenkapital, zur Verfügung stehen. Welchen Anteil dies an der Gesamtfinanzierung haben sollte, lässt sich nicht pauschal festlegen. Aber im Allgemeinen wird ein Anteil von mindestens 20 Prozent empfohlen.

Ohne ausreichend Eigenkapital des Gründers wird eine Fremdfinanzierung in der Regel scheitern und zudem deutlich teurer werden. Eigenkapital verbessert das Rating durch die Bank. Der Existenzgründer signalisiert mit dem Einsatz seines eigenen Geldes schließlich auch, dass er bereit ist, für sein unternehmerisches Risiko einzustehen. Zu prüfen sind ferner immer auch alternative Finanzierungsformen wie Leasing und Factoring.

Leasing

3.2 Finanzierungs- und Unterstützungsleistungen

3.2.1 Angebote für Existenzgründer

a) Öffentliche Finanzhilfen für die Existenzgründung

> Im Interesse der Regeneration unserer Volkswirtschaft durch Neugründungen von Betrieben sowie zur Schaffung neuer Arbeitsplätze fördern Bund und Länder durch öffentliche Finanzierungshilfen Existenzgründungen.

Alle öffentlichen Kreditprogramme zur Förderung der Existenzgründung zeichnen sich durch günstige Zins- und Tilgungskonditionen aus. Die Höhe der Verzinsung richtet sich hier aber nicht nach Einheitszinssätzen, sondern ist je nach Bonität risikoorientiert. In die Beurteilung werden auch die angebotenen Sicherheiten einbezogen. Teilweise gibt es auch nicht rückzahlbare Zuschüsse.

Antragsverfahren

Die Anträge auf Existenzgründungsdarlehen sind vor Investitionsbeginn bei den Kreditinstituten zu stellen.

Diesem Kreditantrag sind in der Regel die in der nachstehenden Abbildung aufgeführten Unterlagen beizufügen.

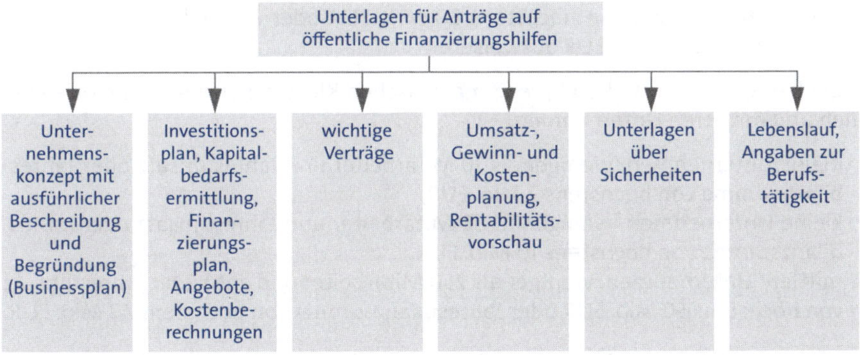

Die wichtigsten Förderprogramme für Existenzgründerinnen und -gründer sind:

Förderprogramme

- Zuschüsse zur Gründungsberatung (vor der Gründung)
- Zuschüsse zur Unternehmensberatung (nach der Gründung)
- Gründercoaching Deutschland (nach der Gründung)
- ERP-Kapital für Gründung
- ERP-Gründerkredit – StartGeld
- ERP-Gründerkredit – Universell
- KfW-Unternehmerkredit (ab 2 bzw. 3 Jahre nach Gründung)

- Mikrokreditfonds Deutschland
- Unterstützung für Gründungen aus der Arbeitslosigkeit (Ermessensleistungen)
  - Gründungszuschuss für Arbeitslosengeld-I-Empfänger
  - Einstiegsgeld für Arbeitslosengeld-II-Empfänger
- Weitere Förderprogramme wie
  - Investitionszulage
  - Gemeinschaftsaufgabe „Verbesserung der regionalen Wirtschaftsstruktur"
  - ERP-Startfonds als Beteiligungskapital
  - ERP-Innovationsprogramm
- Förderprogramme für technologieorientierte Unternehmen.

> Wer öffentliche Fördermittel nutzen möchte, darf mit seinem Vorhaben noch nicht begonnen haben.

Businessplan

Basis für die Beantragung und Bewilligung öffentlicher Finanzierungshilfen, aber auch für die gesamte Beurteilung des Existenzgründungsvorhabens, ist wiederum der Businessplan.

3.2.2 Spezielle Angebote für Handwerk und KMU

a) Definition von kleinen und mittleren Unternehmen

Für Angebote an kleine und mittlere Unternehmen gelten die folgenden Abgrenzungen:
Kleine und mittlere Unternehmen (KMU) werden definiert als Unternehmen, die

Kriterien

- weniger als 250 Mitarbeiter beschäftigen
  und
- einen Jahresumsatz von höchstens 50 Mio. EUR oder eine Jahresbilanzsumme von höchstens 43 Mio. EUR aufweisen.

Daneben gibt es noch die Abgrenzung zwischen Kleinstunternehmen sowie kleinen und mittleren Unternehmen:

- Kleinstunternehmen: weniger als 10 Mitarbeiter und Jahresumsatz oder Jahresbilanzsumme von höchstens 2 Mio. EUR,
- kleine Unternehmen: weniger als 50 Mitarbeiter und Jahresumsatz oder Jahresbilanzsumme von höchstens 10 Mio. EUR,
- mittlere Unternehmen: weniger als 250 Mitarbeiter und entweder Jahresumsatz von höchstens 50 Mio. EUR oder Jahresbilanzsumme von höchstens 43 Mio. EUR.

b) Anbieter der besonderen Finanzierungs- und Unterstützungsleistungen für Handwerk und KMU

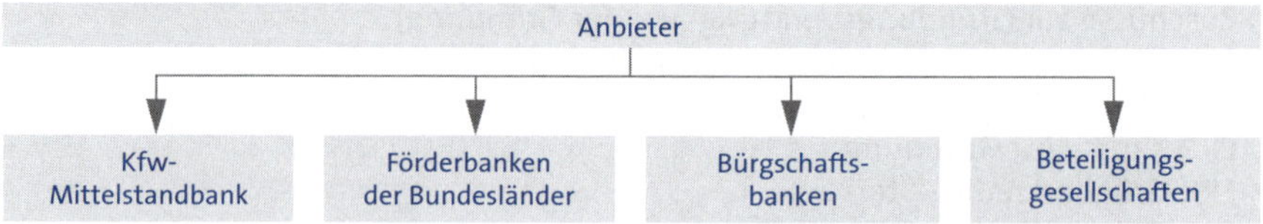

Daneben gibt es in Einzelfällen auch Angebote auf kommunaler Ebene. Voraussetzungen für die Beantragung derartiger Hilfen sind in der Regel:

Voraussetzungen

> kaufmännische Qualifikation des Existenzgründers
> Haupterwerb, keine nebenberufliche Tätigkeit, bzw. mittelfristig auf Dauer angelegte Vollexistenz
> Antragstellung vor Investitions-/Vorhabensbeginn, dazu zählen z. B.:
  - Bestellung/Lieferung von Investitionsgütern
  - Abschluss eines Beteiligungsvertrages
  - Abschluss eines Übernahmevertrages
  - Abschluss eines Grundstück-Kaufvertrages
  - Abschluss eines Pachtvertrages.

Nicht förderschädlich sind z. B.:

> Gewerbeanmeldung, Handwerksrolleneintragung usw.
> Abschluss eines Mietvertrages
> Abschluss eines Gesellschaftsvertrages.

Die zuständige Handwerkskammer muss in der Regel zum Existenzgründungsvorhaben gutachterlich Stellung nehmen. Es empfiehlt sich aus diesem Grund, auch im Hinblick auf eine umfassende Existenzgründungsberatung, rechtzeitig mit dem Betriebsberater der Handwerkskammer Kontakt aufzunehmen.

c) Spezielle Finanzierungshilfen für den Handwerksbetrieb

Zentraler Ansprechpartner für öffentliche Fördermittel ist die KfW-Mittelstandsbank. Unter www.kfw-mittelstandsbank.de finden sich wichtige Informationen über Fördermöglichkeiten.
Ein interaktiver Förderberater zeigt auf, welche Programme im Einzelfall infrage kommen.
Die Bundesländer haben zum Teil noch ergänzende Programme wie Mittelstandskreditprogramme.

Förderratgeber

Es ist empfehlenswert, dass sich Interessenten für die genannten und alle anderen Finanzierungshilfen mit den Betriebsberatungsstellen der Handwerkskammern oder mit ihren Hausbanken in Verbindung setzen. Hier wird über Voraussetzungen und Antragswege sowie Konditionen beraten.

Besondere bundeseinheitliche Fördermaßnahmen sind aktuell:

Einzelne Programme

> ERP-Gründerkredit – StartGeld
  - Die Förderung wird als Darlehen gewährt.
  - Finanzierungsanteil: bis zu 100 % des Gesamtfremdfinanzierungsbedarfs.
  - Darlehenshöchstbetrag: maximal 100.000 EUR, davon Betriebsmittel maximal 30.000 EUR. Das StartGeld kann zweimal je Antragsteller gewährt werden, sofern der Darlehenshöchstbetrag nicht überschritten wird.
  - Laufzeit: maximal zehn Jahre, davon höchstens zwei Jahre tilgungsfrei.
  - Haftungsfreistellung: 80-prozentige Haftungsfreistellung für das durchleitenden Kreditinstitut.
  - Zinssatz: zum aktuellen Stand.

> ERP-Gründerkredit – Universell
  - Die Förderung wird als Darlehen gewährt.
  - Finanzierungsanteil: bis zu 100% der förderfähigen Investitionskosten bzw. Betriebsmittel.
  - Darlehenshöchstbetrag: maximal 10 Mio. EUR je Vorhaben.
  - Laufzeit: maximal zwanzig Jahre, davon höchstens drei Jahre tilgungsfrei.
  - Zinssatz: zum aktuellen Stand.

> ERP-Kapital für Gründung
  - Die Förderung erfolgt in Form eines zinsverbilligten Nachrangdarlehens.
  - Die Höhe des Darlehens beträgt bis zu 500.000 EUR je Antragsteller.
  - Der Zinssatz wird in den ersten zehn Jahren der Laufzeit aus Mitteln des ERP-Sondervermögens vergünstigt, und es wird eine Haftungsfreistellung aufgrund einer Bundesgarantie gewährt.
  - Die eingesetzten eigenen Mittel sollen 15% (alte Länder) bzw. 10% (neue Länder und Berlin) der förderfähigen Kosten nicht unterschreiten. Sie können mit dem Nachrangdarlehen bis auf 45% (alte Länder) bzw. 50% (neue Länder und Berlin) der förderfähigen Kosten aufgestockt werden.
  - Die Laufzeit beträgt 15 Jahre, die Tilgung beginnt nach sieben Jahren.
  - Zinssatz: zum aktuellen Stand.

> ERP- Regionalförderprogramm (für strukturschwache Gebiete)
  - Die Förderung erfolgt in Form eines zinsgünstigen Darlehens.
  - Die Höhe des Darlehens beträgt maximal 3 Mio. EUR pro Vorhaben bei einem Finanzierungsanteil von
    - bis zu 100% der förderfähigen Investitionskosten in den Regionalfördergebieten der alten Länder und
    - bis zu 100% der förderfähigen Investitionskosten in den neuen Ländern und in Berlin.
  - Die Kreditlaufzeiten betragen bis zu fünf Jahre bei höchstens einem tilgungsfreien Anlaufjahr und bis zu 10 Jahre (für Kredite zur Finanzierung von Bauvorhaben bis zu 20 Jahre bei höchstens drei tilgungsfreien Anlaufjahren) bei höchstens zwei tilgungsfreien Anlaufjahren.
  - Zinssatz: zum aktuellen Stand.

d) Aufgaben der Bürgschaftsbanken

Da viele kleine und mittlere Unternehmen, insbesondere auch Handwerksbetriebe, gerade bei der Geschäftsgründung oder bei späteren Betriebserweiterungen keine banküblichen Sicherheiten leisten können, wurden in Zusammenarbeit mit dem Staat und den Banken Selbsthilfeeinrichtungen in Form der Bürgschaftsbanken geschaffen.

Die Bürgschaftsbanken bestehen in allen Bundesländern (in Hamburg „Bürgschaftsgemeinschaft").
Zusammengeschlossen haben sich die Institute der einzelnen Bundesländer im Verband Deutscher Bürgschaftsbanken.

Ausfallbürgschaften

Eine Bürgschaftsbank gewährt selbst keine Kredite, sondern übernimmt Ausfallbürgschaften für mittel- und langfristige Kredite an kleine und mittlere Unternehmen, denen bankmäßig ausreichende Sicherheiten nicht in dem erforderlichen Maße zur Verfügung stehen.

Verbürgt werden können unter anderem Kredite für die Finanzierung von Investitionen, Existenzgründungen, Geschäftsübernahmen, Betriebsmittelbedarf und Konsolidierungsmaßnahmen. Unter bestimmten Voraussetzungen können auch Leasingfinanzierungen verbürgt werden.
Die Bürgschaft wird bis maximal 80 % des Kreditbetrages bei Investitionsfinanzierungen übernommen. Bei Betriebsmitteln gilt ein niedrigerer Satz. Die Laufzeit beträgt bis zu 15 Jahre (bauliche Maßnahmen: bis zu 23 Jahre).

Kreditwürdigkeit

Der Kreditnehmer muss wirtschaftlich und persönlich kreditwürdig sein und nach der gesamten betriebswirtschaftlichen Lage die Gewähr dafür bieten, dass sein Betrieb existenz- und wettbewerbsfähig ist oder durch einen verbürgten Kredit werden kann. Das betriebliche Rechnungswesen muss überdies geordnet sein und jederzeit eine Überprüfung der Vermögens-, Finanz- und Ertragslage ermöglichen.

Antragsweg

Ein entsprechender Antrag auf Übernahme der Bürgschaft ist in der Regel über die Hausbank an die Bürgschaftsbank zu richten.
Die Handwerkskammer nimmt bei Fällen aus dem Handwerk gutachterlich Stellung.

e) Aufgaben der Kapitalbeteiligungsgesellschaften

Zur Förderung von Handwerks- und Gewerbebetrieben auf dem Gebiet der Finanzierung bestehen ferner (mittelständische) Kapitalbeteiligungsgesellschaften. Mit Kapitalbeteiligungen lassen sich sowohl die Liquidität verbessern wie auch die wirtschaftliche Eigenkapitalquote erhöhen.

> Die Kapitalbeteiligungsgesellschaften sollen kleinen und mittleren Unternehmen die Kapitalbeschaffung auf Basis der Beteiligung zu tragbaren Bedingungen ermöglichen. Das Engagement erfolgt meist in Form einer stillen Beteiligung.

Beteiligungsfinanzierung

Diese Form der Beteiligungsfinanzierung kommt insbesondere für größere Handwerksbetriebe in Frage. Sie eignet sich für Existenzgründung und Unternehmensnachfolge, Erweiterungs-, Rationalisierungs- oder Ersatzinvestitionen genauso wie für Innovationsvorhaben. Über nähere Einzelheiten erteilen die Betriebsberatungsstellen der Handwerkskammern Auskunft.

> Am Ende ist es immer Aufgabe des Existenzgründers selbst, die Vor- und Nachteile wie Kosten, Bindungsdauer und sonstige Verpflichtungen der einzelnen Finanzierungsmöglichkeiten gegeneinander abzuwägen.

Wiederholungsfragen sowie handlungsorientierte, fallbezogene Übungs- und Prüfungsaufgaben

1. Sie tragen sich mit der Absicht, sich selbstständig zu machen, und wissen, dass Sie dabei vielerlei Aspekte zu beachten und abzuwägen haben, um Fehler zu vermeiden.

   Aufgabe: Nennen Sie die wichtigsten Berater, die Sie dazu heranziehen können!

   >> Seite 58 |

2. Aus der Vorbereitung auf die Meisterprüfung wissen Sie, dass für eine erfolgreiche Existenzgründung die Klärung verschiedener rechtlicher Fragen notwendig ist.

   Aufgabe: Nennen Sie die Bereiche, die dabei für einen Handwerksbetrieb besonders einschlägig sind!

   >> Seiten 58 bis 59 |

3. Die Mehrheit der Handwerksbetriebe wird als Einzelunternehmen geführt.

   Aufgabe: Beschreiben Sie die Vor- und Nachteile dieser Rechtsform!

   >> Seite 60 |

4. Wenn Sie ein Unternehmen gründen, haben Sie auch zahlreiche Anmeldungen und deren Formalitäten zu beachten.

   Aufgabe: Nennen Sie dafür die wichtigsten Stellen!

   >> Seite 60 |

5. Was sollte Ausgangspunkt der Existenzgründung sein?

- [ ] a Das Bankgespräch.
- [ ] b Die Geschäftsidee.
- [ ] c Der Businessplan.
- [ ] d Das Errichten eines Betriebsgebäudes.
- [ ] e Der Werbeplan.

>> Seite 61 |

6. Nennen Sie die wesentlichen Inhalte eines Businessplans!

   >> Seiten 61 bis 62 |

7. Bei der Unternehmensgründung ist auch der Finanzierungsbedarf zu kalkulieren und zu klären.

   Aufgabe: Welche Finanzierungspartner bzw. Kapitalgeber kommen dafür infrage?

   >> Seite 62 |

8. Bei der Gründung von selbstständigen Existenzen gewähren Bund und Länder Finanzierungshilfen, die sich durch günstige Zins- und Tilgungskonditionen auszeichnen. Sie wollen prüfen, ob solche Finanzierungshilfen für Ihre Betriebsgründung zum Tragen kommen können.

   Aufgabe: Stellen Sie die wichtigsten Unterlagen zusammen, die bei deren Beantragung vorgelegt werden müssen!

   >> Seite 63 |

9. Ergänzen Sie folgende Feststellung:

   Wer öffentliche Fördermittel nutzen möchte, darf mit seinem Vorhaben ________________ begonnen haben.

   >> Seite 64 |

10. Für Handwerk sowie kleine und mittlere Unternehmen (KMU) gibt es für die Existenzgründung besondere Finanzierungs- und Unterstützungsleisten.

    Aufgabe: Nennen Sie die wichtigsten Anbieter!

    >> Seite 64 |

11. Welches sind die Aufgaben der Bürgschaftsbanken?

- [ ] a Sie gewähren an Handwerksunternehmen zinsgünstige Kredite.
- [ ] b Sie geben Zinszuschüsse für Investitionskredite.
- [ ] c Sie übernehmen Ausfallbürgschaften für Kredite, die Handwerksbetrieben gewährt werden.
- [ ] d Sie garantieren Handwerksbetrieben bestimmte Kreditlinien zur Finanzierung der Materialvorräte.
- [ ] e Sie wickeln Kreditprogramme von Bund und Ländern ab.

>> Seite 66 |

12. Über welche Stelle ist in der Regel der Antrag auf Übernahme einer Bürgschaft an die Bürgschaftsbank zu richten?

- a Handwerkskammer
- b Wirtschaftsministerium
- c Hausbank
- d Gewerbeamt
- e Finanzamt.

>> Seite 67 |

13. Wer nimmt in der Regel zum Antrag auf Übernahme einer Bürgschaft durch die Bürgschaftsbank gutachterlich Stellung?

- a Die Innung.
- b Die Handwerkskammer.
- c Der Landesinnungsverband.
- d Der Bundesinnungsverband.
- e Das Gewerbeamt.

>> Seite 67 |

14. Welche Aufgaben haben Kapitalbeteiligungsgesellschaften?

- a Sie übernehmen alle mit der Kapitalbeschaffung anfallenden Aufgaben.
- b Sie gewähren den Handwerksbetrieben zinsgünstige Kredite bis zu 100.000,00 EUR.
- c Sie ermöglichen Handwerksbetrieben die Kapitalbeschaffung auf der Basis der Beteiligung.
- d Sie beraten die Unternehmer im Handwerk bei der Geldanlage im privaten Bereich.
- e Sie übernehmen für selbstständige Handwerker Bürgschaften gegenüber Banken.

>> Seite 67 |

4. Entscheidungen zu Standort, Betriebsgröße, Personalbedarf sowie zur Einrichtung und Ausstattung eines Unternehmens treffen und begründen

Kompetenzen

> Bedeutung wichtiger Standortfaktoren kennen.
> Eignung von Standorten für betriebliche Zwecke beurteilen.
> Einflussgrößen der personellen und räumlichen Betriebsgröße kennen.
> Personalbedarf ermitteln.
> Bedarf an Gütern des Anlage- und Umlaufvermögens ermitteln.

4.1 Markt- und Standortanalyse

Die Marktanalyse bezieht sich auf die Chancen und Risiken der Betriebsgründung auf dem Absatzmarkt, und zwar insbesondere nach

Absatzmarkt

- möglichen Zielgruppen bzw. Kunden,
- der Wettbewerbssituation hinsichtlich Produkten und Dienstleistungen sowie deren Anbietern und
- den Zukunftsperspektiven am Markt.

Vertiefende Ausführungen zu den hier behandelten Themen und Handlungsanleitungen finden sich in >> Handlungsfeld 3, Lernsituation 2.

4.1.1 Absatzgebiete und -möglichkeiten

a) Absatzgebiete

Gerade Handwerksbetriebe sind in aller Regel in einem regional begrenzten Markt tätig, der sich auf einen bestimmten Kilometerradius um den Betriebsstandort eingrenzen lässt. Für dessen Bestimmung spielen auch Faktoren wie Siedlungsdichte und Verkehrserschließung eine wichtige Rolle. Allerdings erschließen sich immer mehr Betriebe auch die Möglichkeiten von Onlineshops, sodass für dieses Segment keine regionalen Grenzen mehr gelten. Hierzu eignen sich allerdings im Handwerk nicht alle Produkte und Leistungen. Wenn Serviceleistungen wie Kundendienst und Wartung sowie Reparatur damit verbunden sind, kommt wiederum nur der eher regional abgegrenzte Markt in Betracht.

Onlineshops

b) Absatzmöglichkeiten

Die Absatzmöglichkeiten hängen insbesondere von folgenden Faktoren ab:

- Von der Marktgröße hinsichtlich des erwarteten Absatzvolumens; die exakte Abgrenzung der Zielgruppe, die man erreichen will, ist eine besonders wichtige Maßnahme.
- Von der Entwicklung des Marktes; ist mit wachsender oder eher stagnierender oder gar rückläufiger Nachfrage zu rechnen?
- Von der Anzahl und Größe sowie dem Verhalten der Mitwettbewerber.

Informationsquellen

Für die Beurteilung sowohl der Absatzgebiete wie auch der Absatzmöglichkeiten stehen insbesondere folgende Informationsquellen zur Verfügung:

- Informationen von Innungen, Verbänden und Handwerkskammern
- Konjunkturberichte
- Branchenstatistiken
- Betriebsvergleiche
- allgemeine Umfrageergebnisse und spezielle Kundenbefragungen
- Veröffentlichungen wissenschaftlicher Institute
- Veröffentlichungen der Gesellschaft für Konsumforschung (GfK)
- Informationen aus amtlichen Statistiken aller Ebenen
- Marktforschungsinstitute
- Werbeagenturen
- Messen
- Kreditinstitute
- Steuerberater
- Zeitungen, Zeitschriften, Literatur, Internet.

Eigenrecherche

Wichtige und grundlegende Informationen kann der potenzielle Existenzgründer anhand dieser Quellen auch selbst recherchieren. Erst für vertiefte Analysen oder die Durchführung einer Marktforschung wird es notwendig, sich externen Sachverstandes zu bedienen – was in aller Regel dann auch mit Kosten verbunden ist.

Eine gründliche Marktanalyse sowie eine genaue Prüfung aller Fakten für die Beurteilung der Absatzgebiete und Absatzmöglichkeiten sind in jedem Fall wichtige Voraussetzungen für eine erfolgreiche Gründung und die weitere Zukunftsentwicklung eines Handwerksbetriebes.

4.1.2 Kundenstruktur

Im Rahmen des Unternehmenskonzepts muss sich der Existenzgründer genau überlegen, welche Zielgruppen er mit seinen Produkten und Leistungen als Kunden ansprechen, erreichen und gewinnen will.

Dabei hat er sich u. a. folgende Fragen zu stellen:

Zielgruppenmerkmale

- Sollen öffentliche Auftraggeber gewonnen werden?
- Will ich vorwiegend Privatpersonen als Kunden?
- Will ich gewerbliche Abnehmer ansprechen?
- Welche Personen, gegliedert nach Alter, Geschlecht, Familienstand, Zahl der Kinder, sind interessant?
- Welche Einkommensgruppen und welche Berufszugehörigkeiten will ich ansprechen?
- Welche Einstellungen und Verhaltensweisen von Menschen (z. B. Umwelt- und Gesundheitsbewusstsein, anspruchsvolle oder genügsame Lebensweise) sind für mein Angebot an Produkten und Dienstleistungen von Bedeutung?
- Welche Einkaufsgewohnheiten der jeweiligen Kundengruppen liegen vor?

4.1.3 Standortbeurteilung (Faktoren und Vergleich)

Von der richtigen Standortwahl und der voraussichtlichen Standortentwicklung hängt in den meisten Handwerkszweigen der langfristige wirtschaftliche Erfolg eines Betriebes ab.
Die Wahl des günstigsten Standorts bezeichnet man als optimalen Standort.

Optimaler Standort

a) Standortfaktoren

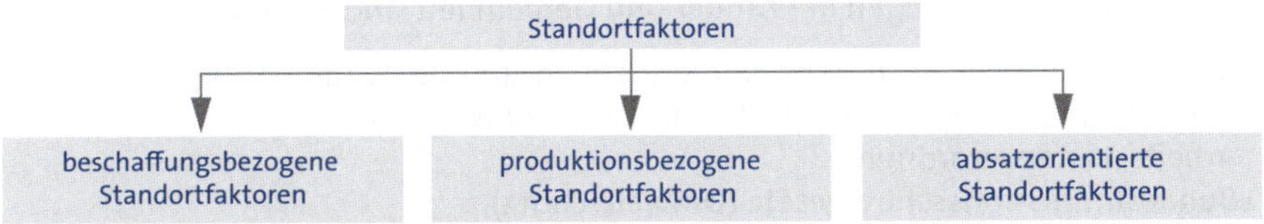

Als beschaffungsbezogene Standortfaktoren sind zu prüfen:

Beschaffungsbezogene Faktoren

- Grundstücke, Erschließungsbedingungen, Gewerbeflächenangebot
- Betriebseinrichtung
- Fremddienste, Zulieferer
- Arbeitskräfte
- finanzielle Mittel
- Materialbeschaffung
- Energieversorgung
- Beschaffungskonkurrenz
- staatliche Leistungen
- Ver- und Entsorgungsmöglichkeiten
- Versorgung mit Breitband-Internetverbindungen.

Produktionsbezogene Faktoren

Produktionsbezogene Standortfaktoren sind:

- soziale und politische Rahmenbedingungen
- ökologische und umweltbezogene Rahmenbedingungen
- technologische Bedingungen.

Absatzorientierte Faktoren

Absatzorientierte Standortfaktoren sind:

- Kundennähe
- Kaufkraft der Kunden
- Kundenpotenzial
- Verbrauchergewohnheiten
- Absatzkonkurrenz und Wettbewerbssituation
- Verkehrsverbindungen (öffentliche Wege, Straßen, Parkmöglichkeiten, Beleuchtungsanlagen).

„Weiche Standortfaktoren“

Hinzu kommen die sogenannten „weichen“ Standortfaktoren, wie z. B. persönliche, freizeitbezogene und kulturelle Angebote an einem Ort.

b) Standortvergleich, Standortbeurteilung

> Für die abschließende Beurteilung des Standortes müssen die Standortfaktoren verglichen und je nach Handwerkszweig entsprechend gewichtet werden.

Gesetzliche Beschränkungen

Besonders zu berücksichtigen ist, dass es staatliche Regelungen gibt, die die Standortwahl begrenzen können. Jede Errichtung eines Betriebes bedarf der Zustimmung der öffentlichen Hand. Hinsichtlich der Genehmigung zur Errichtung eines Betriebes können erhebliche Einschränkungen durch Gesetze und Verordnungen bestehen, die sich auf ganze Wirtschaftszweige oder aber auf eine ganz bestimmte Art eines Betriebes erstrecken.
Neben den Bestimmungen der Länder und Gemeinden sind zu nennen:

Bauplanungsrecht

- Bauplanungsrecht nach dem Baugesetzbuch und der Baunutzungsverordnung (Bauleitplan, Flächennutzungsplan und Bebauungsplan)
- Arbeitsstättenverordnung
- Bundesimmissionsschutzgesetz (Umweltschutz).

Die Raumordnung und die regionale Wirtschaftspolitik sind für die Standortwahl von besonderer Bedeutung. Vermehrt setzen Kommunen und Regionen entsprechende Instrumente ein, die der Existenzgründer für sich nutzen kann.

4.2 Planung der Gründung

4.2.1 Betriebseinrichtung

Die Betriebseinrichtung betrifft folgende Bereiche:

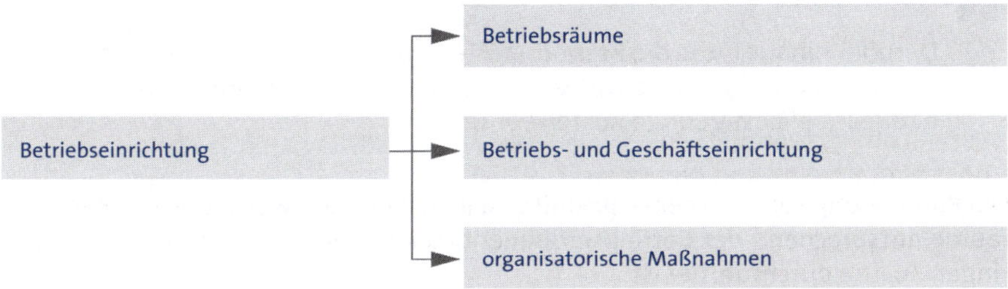

a) Betriebsräume

> Bei der Planung der Betriebsräume geht es in erster Linie um technische Fragen der Ausgestaltung und der Ausstattung, die sich von Handwerkszweig zu Handwerkszweig sehr stark unterscheiden.

Eignung der Betriebsräume

Ausschlaggebend ist zunächst, wofür die Räume geeignet sein müssen. Im Wesentlichen gilt es hier zu unterscheiden:

> Produktionsstätten
> Ausstellungs- und Verkaufsräume
> Büroräume.

In zahlreichen Fällen braucht der Unternehmensgründer eine Kombination aus allen genannten Kategorien.
Aufgrund der in den einzelnen Handwerkszweigen sehr unterschiedlichen Ausprägungen können die nachfolgenden Ausführungen lediglich grundsätzlichen Charakter haben. Jedem Betriebsgründer wird empfohlen, sich vor Durchführung solcher Vorhaben mit dem technischen Betriebsberater der Handwerkskammer oder des Fachverbandes in Verbindung zu setzen.

> Grundsätzlich müssen die Betriebsräume bedarfsgerecht geplant werden.

Schwerpunkte der Planung

Im Einzelnen wird die Planung von nachfolgenden Faktoren beeinflusst:

> Grundstückszuschnitt
> Verkehrslage und Verkehrsanbindung
> Einzugsgebiet
> Nachbarbebauung und Umfeld
> Bauvorschriften
> sonstige örtliche behördliche Vorschriften
> Raumanordnung und Raumfolge
> Lichtverhältnisse

- > raumklimatische Gegebenheiten
- > Transportmittel
- > Maschinen- und Geräteaufstellungsplan
- > Betriebsablauf
- > Bewegungs-, Verkehrs- und Abstellflächen.

> Darüber hinaus muss die Betriebsstätte so angelegt sein, dass die Betriebsräume rationell genutzt werden können und die Instandhaltung der Gebäude möglichst geringe Kosten verursacht.

Erweiterung

Die Bauplanung sollte ferner so gestaltet sein, dass eine Erweiterung der Betriebsräume entsprechend der Betriebsgrößenentwicklung jederzeit mit möglichst geringen Kosten durchführbar ist.

b) Betriebs- und Geschäftseinrichtung

Bei der Planung der Betriebs- und Geschäftseinrichtung ist die Beachtung folgender Gesichtspunkte u. a. zweckmäßig:

- > Nur die Maschinen und Werkzeuge beschaffen, die bei den geplanten betrieblichen Tätigkeiten, der beabsichtigten Betriebsgröße und der Zahl der Mitarbeiter erforderlich sind.
- > Betriebsnotwendige Fahrzeuge nach Funktionalität und Wirtschaftlichkeit auswählen.
- > Organisatorisch richtige Anordnung der Maschinen und Geräte, damit kurze Arbeitswege und Platz sowie Kraft sparende Arbeitsabläufe gewährleistet sind.

Büroorganisation

- > Ferner muss das Büro des geplanten Betriebes eine den Anforderungen entsprechende sowie moderne und zweckmäßige Organisation aufweisen.

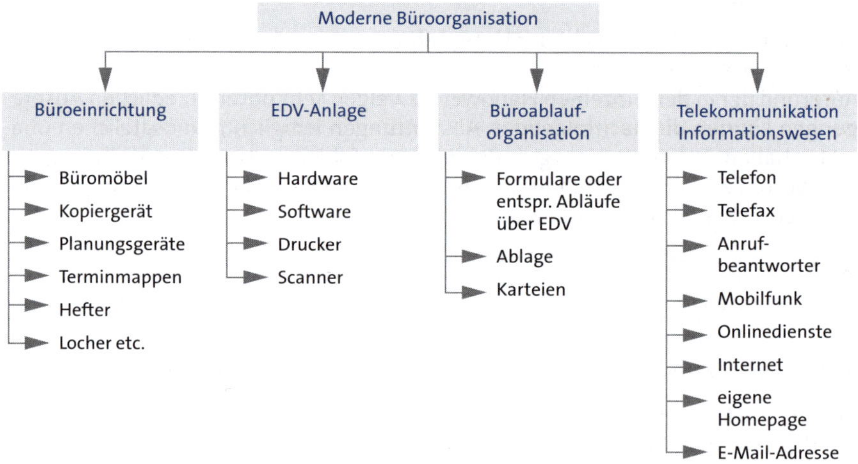

c) Organisatorische Maßnahmen

Einrichtung des betrieblichen Rechnungswesens

> Ein geordnetes, auf die einzelbetrieblichen Verhältnisse abgestelltes Rechnungswesen ist eine unabdingbare Voraussetzung für eine erfolgreiche Betriebsführung des Existenzgründers.

Deshalb sollte er vor Betriebsbeginn für die Einrichtung einer ordnungsgemäßen Buchführung, einer sachgerechten Kostenrechnung und Kalkulation und eines funktionsfähigen Controllings Sorge tragen. Dabei ist darauf zu achten, dass das Rechnungswesen den gesetzlichen Anforderungen entspricht und dem Existenzgründer über seine Auswertung stets die zur Planung, Steuerung und Kontrolle notwendigen Chefdaten liefert.

Buchführung und Jahresabschluss

Folgendes Vorgehen ist zweckmäßig:

Vorgehensweise

> Gesetzliche Vorschriften zu Buchführung und Jahresabschluss beachten.
> Aufbewahrungspflichten für Bücher, Datenträger, Belege und Geschäftsbriefe beachten.
> Anforderungsprofile an Inhalt und Gliederung der Buchführung für den zu gründenden Betrieb festlegen.
> Entscheidung für das System der Buchführung (in der Regel doppelte Buchführung) treffen.
> Entscheidung für die Verfahrenstechnik der Buchführung (in der Regel EDV) herbeiführen.
> Anforderungen an die Auswertbarkeit des Zahlenmaterials festlegen.
> Entscheidung treffen, ob die Buchführungsarbeiten im eigenen Betrieb oder extern durchgeführt werden sollen.
> Inventar und Eröffnungsbilanz erstellen.
> Belegorganisation festlegen.

Bei den obigen Arbeiten ist es sinnvoll, den Steuerberater einzuschalten.

Steuerberater

Kostenrechnung und Kalkulation

> Eine auf den zu gründenden Betrieb abgestellte Kostenrechnung und eine in dem jeweiligen Handwerkszweig übliche Kalkulationsmethode sind für die Kostenplanung, Kostenerfassung, Kostenverrechnung, Kostenkontrolle und die Angebotspreisberechnung unabdingbar.

Sie entscheiden in erheblichem Umfang, wie erfolgreich sich der Betrieb am Markt behaupten kann.
Wichtige Schritte sind für den Existenzgründer bei der Einrichtung der Kostenrechnung und Kalkulation:

Wichtige Schritte

> Gliederung der Kostenrechnung vornehmen.
> Aufbereitung der Ausgangswerte aus dem Kostenplan und der Rentabilitätsvorschau für kostenrechnerische Zwecke durchführen.
> Gegebenenfalls Kostenstellen für die Kostenstellenrechnung festlegen.

- Über die Kalkulationsmethode im Rahmen der Kostenträgerrechnung entscheiden.
- Art und Gliederung der Angebotspreisberechnung festlegen (Kalkulationsschemen).
- Ermittlung des Stundenverrechnungssatzes für Handarbeit und Maschinenarbeit (dabei ist zum Zeitpunkt der Betriebsgründung von den Zahlen des Kostenplans und der Rentabilitätsvorschau auszugehen) vornehmen.
- Zeiterfassungssystem entwickeln und umsetzen.

Einrichtung eines EDV-Systems

> Die EDV ist notwendiger Bestandteil der Betriebsorganisation. Der Existenzgründer kann bei der Einrichtung eines EDV-Systems wie folgt vorgehen:

- Anwendungsbereiche zum Einsatz der EDV für den Betrieb festlegen und ein entsprechendes Konzept entwickeln
- Datenmengen ermitteln
- Pflichtenheft erstellen
- Angebote bei EDV-Anbietern einholen
- Angebote unter Kosten-Nutzen-Abwägung und Systementscheidung prüfen

Hardware und Software

- Hardware und Software beschaffen
- Wartungskosten einbeziehen
- Personalschulungen vornehmen.

Je nach Maßnahme und Ausstattungsgegenstand hat der Existenzgründer sich zu entscheiden für

- Kauf
- Miete
- Leasing.

Handwerkerhöfe

Bei der Auswahl von Betriebsräumen ist ggf. auch mit in Betracht zu ziehen, ob es vor Ort Einrichtungen wie Existenzgründerzentren, Gewerbehöfe oder Handwerkerhöfe gibt.

4.2.2 Betriebsgröße (Umsatz, Personal)

a) Betriebsgröße

Für die Betriebsgröße gibt es viele Einflussgrößen.

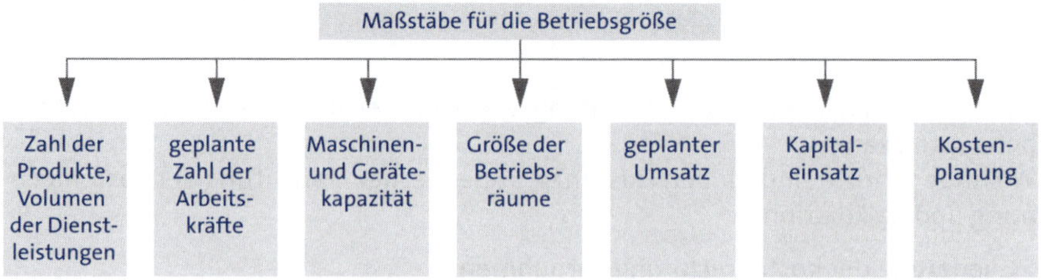

Bei der Betriebsgründung ist die optimale Betriebsgröße anzustreben.

> Als optimal gilt die Betriebsgröße, wenn das günstigste Verhältnis zwischen Leistung und Aufwand bei voller Kapazitätsausnutzung erreicht wird.

Optimale Betriebsgöße

Hier werden insbesondere Umsatz und Personal als Maßgrößen für die Betriebsgröße betrachtet.

b) Umsatz

Für den Existenzgründer ist es zunächst wichtig, den Umsatz zu ermitteln, mit dem die entstehenden Kosten, aber auch notwendige Privatentnahmen gedeckt werden können. Anschließend ist zu prüfen, ob dieser Mindestumsatz angesichts der gesamten Marktgegebenheiten auch erreicht werden kann.

Notwendiger Mindestumsatz

c) Personalbedarf, Personalbeschaffung

Personalbedarf

> Der Personalbedarf ergibt sich aus dem Leitbild, dem Unternehmensziel, dem geplanten Produkt- und Leistungsprogramm sowie aus den beabsichtigten Betätigungsfeldern (Arbeitsaufgaben, Arbeitsinhalte) und der erwarteten Auftragslage.

Daraus leitet man Anforderungsprofile ab, die u. a. folgende Punkte enthalten:

Anforderungsprofile

- fachliche Qualifikation (Ausbildung, Berufspraxis)
- Einsatzbereitschaft
- Belastbarkeit
- Organisationstalent
- Zuverlässigkeit
- Fähigkeit zum selbstständigen Arbeiten
- Bereitschaft zur Teamarbeit
- Eignung für einen kundenorientierten Arbeitseinsatz
- äußeres Erscheinungsbild
- Kontaktfreudigkeit.

> Bei der mengenmäßigen Ermittlung des Personalbedarfs sollte man behutsam vorgehen, denn Personal- und Personalzusatzkosten sind im Handwerksbetrieb in der Regel der größte Kostenfaktor.

Personalbeschaffung

Um ein hohes Maß an Beweglichkeit zu erreichen sowie Kosten und Risiko im Personalbereich so niedrig wie möglich zu halten, sind bei der Personalbeschaffung folgende Grundsätze zu berücksichtigen:

Wichtige Grundsätze

- Vollzeitbeschäftigte verursachen höhere Kosten als Teilzeitbeschäftigte und bringen bei Schwankungen der Auftragslage zusätzliche Probleme.

- > Wenn möglich, in bestimmten Bereichen Aushilfs- bzw. Teilzeitarbeitskräfte beschäftigen.
- > Auch den Einsatz von freien Mitarbeitern oder Subunternehmerleistungen erwägen.
- > Die Beschäftigungsmöglichkeit von Zeit- oder Leiharbeitskräften prüfen.
- > Förderungsmaßnahmen der Agentur für Arbeit bei Einstellung von Arbeitslosen in Erwägung ziehen.
- > Einen schriftlichen Arbeitsvertrag abschließen.
- > Gesetzliche Möglichkeiten von befristeten Arbeitsverträgen ausloten und ggf. umsetzen.
- > Arbeitsrechtliche Schutzvorschriften und deren betriebliche Konsequenzen für den Betrieb bei späterem Anwachsen der Betriebsgröße in die Entscheidungen mit einbeziehen (z. B. Kündigungs- und Schwerbehindertenschutz).
- > Nachwuchssicherung durch Ausbildung.

Wiederholungsfragen sowie handlungsorientierte, fallbezogene Übungs- und Prüfungsaufgaben

1. Im Rahmen der Vorbereitung Ihrer Existenzgründung prüfen Sie, welche Absatzmöglichkeiten und Absatzgebiete für Ihren Betrieb erreichbar sind.

   Aufgabe:

   a) Welche Informationsquellen stehen Ihnen dabei zur Verfügung?

   b) Stellen Sie die wichtigsten Kriterien der Absatzmarktbeurteilung dar, die Sie beachten sollten!

   >> Seite 72 |

2. Bei der beabsichtigten Gründung Ihres Betriebes haben Sie in Bezug auf die Wahl des günstigsten Standorts eine Reihe von Standortfaktoren zu prüfen und entsprechend zu gewichten.

   Aufgabe:

   a) Beschreiben Sie die drei wichtigsten Bereiche, die Sie diesbezüglich bei Ihrer Betriebsgründung beachten sollten!

   b) Stellen Sie fest, welche gesetzlichen und kommunalen Regelungen Ihre Wahl begrenzen können!

   >> Seiten 73 bis 74 |

3. Im Rahmen der Erstellung seines Unternehmenskonzepts muss sich der Existenzgründer genau überlegen, welche Zielgruppen er mit seinen Produkten und Leistungen als Kunden ansprechen, erreichen und gewinnen will.

   Aufgabe: Welche Frage hat er sich dabei insbesondere zu stellen?

   >> Seite 73 |

4. Ein wichtiges Instrument regionaler Wirtschaftsförderung ist

- [ ] a die Gewerbeflächenpolitik.
- [ ] b die öffentliche Sicherheit.
- [ ] c das kulturelle Angebot.
- [ ] d die örtliche Marktregulierung.
- [ ] e die Festlegung der Preise für handwerkliche Leistungen durch die Gemeinde- oder Stadtverwaltung.

>> Seite 74 |

5. Als Existenzgründer haben Sie die zweckentsprechenden Betriebsräume für Ihren Betrieb zu planen.

   Aufgabe: Erläutern Sie, welche Faktoren Sie dabei beachten sollten!

   >> Seiten 75 bis 76 |

6. Für den Betriebsinhaber ist eine moderne, zweckentsprechende Büroorganisation unbedingt erforderlich.

   Aufgabe: Beschreiben Sie die grundsätzlichen diesbezüglichen Anforderungen für den zu gründenden Betrieb!

   >> Seite 76 |

7. Ein zweckmäßiges Rechnungswesen ist für Sie als Existenzgründer eine unabdingbare Voraussetzung für eine erfolgreiche Betriebsführung. Das Rechnungswesen muss einerseits den gesetzlichen Anforderungen entsprechen und andererseits über seine Auswertung stets die zur Planung, Steuerung und Kontrolle notwendigen Chefdaten liefern.

   Aufgabe:

   a) Erklären Sie, wie Sie bei der Einrichtung der Buchführung und des Rahmens für den Jahresabschluss im vorliegenden Fall vorgehen!

   b) Erläutern Sie, welche Schritte bei der Einrichtung von Kostenrechnung und Kalkulation wichtig sind?

   >> Seiten 77 bis 78 |

8. Die EDV ist auch für Sie als Betriebsgründer ein unabdingbarer Bestandteil jeder fortschrittlichen Betriebsorganisation.

   Aufgabe: Erklären Sie, wie Sie bei der Einrichtung des EDV-Systems vorgehen!

   >> Seite 78 |

9. Sie beabsichtigen, einen Betrieb zu gründen. Eine gründliche Ermittlung des Personalbedarfs und die anschließende Personalbeschaffung sind wichtige Voraussetzungen dafür, dass die Gründung Ihres Handwerksbetriebes erfolgreich sein wird.

Aufgabe:

a) Woran orientieren Sie den Personalbedarf?

b) Welche wichtigen Anforderungsprofile stellen Sie an Ihre künftigen Mitarbeiter?

c) Welche Grundsätze sollten Sie bei der Personalbeschaffung beachten?

>> Seiten 79 bis 80 |

5. Marketingkonzept zur Markteinführung entwickeln und bewerten

Kompetenzen

- Art und Größe möglicher Kundengruppen und -bedürfnisse, mögliche Auftrags- und Umsatzzahlen einschätzen.
- Vorschlag für die Gestaltung der Produkte, Preise, Kommunikationsmittel und Absatzwege beim Markteintritt begründen.
- Das Geschäftsmodell auf Basis des Kundennutzens sowie der Alleinstellungsmerkmale formulieren.

5.1 Konzeption des Marketings

5.1.1 Ausgangssituation für Existenzgründer

Käufermarkt

Um mit seiner Geschäftsidee erfolgreich zu sein, muss der Existenzgründer sich intensiv damit auseinandersetzen, wie er für seine Produkte und Dienstleistungen Interessenten findet und aus diesen dann auch Abnehmer und Kunden machen kann. Dabei muss er in der Regel davon ausgehen, dass er auf einen Käufermarkt trifft (d. h. das Angebot übersteigt die Nachfrage, und die Nachfrager haben deshalb die stärkere Marktposition); es sei denn, dass er ein Angebot hat, das die möglichen Kunden nur bei ihm finden. Dies erfordert ein aktives Zugehen auf potenzielle Interessenten. Von selbst werden die Kunden nur in den wenigsten Fällen kommen.

Produkt- und Leistungsprogramm

Das Produkt- und Leistungsprogramm muss gerade in der Einführungsphase am Markt ein an den Bedürfnissen des Kunden orientiertes Angebot gewährleisten, das sich möglichst positiv vom Angebot der Mitbewerber abhebt. Wichtig für den Existenzgründer ist es, potenzielle Kunden wie mögliche Wettbewerber realistisch einzuschätzen – sie also weder zu unter- noch zu überschätzen. Gerade in der Startphase ist vor Euphorie zu warnen.

Wichtig ist auch, sich Gedanken darüber zu machen, wie viele finanzielle Mittel für Marketingaktivitäten eingesetzt werden können. Gerade in der Startphase eines Unternehmens kann es sich im Einzelfall empfehlen, einen höheren Marketingetat einzuplanen, als nach Etablierung am Markt im Durchschnitt dann vorgesehen ist.

5.1.2 Definition

Um Kunden zu gewinnen, muss sich der künftige Betriebsinhaber deshalb Gedanken über sein Marketing machen.

> Marketing heißt in diesem Fall, Maßnahmen zu entwickeln und umzusetzen, mit denen der Absatz in Gang gebracht und angekurbelt werden kann.

Dabei müssen die Bedürfnisse und Wünsche der Kunden im Vordergrund stehen. Deshalb ist Marketing nicht nur eine Sache des Absatzes, sondern betrifft nahezu alle betrieblichen Funktionsbereiche.

5.1.3 Marketingziele

Marketingziele befassen sich mit der Frage „Was möchte ich erreichen?“.

Nach der zeitlichen Dimension gibt es

> kurzfristige — Zeit
> mittelfristige
> langfristige

Marketingziele.

Vom Inhalt her können sie sich beziehen auf Größen wie

> Absatz — Inhalt
> Umsatz
> Gewinn
> Rentabilität
> Bekanntheitsgrad
> Image
> Kundenbindung.

Es ist für den Unternehmensgründer wichtig, sich damit auseinanderzusetzen, um sein weiteres Vorgehen planvoll daran auszurichten. Es ist auch darauf zu achten, die Marketingziele so zu formulieren, dass sie auch immer wieder kontrollierbar sind.

5.1.4 Marketingstrategie

Die Marketingstrategie widmet sich der Frage: Wie kann ich meine Marketingziele erreichen?

In ihrem Rahmen gilt es, sich damit auseinanderzusetzen, wie dies erreicht werden kann. Je nach Produkt bzw. Dienstleistung sieht diese Strategie dann unterschiedlich aus. Dazu sind unter anderem folgende Fragen hilfreich:

> Welche Kundengruppen will ich erreichen? Dies können – eventuell auch in Kombination – sein: — Fragen
  - Privatkunden; hier kann dann beispielsweise weiter unterteilt werden:
    - Jugendliche
    - Familien
    - Senioren

Kundenorientierung

- gewerbliche Kunden
- öffentliche/staatliche Kunden.

Dies bedeutet in jedem Fall strikte Kundenorientierung; das heißt, sich mit den Erwartungen der verschiedenen Kunden auseinanderzusetzen und ein darauf abgestimmtes Angebot an Produkten und Dienstleistungen anzubieten – am besten eines, das gegenüber Konkurrenzprodukten den Nutzern einen besonderen Vorteil verspricht.

> Ist mein Produkt ein Nischenprodukt oder ein Massenprodukt?
  - Nischenprodukt: Hier ist sowohl die Zahl möglicher Kunden eingeschränkt wie auch die Zahl potenzieller Konkurrenten. In Nischenprodukten liegt gewöhnlich gerade eine Stärke des Handwerks.
  - Massenprodukt: Es gibt viele Anbieter und Nachfrager.

Darauf aufbauend sollte der Betriebsgründer die geeigneten Instrumente und Maßnahmen auswählen und festlegen.

Die Marketinginstrumente sind nicht isoliert, sondern kombiniert in einem Marketing-Mix einzusetzen.

>> siehe dazu Abschnitt 5.3 „Markteintritts-Marketing-Mix“.

5.2 Informationsquellen zur Abschätzung des Marktpotenzials

Wer sich neu am Markt positionieren will, muss sich einerseits intensiv mit den Zielgruppen befassen, die er erreichen will. Andererseits hat er auch das Angebot seiner Konkurrenten dahingehend zu prüfen, wie er sich davon abheben kann.

Grundsätzlich unterscheidet man hinsichtlich der Informationsbeschaffung nach Primärforschung (Daten, die neu erhoben werden) und nach der Nutzung von Sekundärinformationen (Daten, die vorhanden sind). Letztere erfordern deutlich weniger Aufwand und Kosten.

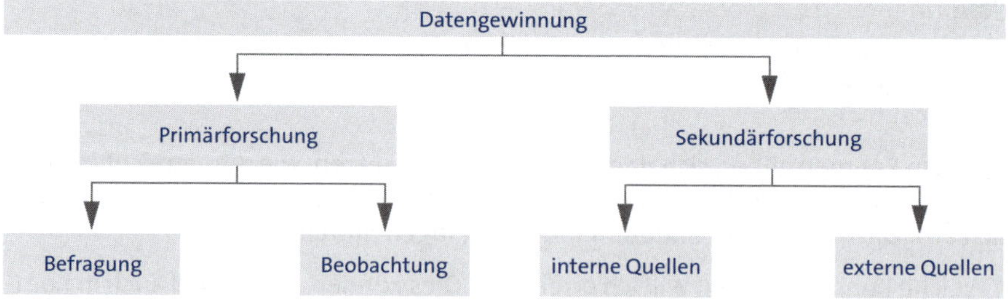

Primärdaten werden gewonnen über

- Befragung (schriftlich, mündlich)
- Beobachtung.

Anbieter derartiger Leistungen sind z. B. Marktforschungsinstitute, die über die notwendige Erfahrung und Kompetenz verfügen.

Wichtige Informationsquellen der Sekundärforschung sind:

Interne Quellen:

Interne Quellen

- Kundendateien bzw. -karteien
- Angebotsstatistiken
- Auftragsstatistiken
- Umsatzstatistiken
- Reklamationsstatistiken
- Mitarbeiterberichte.

Externe Quellen:

Externe Quellen

- Informationen von Wirtschaftsverbänden (z. B. Handwerkskammern, Fachverbände etc.)
  - Konjunkturberichte
  - Betriebsvergleiche
  - Branchenstatistiken
  - Sonderumfragen
- Informationen wirtschaftswissenschaftlicher Institute wie z. B.
  - Forschungsinstitute aus dem Verbund des Deutschen Handwerksinstituts (DHI)
  - Institut für Handelsforschung
  - Deutsches Institut für Wirtschaftsforschung
  - ifo-Institut
  - Gesellschaft für Konsumforschung (GfK)
- Informationen aus amtlichen Statistiken
  - Informationen des Statistischen Bundesamtes (z. B. statistisches Jahrbuch)
  - Informationen der statistischen Landesämter und der Gemeinden
  - Informationen der Bundes- und Landesministerien sowie der kommunalen Wirtschaftsförderungsstellen
  - Berichte der Deutschen Bundesbank und der Europäischen Zentralbank
- Informationen externer Dienstleister
  - Marktforschungsinstitute
  - Werbeagenturen
  - Kreditinstitute
  - Adressbuchverlage etc.
- Fachliteratur, Zeitungen, Zeitschriften
- elektronische Medien
- Internet.

Wichtige Informationen

In der Phase der Neugründung muss vorwiegend auf externe Quellen zurückgegriffen werden. Im Wesentlichen geht es dabei dann um Informationen zu

- räumlichen Bestimmungsfaktoren und
- Bestimmungsfaktoren der Zielgruppen (wie Geschlecht, Alter, Beruf, Einkommen).

5.3 Markteintritts-Marketing-Mix

5.3.1 Marketing-Mix

Der Marketing-Mix besteht im Allgemeinen aus vier Bausteinen:

> Generell kommt es darauf an, für den Markterfolg in diesen Bereichen möglichst viele Alleinstellungsmerkmale zu erzielen und zu sichern.

5.3.2 Produkt bzw. Dienstleistung

Grundnutzen

Hier steht für den Existenzgründer die Frage im Mittelpunkt, warum sich die Kunden gerade für sein Produkt bzw. für seine Dienstleistung – im Vergleich zu den Angeboten von Mitwettbewerbern – entscheiden sollen. Im sogenannten Grundnutzen sind sich viele Produkte und Dienstleistungen gleich. Es gilt also den besonderen oder zusätzlichen Nutzen für seine Kunden oder Alleinstellungsmerkmale herausarbeiten und dabei auch die jeweils besonderen Eigenschaften seines Produkts bzw. seiner Dienstleistung deutlich zu machen. Diese können sich unter anderem äußern in

Alleinstellungsmerkmale

- Aussehen/Design
- Qualität
- Ausstattung
- Verpackung
- Umweltorientierung, Verbraucherschutz
- Bedienungsfreundlichkeit
- Lieferservice und Vor-Ort-Montage; gerade mit solchen Leistungen ist es möglich, sich gut von seinen Mitwettbewerbern abzuheben
- Kundendienst und Entsorgungsleistungen.

> Vermehrt erwarten Kunden nicht nur ein gutes Produkt, sondern eine komplette Problemlösung und besten Service.

5.3.3 Preis

Hier muss der Gründungswillige sich damit auseinandersetzen, zu welchem Preis er sein Produkt bzw. seine Dienstleistung anbieten kann und will. Handwerksprodukte und -dienstleistungen werden in der Regel nicht im Niedrigpreissegment, sondern darüber angeboten. Bei der Preisbildung kommt es zum einen auf den betrieblich kalkulierten Preis (dieser sollte ausreichen, die entstehenden Kosten und den Unternehmerlohn zu decken) an und zum anderen auf die Wettbewerbs- und die Marktsituation, die ausschlaggebend dafür sind, inwieweit sich Preise auch durchsetzen lassen (man spricht dann vom Marktpreis). Hier gilt es z. B. auch auf folgende Faktoren zu achten:

Einflussfaktoren

> Einkommenssituation der Verbraucher
> Sättigungsgrad des Marktes
> Konkurrenz durch ausländische Anbieter und durch Anbieter im Bereich des elektronischen Handels.

Für die Preisgestaltung ist ferner zu überlegen, in welchen Fällen Rabatte (Preisnachlässe beispielsweise für bestimmte abgenommene Mengen oder für Barzahlung) eingeräumt werden sollen und können und welche Lieferungs- und Zahlungsbedingungen gewählt werden. Diese sind in der Regel in den Allgemeinen Geschäftsbedingungen (AGB) zusammengefasst.
Lieferungsbedingungen beziehen sich unter anderem auf

Lieferungsbedingungen

> Lieferungsort
> Lieferungsdatum
> Umtauschbedingungen
> Garantiebedingungen
> Leistungen bei verspäteter Lieferung.

Zahlungsbedingungen können Regelungen enthalten bezüglich:

Zahlungsbedingungen

> Zeitpunkte der Zahlung
> Vorauszahlungen
> Zahlungsart (bar oder per Bank)
> Zahlungsfristen mit Einräumung von Skonti.

Für das langfristige Überleben eines Betriebes am Markt ist es erforderlich, dass der Marktpreis über dem betrieblich kalkulierten Preis liegt.

Preispolitik

Neben der Preisbildung spielt auch die Preispolitik eine wichtige Rolle. So kann es hilfreich sein, sich der sogenannten psychologischen Preisschwellen zu bedienen. Ein Angebot für 9,99 Euro findet oft mehr Aufmerksamkeit als für 10,00 Euro. In Einzelfällen kann es auch Sinn machen, Finanzierungsangebote und Inzahlungnahmen zur Preisgestaltung zu nutzen.
Gerade wenn man sich neu am Markt positionieren will, kann es auch sinnvoll sein, für eine befristete Zeit vergünstigte Einführungspreise anzubieten.

Einführungspreis

Bei Sonderangeboten und Vergünstigungen muss jedoch gerade der Existenzgründer immer im Blick haben, wie sich das auf seine Liquidität und seinen Ertrag auswirkt.

In der Einführungsphase sollte der Betrieb bei der Preis- und Konditionenpolitik einen vernünftigen Kompromiss zwischen kostenorientierter, nachfrageorientierter und konkurrenzorientierter Preisbildung finden. Ein niedriger Preis allein ist für den Kunden nicht das einzige Entscheidungskriterium für den Kauf. Deshalb muss der Kunde von der Qualität, vom Zusatznutzen und den Zusatzleistungen überzeugt werden. Keinesfalls sollte der Existenzgründer mit Niedrigpreisen operieren, die kostenrechnerisch nicht zu verantworten sind.

5.3.4 Vertrieb

Dabei geht es um die Frage, wie der Betrieb seine Produkte und Dienstleistungen bestmöglich an den Kunden bringen kann, also hinsichtlich der Vertriebswege.

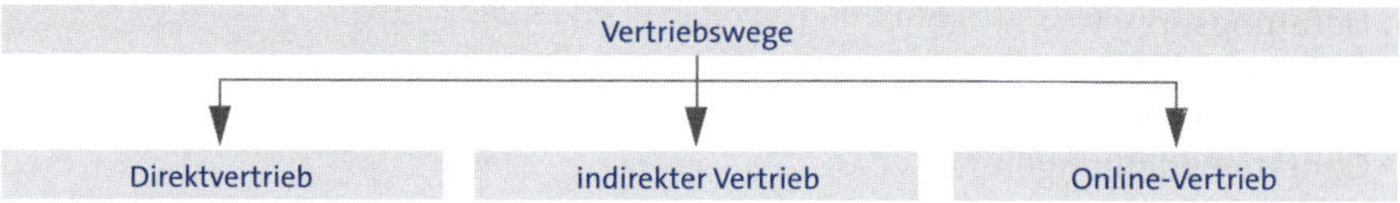

Vertriebswege

Die erste Entscheidung besteht darin, ob der Betrieb sein Produkt bzw. seine Dienstleistung direkt und unmittelbar an die Kunden bringen will oder ob er sich dazu anderer Unternehmen (z. B. Einzelhandel und Großhandel) bedient. Im ersten Fall spricht man von Direktvertrieb, im zweiten von indirektem Vertrieb. Beim indirekten Vertrieb müssen die Vermittler wie auch der Kunde vom Produkt überzeugt werden. Wer diesen Weg nutzen will, muss zudem bedenken, dass die Vermittler ihre Dienste nicht umsonst anbieten. In der Regel sind hier Provisionen zu leisten, die dann wiederum in der Kalkulation zu berücksichtigen sind. Eine weitere Vertriebsart stellt der Online-Vertrieb, also der Vertrieb über das Internet, dar.

5.3.5 Werbung und Kommunikation

Um Produkte und Dienstleistungen an den Kunden bringen zu können, ist entscheidende Voraussetzung, dass die Kunden davon überhaupt Kenntnis erhalten und haben.

Dabei kann es auch darum gehen, über Kommunikation das Verhalten der Verbraucher zu beeinflussen. Im Mittelpunkt muss vor allem stehen, die besonderen Vorteile des Produkts bzw. der Dienstleistung sowie das Unternehmen, das diese anbietet, herauszustellen. Der Existenzgründer sollte sich dazu unter anderem mit folgenden Fragen auseinandersetzen:

Fragen

- Wie und wann will ich mit meinem Produkt bzw. meiner Dienstleistung an den Markt?
- Welche Botschaften sind für welche Kundengruppen besonders geeignet?
- Welches sind meine besonderen Eigenschaften, mit denen ich mich hervorheben möchte (z. B. Zuverlässigkeit)?

- Auf welche Vertriebskanäle sind die Werbebotschaften auszurichten?
- Welche Medien sind für meine Zielgruppen besonders gut geeignet?
- Welches Werbebudget kann und soll ich einsetzen?

a) Werbung

> Die Werbung muss in der Einführungsphase des Betriebes auf die festgelegten Zielgruppen ausgerichtet sein, und zwar in Bezug auf ihre Zusammensetzung und ihre speziellen Bedürfnisse in einem bestimmten räumlichen Gebiet.

Der Einsatz der Werbemittel hängt auch von der Art des Handwerkszweigs ab, in dem der Betrieb tätig ist.
In der Phase der Markteinführung des gegründeten Betriebs sind insbesondere folgende Werbemittel empfehlenswert:

Werbemittel

- Anzeigen in Tageszeitungen und regionalen Anzeigenblättern
- Aufnahme in die Adressbuchwerbung, z. B. „Gelbe Seiten"
- Werbebrief an ausgewählte Adressaten
- Wurfsendungen, Handzettel
- Prospekte
- Visitenkarten
- Plakatwerbung
- Schaufenstergestaltung (bei Betrieben mit Ladengeschäft)
- Kinowerbung
- Werbung in Verkehrsmitteln
- Radio- und Fernsehwerbung bei Lokalsendern
- Telefonwerbung
- Werbung über Onlinedienste wie Internet
- Webauftritt im Internet
- Werbegeschenke
- Werbung durch Beschriftung der Firmenfahrzeuge
- Firmenzeichen, Firmenlogo zur eindeutigen Wiedererkennung des Unternehmens
- Briefpapier, Formulare
- Herausstellung des Meisterbetriebs
- Werbung mit dem äußeren Erscheinungsbild des Betriebs
- Außenwerbung am Betriebsgebäude
- Baustellenschilder, sofern einschlägig.

Anforderungen

Bei Werbemaßnahmen ist besonders darauf zu achten, dass sie glaubhaft wirken. Ferner müssen auch rechtliche Aspekte der Werbung eingehalten werden, beispielsweise hinsichtlich des Gesetzes gegen den unlauteren Wettbewerb mit den besonderen Grundsätzen der Wahrheit und Klarheit. Wichtig bei einem Internetauftritt sind unter anderem die geforderten Impressumsangaben.
Nach der Einführungsphase kommt als wichtiger Baustein auch die Mund-zu-Mund-Propaganda von zufriedenen Kunden hinzu.

b) Kommunikation (Öffentlichkeitsarbeit)

Über eine gezielte Öffentlichkeitsarbeit kann der Handwerksbetrieb sein Image in der Öffentlichkeit aufbauen bzw. steigern.

Dies kann durch Kontaktpflege zu den Medien, insbesondere zu den Tageszeitungen, und deren regelmäßige Unterrichtung erreicht werden. Durch redaktionelle Beiträge gibt die Tagespresse aktuelle Informationen aus dem Wirtschaftsleben an ihren Leserkreis weiter.

Pressemitteilung

Im Zusammenhang mit der Geschäftseröffnung ist es empfehlenswert, eine Pressemitteilung an die Tagespresse zu senden. Sollte eine Veranstaltung am Betriebseröffnungstag (Tag der offenen Tür) abgehalten werden, ist es wichtig, die lokalen Medien (Presse, Rundfunk, Fernsehen) einzuladen.

Geeignete Maßnahmen, um sich als neuer Marktteilnehmer bekannt zu machen, können ferner sein:

- Sponsoring (beispielsweise in Form der Unterstützung eines lokalen [Sport-]Vereins)
- Kundenzeitschrift/Newsletter
- Teilnahme an Messen und Ausstellungen
- Multiplikatoren einbinden.

Bei seiner Öffentlichkeitsarbeit sollte der Betrieb besonders darauf achten, dass

- Kommunikation,
- Erscheinungsbild und
- Auftreten bzw. Verhalten

Corporate Identity

übereinstimmen. Die genannten Faktoren nennt man auch Corporate Identity. Dazu gehört auch das Unternehmensleitbild. Alle Ausprägungen zusammen sind dem Kunden gegenüber angemessen herauszustellen (>> siehe hierzu auch Lernsituation 10).

Wiederholungsfragen sowie handlungsorientierte, fallbezogene Übungs- und Prüfungsaufgaben

1. Sie setzen sich im Rahmen Ihres Businessplans mit den Fragen des Marketings auseinander.

   Beschreiben Sie, vor welcher Ausgangssituation Sie dabei stehen und wie Sie geeignet darauf reagieren!

   >> Seite 84 |

2. Nennen Sie eine geeignete Definition für den Begriff Marketing!

   >> Seite 84 |

3. Für die Festlegung der geeigneten Marketingmaßnahmen befassen Sie sich zunächst mit Ihren Marketingzielen.

   a) Welche Kategorien zur Festlegung dieser Ziele gibt es?

   b) Nennen Sie jeweils einige Ausprägungen dieser Kategorien!

   >> Seite 85 |

4. Wenn sowohl die Zahl möglicher Kunden wie auch die Zahl möglicher Konkurrenten eingeschränkt ist, spricht man von einem

- [ ] a Massenprodukt.
- [ ] b Nischenprodukt.
- [ ] c Einzelprodukt.
- [ ] d Sonderprodukt.
- [ ] e Werbeprodukt.

>> Seite 86 |

5. Zu den internen Informationsquellen zur Abschätzung des Marktpotenzials gehören (zwei Antworten sind richtig):

- [ ] a Kundendateien
- [ ] b Konjunkturberichte von Handwerkskammern
- [ ] c Branchenstatistiken
- [ ] d Mitarbeiterberichte
- [ ] e Betriebsvergleiche von Fachverbänden.

>> Seite 87 |

6. Zur Abschätzung des Marktpotenzials für Ihr Produkt oder Ihre Dienstleistungen gibt es verschiedene Informationsmöglichkeiten.

   a) Welche Möglichkeiten zur diesbezüglichen Information gibt es?

   b) Nennen Sie jeweils einige Ausprägungen dieser Möglichkeiten!

   >> Seiten 86 bis 87 |

7. Nennen Sie die Bausteine eines Marketing-Mix!

   >> Seite 88 |

8. Durch welche besonderen Eigenschaften kann sich ein Produkt bzw. eine Dienstleistung von Konkurrenten abheben?

   >> Seite 88 |

9. Um sich von Produkten der Mitwettbewerber abzusetzen, ist es empfehlenswert, besonderen Zusatznutzen anzubieten.

   Beschreiben Sie, worauf sich folgende Möglichkeiten des Zusatznutzens beziehen können!

   a) Lieferungsbedingungen

   b) Zahlungsbedingungen.

   >> Seite 89 |

10. Wenn man sein Produkt für 9,99 Euro statt für 10,00 Euro anbietet, so spricht man von

- [ ] a psychologischen Preisschwellen.
- [ ] b Niedrigpreisstrategie.
- [ ] c abgerundeten Preisen.
- [ ] d kaufmännischen Preisschwellen.
- [ ] e Preisempfehlungen.

   >> Seite 89 |

11. Mit welchen Arten des Vertriebs muss sich der Existenzgründer auseinandersetzen?

   >> Seite 90 |

12. In der Einführungsphase Ihres neu gegründeten Betriebes am Markt sind geeignete Marketingmaßnahmen gezielt einzusetzen, um Kunden zu gewinnen.

   Aufgabe: Stellen Sie für Ihren Betrieb die wichtigsten Werbemittel für die Einführungsphase zusammen!

   >> Seite 91 |

13. Sie haben alle wesentlichen Vorbereitungen für die Betriebsgründung getroffen. Nunmehr steht der Tag der Geschäftseröffnung bevor.

Aufgabe: Erläutern Sie, wie Sie diesen Tag vorbereiten, damit eine positive Wirkung nach außen erreicht wird!

>> Seite 92 |

6. Investitionsplan und Finanzierungskonzept aufstellen und begründen; Rentabilitätsvorschau erstellen und Liquiditätsplanung durchführen

Kompetenzen

> Kapitalbedarf bei der Unternehmensgründung und größeren Investitionen ermitteln.
> Liquiditätsplan der ersten fünf Jahre für mögliche Szenarien erstellen und begründen.
> Prognose- und Überwachungsinstrumente zur Vermeidung von Liquiditätsproblemen einsetzen.
> Umsatz- sowie Rentabilitätsprognose erstellen und begründen.
> Finanzierungsstruktur begründen.
> Finanzierungsgespräche vorbereiten.

6.1 Finanzierung

6.1.1 Grundfragen der Finanzierung

Es gehört zu den wichtigsten Aufgaben des Existenzgründers, genau zu ermitteln, welche finanziellen Mittel er für einen erfolgreichen Unternehmensstart benötigt.

Auch diejenigen, die der Meinung sind, dies alles mit eigenen Mitteln bewerkstelligen zu können, dürfen sich genauere Berechnungen dahingehend nicht ersparen, ob ihre Mittel tatsächlich ausreichen. Dabei geht es nicht nur um die eigentliche Anfangsphase, sondern insgesamt um die ersten Jahre der unternehmerischen Tätigkeit. Investitions- und Finanzierungsentscheidungen gehören zusammen. Nach Analysen der KfW erfolgt zwar die breite Masse der Gründungen kleinteilig und kommt deshalb mit einem Bedarf an Sach- oder finanziellen Mitteln von weniger als 25.000,00 EUR aus. Dies gilt aber bei Weitem nicht für alle Handwerksbranchen und vor allem nicht bei Betriebsübernahmen. Hier spielt die Finanzierung eine wichtige Rolle.

Finanzierungsarten

Die Finanzierung der Gründung geschieht dann in der Regel über

> Eigenmittel; damit signalisiert der Gründer auch seine eigene Bereitschaft, für seine Geschäftsidee etwas zu riskieren.
> Fremdmittel (insbesondere Bankdarlehen); hier ist aber genau zu prüfen, ob die Fremdkapitalkosten auch tatsächlich erwirtschaftet werden können.
> Programme von öffentlichen Fördereinrichtungen (>> siehe hierzu auch Lernsituation 3.2).

6.1.2 Vorbereitung der Finanzierungsgespräche

Gerade für Existenzgründer ist die gute Vorbereitung auf Gespräche bei der Bank zur Erlangung von Fremdmitteln sehr wichtig.

Unterlagen

Denn bei ihnen liegen weder eine Vorgeschichte noch Unterlagen wie Bilanzen und Gewinn- und Verlustrechnungen vor, die das Geldinstitut in die Prüfung und Abwägung einbeziehen könnte. Deshalb kommt es darauf an, überzeugende Argumente sowie Zahlen, Daten und Fakten vorbringen zu können. Dazu zählen unter anderem die erforderlichen Unterlagen und die vorhandenen Sicherheiten. Von der Bank kann der Gründungswillige dann ein Angebot mit entsprechenden Konditionen erwarten. Im Einzelfall kann es auch ratsam sein, Angebote mehrerer Banken einzuholen.

Berater

Es ist dringend zu empfehlen, sich bei der Vorbereitung auf diese Gespräche von einem Berater der Handwerksorganisationen helfen zu lassen. Diesen stehen in der Regel auch branchenbezogenes Zahlenmaterial, z. B. aus Betriebsvergleichen, und andere Erfahrungswerte zur Verfügung. Mit dem Berater können auch gemeinsam die nachfolgend geschilderten Unterlagen erstellt werden. Dazu gibt es mittlerweile auch entsprechende EDV-Vorlagen, anhand derer die Berechnungen am Computer durchgeführt werden können.

6.1.3 Kapitalbedarfsermittlung

a) Kapitalbedarfsrechnung

Zur Ermittlung des Gesamtkapitalbedarfs für die Betriebsgründung ist eine Kapitalbedarfsrechnung aufzustellen. Sie enthält den Kapitalbedarf für den Gründungsaufwand sowie für Investitionen, Betriebsmittel und Privatentnahmen in Nettobeträgen (also ohne Umsatzsteuer).

Anlaufzeit

Wichtig ist dabei zunächst, sich darüber im Klaren zu werden, wie lange wohl die Anlaufzeit dauern wird. Zur Anlaufzeit zählen insbesondere die Vorbereitung der Gründung, die Vornahme der Gründungsformalitäten und der Zeitraum zwischen Betriebsbeginn und ersten Zahlungseingängen. Auf diesen Vorfinanzierungszeitraum ist dann insbesondere der Kapitalbedarf für den Gründungsaufwand, die Betriebsmittel und die Privatentnahmen abzustimmen.
Dazu kann nach folgenden Schemen vorgegangen werden. Dabei kommen nicht alle Posten gleichermaßen bei jeder Neugründung zum Tragen. Denkbar sind auch weitere Einzelposten, die hier nicht aufgeführt sind.

Schema für Schätzung bzw. Planung der Vorbereitungszeit

	Monate
Vorbereitungszeit für die Gründung und Gründungsformalitäten	
+ Zeitraum zwischen Betriebsbeginn und ersten Zahlungseingängen	
= Anlaufzeit	

Schema für Berechnung des Gründungsaufwandes

Gründungsaufwand	Euro
Beratungskosten	
+ Gebühren für Notare u. Ä.	
+ Eintragungs- und Anmeldekosten bei Handwerkskammer, ggf. Industrie- und Handelskammer sowie Gewerbeamt und Handelsregister	
+ Mietkaution	
+ Einführungswerbung	
+ Ausstattung mit Geschäftspapieren, Internetauftritt u. Ä.	
+ Fort- und Weiterbildungsmaßnahmen	
+ Sonstiges	
= Summe einmalige Gründungskosten	

Schema für Berechnung des Kapitalbedarfs für Betriebsmittel

Betriebsmittel	Euro
Material- und Wareneinsatz	
+ Personalkosten	
+ Miete, Pacht	
+ Heizung, Strom, Wasser	
+ Abwasser, Abfall	
+ Werbung	
+ Telefon, Fax, Internet	
+ Kfz	

+ Bürobedarf	
+ Leasing	
+ betriebliche Steuern	
+ betriebliche Versicherungen	
+ Reparaturen, Instandhaltungen	
+ Beratungskosten (insbesondere Steuerberater)	
+ Beiträge	
+ Zinsen	
+ sonstige betriebliche Ausgaben	
= Summe Betriebsmittelbedarf	

Schema für Berechnung der Privatentnahmen

	Euro
Privatausgaben	
Lebenshaltung	
Personen- und Sachversicherungen	
Wohnen	
Fahrzeug	
Steuern	
sonstige Verpflichtungen	
– Privateinnahmen	
Mieten	
Zinsen	
Gründungszuschuss u. Ä.	
Kindergeld, Elterngeld	
sonstige Einkünfte	
= Privatentnahmen	

Daraus lassen sich dann die Anlaufkosten pro Monat errechnen.

6.1.4 Investitionsplan und Finanzierungskonzept

a) Investitionsplan

Bevor die Entscheidung über die zur Gründung des Betriebs vorgesehenen Investitionen gefällt wird, ist ein Investitionsplan zu erstellen. Dafür sind die möglichst exakten Kosten für alle infrage kommenden Anschaffungen zu ermitteln und zusammenzustellen.

Dafür kann folgendes Schema herangezogen werden

Investitionen	Euro
Firmenwert/Kaufpreis bei Übernahme	
+ Grundstück mit Erschließung	
+ Gebäude/Umbau- und Renovierungsmaßnahmen	
+ Außenanlagen (auch Werbeschilder u. Ä.)	
+ Werkstatteinrichtung (Maschinen, Geräte, Werkzeuge)	
+ Ladeneinrichtung	
+ Büroausstattung (Möbel, Technik, EDV, Kommunikation)	
+ Lagereinrichtung	
+ Firmenfahrzeuge/Fuhrpark	
+ Grundbedarf Material- und Warenbestand	
+ Sonstiges (auch Reserve für unvorhergesehene Investitionsausgaben)	
= Summe Investitionskosten	

Die ermittelten Beträge des Investitionsplans finden nach getroffener Investitionsentscheidung Eingang in die Gesamt-Kapitalbedarfsrechnung, auch Kapitalbedarfsplan genannt.

b) Finanzierungskonzept

Der für die Betriebsgründung ermittelte Gesamtkapitalbedarf muss durch eine Gesamtfinanzierung gedeckt sein.

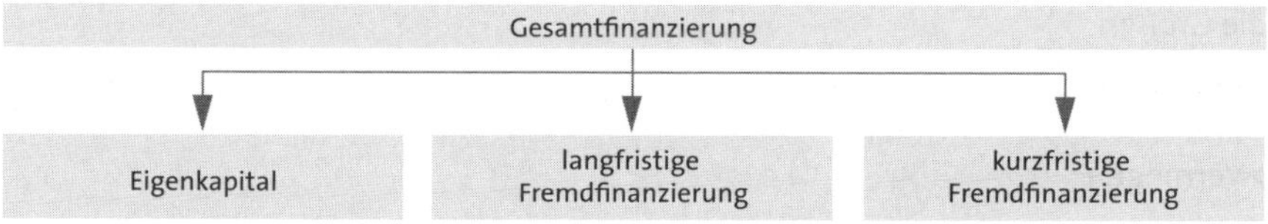

Zur Ermittlung des Gesamtkapitalbedarfs ist ein Finanzierungsplan nach folgendem Schema hilfreich:

1. Eigenkapital	Euro
Bargeld/Bankguthaben	
+ Sacheinlagen (Maschinen, Pkw u. Ä. zum Zeitwert)/ Eigenleistungen	
+ Beteiligungskapital	
+ Sonstiges	
= Eigenmittel insgesamt	
2. Langfristige Fremdfinanzierung	
öffentliche Fördermittel	
+ Hausbankdarlehen	
+ sonstige Fremdfinanzierung (z. B. Verwandten- oder Bekanntendarlehen)	
= Langfristige Fremdmittel gesamt	
3. Kurzfristige Fremdfinanzierung	
Kontokorrentkredit der Hausbank	
+ Lieferantenkredite	
+ Sonstige	
= Kurzfristige Fremdmittel gesamt	
Finanzierungsmittel gesamt (Summe 1. + 2. + 3.)	

6.1.5 Finanzierungsregeln

In Theorie und Praxis wurden verschiedene Regeln entwickelt, um die Finanzierung von Betrieben beurteilen zu können. Wesentliche Bestandteile dieser Regeln sind die Größen

> Kapital
und
> Vermögen.

Sogenannte horizontale Finanzierungsregeln beziehen sich auf das Vermögen, während vertikale Finanzierungsregeln die Kapitalseite in den Blick nehmen. Finanzierungsregeln müssen immer nach dem Einzelfall beurteilt werden. Vor Verallgemeinerungen ist zu warnen.

Finanzierungsregeln

Folgende allgemeine Finanzierungsregeln geben gute Anhaltspunkte:

- Kurzfristige Investitionen sind mit kurzfristigen Mitteln zu finanzieren (z. B. Warenbeschaffung mit Kontokorrentkredit).
- Langfristige Investitionen sind mit langfristigen Mitteln zu finanzieren (z. B. Neubau eines Betriebsgebäudes mit langfristigen Darlehen).
- Die Laufzeit des Fremdkapitals sollte bei Investitionen in etwa der Nutzungsdauer der anzuschaffenden Gegenstände entsprechen.
- Das Anlagevermögen sollte durch Eigenkapital und langfristiges Fremdkapital (ggf. noch unter Berücksichtigung von langfristig gebundenen Teilen des Umlaufvermögens) finanziert werden. In der Kennzahlenrechnung spricht man dazu von Anlagendeckung I bzw. Anlagendeckung II (>> siehe auch Lernsituation 8 in Band 3).
- Eigenkapital und Fremdkapital sollen in einem ausgewogenen Verhältnis zueinander stehen. Für die oft dargestellte 1:1-Regel gibt es allerdings kaum stichhaltige Argumente. Hier sind branchenspezifische Unterschiede und die jeweilige wirtschaftliche Situation zu berücksichtigen.

Kapitaldienstgrenze

- Die für den Einzelbetrieb errechnete, betriebswirtschaftlich noch vertretbare Kapitaldienstgrenze (Summe der jährlich zu zahlenden Zinsen und Tilgungen) darf nicht überschritten werden.

Durch Berücksichtigung dieser Finanzierungsregeln kann eine stabile, die Zahlungsbereitschaft des Betriebs erhaltende Finanzierung erreicht werden, die auch notwendige Verschuldungs- und Kapitaldienstgrenzen beachtet.

6.2 Kosten-, Umsatz- und Gewinnplanung, Rentabilitätsvorschau

6.2.1 Notwendiges Mindesteinkommen für den Existenzgründer/ betrieblicher Kassenzufluss

Der künftige Betrieb des Existenzgründers muss so viel „abwerfen", dass sowohl seine privaten Ausgaben als berechnetes Minimum für Lebensunterhalt, Wohnung, soziale Absicherung und die Zahlung von Steuern einerseits (bei Einzelunternehmern und Personengesellschaften spricht man hier auch vom Unternehmerlohn) und ein ausreichender finanzieller Zufluss für eine erfolgreiche betriebliche Entwicklung andererseits gewährleistet sind.

Die privaten Ausgaben bzw. Privatentnahmen lassen sich nach folgendem Schema ermitteln:

	Euro pro Jahr
Lebensunterhalt	
+ Krankenversicherung	
+ Pflegeversicherung	
+ Rentenversicherung	
+ Lebensversicherung	
+ Unfallversicherung	
+ private Sachversicherungen	
+ Miete, Nebenkosten	
+ Heizung, Strom, Wasser, Telekommunikation	
+ Personensteuern	
+ Sonstiges	
= Privatentnahmen	

Ein Betrag von jährlich zwischen 30.000,00 und 40.000,00 EUR sollte nach den Erfahrungen auch in der Anfangsphase hierfür mindestens zur Verfügung stehen.

Unternehmerlohn

Es reicht aber allein nicht aus, dass der Betrieb nur die notwendigen Privatentnahmen – den Unternehmerlohn – erwirtschaftet. Der betriebliche „Kassenzufluss" muss darüber hinaus auch Mittel beinhalten, die für Zinsen, Tilgung von Verbindlichkeiten und Investitionen zur Verfügung stehen.

Erweiterter Cashflow

Die sich so ergebende Größe nennt man auch „erweiterten Cashflow". Er lässt sich nach folgendem Schema errechnen:

	Euro pro Jahr
Privatentnahmen	
+ Tilgung	
+ Zinsen	
+ Rücklage für Investitionen	
= Notwendiger erweiterter Cashflow	

Um diesen Wert zu erreichen bzw. decken zu können, muss ein bestimmter Umsatz bzw. eine entsprechende Wertschöpfung erzielt werden. Im weiteren Vorgehen sind im Zuge der Kostenplanung und der Umsatzplanung zusätzliche Berechnungen notwendig.

6.2.2 Kostenplan

Bei der Kostenplanung orientiert man sich am besten an den Kostenarten, also den auftretenden Einzelkosten und Gemeinkosten.

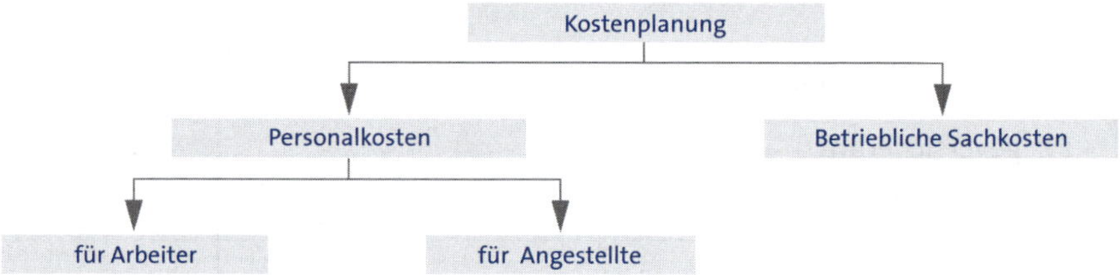

Personalkosten

a) Berechnung der Personalkosten

	Euro pro Jahr
Lohnkosten (Stundenlohn × 165 Stunden × 12 Monate)	
+ Weihnachtsgeld, Urlaubsgeld und sonstige Sonderzahlungen	
+ vermögenswirksame Leistungen	
= Jahresbruttolohn	
+ Arbeitgeberanteil zur gesetzlichen Sozialversicherung	
+ freiwillige Sozialleistungen	
= Personalkosten für einen Gesellen	

Handelt es sich um einen Mitarbeiter (Angestellten) mit Monatsgehalt, so ergibt sich folgender Berechnungsvorgang:

	Euro pro Jahr
Monatsgehalt × 12 Monate	
+ Weihnachtsgeld, Urlaubsgeld und sonstige Sonderzahlungen	
+ vermögenswirksame Leistungen	
= Jahresbruttogehalt	
+ Arbeitgeberanteil zur gesetzlichen Sozialversicherung	
+ freiwillige Sozialleistungen	
= Personalkosten für einen Angestellten	

b) Berechnung der betrieblichen Sachkosten

Berechnung der Sachkosten

	Euro pro Jahr
Miete, Pacht	
+ Heizung, Strom, Wasser	
+ betriebliche Versicherungen	
+ betriebliche Steuern	
+ Kfz	
+ Werbung	
+ Reisekosten	
+ Instandhaltungskosten	
+ Bürobedarf	
+ Steuer- und Rechtsberatung	
+ sonstige Kosten	
= Summe der Sachkosten	

6.2.3 Umsatzplanung, Berechnung des Mindestumsatzes

Wertschöpfung

Wenn man die errechneten Personal- und Sachkosten zusammenzählt und den notwendigen erweiterten Cashflow dazuaddiert, erhält man die Wertschöpfung des Betriebes.

	Euro pro Jahr
Notwendiger erweiterter Cashflow	
+ Personalkosten	
+ betriebliche Sachkosten	
= **Wertschöpfung**	

Mindestumsatz

Rechnet man zur Wertschöpfung den Materialverbrauch/Wareneinsatz dazu, so ergibt sich der Planumsatz bzw. Mindestumsatz, den ein Betrieb erzielen sollte.

	Euro pro Jahr
Wertschöpfung	
+ Materialverbrauch/Wareneinsatz in % vom Umsatz	
= **Mindestumsatz**	

Materialverbrauch in Prozent vom Umsatz

Um zu erfahren, wie hoch der Materialverbrauch/Wareneinsatz in Prozent vom Umsatz annäherungsweise im konkreten Betriebsgründungsfall in einem bestimmten Handwerkszweig ist, kann man sich an den Betriebsberater der Handwerkskammer oder der entsprechenden Fachorganisation, an den Steuerberater oder an das Finanzamt wenden. Diesbezügliche Durchschnittswerte werden vor allem durch Betriebsvergleiche ermittelt.

Die vorstehend beschriebenen Einzelschritte der Kosten- und Umsatzplanung mit dem Ziel der Errechnung des Mindestumsatzes lassen sich in einem Schema zusammenfassen.

	Euro pro Jahr
Privatentnahmen	
+ Zinsen	
+ Tilgung	
+ Rücklage für Investitionen	
= **notwendiger erweiterter Cashflow**	

+ Personalkosten	
+ betriebliche Sachkosten	
= Wertschöpfung	
+ Materialverbrauch/Wareneinsatz in % vom Umsatz	
= notwendiger Mindestumsatz	

Wenn der notwendige Mindestumsatz als Plangröße berechnet ist, muss geprüft werden, ob dieser unter Zugrundelegung von Erfahrungswerten in dem konkreten Handwerkszweig und auf der Grundlage der zum Existenzgründungsfall vorgenommenen Markt- und Standortanalyse sowie des beabsichtigten Produkt- und Leistungsprogramms erreicht werden kann.

Folgende Unterlagen sollten zur Prüfung der Planzahlen herangezogen werden:

Planzahlen

- Kennzahlen aus Betriebsvergleichen, die in zahlreichen Handwerksberufen durchgeführt werden, so u. a. Betriebsleistung (Umsatz) pro Beschäftigten, Wertschöpfung pro Beschäftigten.
- Durchschnittlicher Materialverbrauch bzw. Materialeinsatz in Prozent vom Umsatz.
- Üblicher Stundenverrechnungssatz in dem Handwerkszweig.
- Kostenstrukturkennzahlen.

Der erreichbare Umsatz kann (nach Prüfung der Marktlage) nach folgendem Schema berechnet werden:

Erreichbarer Umsatz

	Euro pro Jahr
Lohnerlöse bzw. Lohnumsatz = insgesamt verrechenbare (produktive) Arbeitsstunden des Betriebs auf der Basis des geplanten Arbeitskräfteeinsatzes x am Markt erreichbarer Stundenverrechnungssatz	
+ Materialeinsatz	
= erreichbarer Umsatz	

Bei der Berechnung der produktiven Arbeitsstunden sind unter anderem Ausfallzeiten und Tätigkeiten von kaufmännischem Verwaltungspersonal in Abzug zu bringen.

Im Anschluss an diese Berechnung kann festgestellt werden, ob der errechnete Mindestumsatz durch den erreichbaren Umsatz gedeckt ist, was im Einzelfall zutreffend sein sollte.

Deckung

6.2.4 Gewinnplan, Rentabilitätsvorschau

Ziele

Auf der Grundlage der in den obigen Schemen ermittelten Zahlen wird der Gewinnplan bzw. die Rentabilitätsvorschau erstellt. Diese Rentabilitätsvorschau muss auch der finanzierenden Bank und zu eventuellen gutachterlichen Stellungnahmen vorgelegt werden. Sie soll insbesondere vermitteln,

> ob das Vorhaben lohnenswert erscheint,
> ob dessen wirtschaftliche Tragfähigkeit unterstellt werden kann.

Schema für eine Rentabilitätsvorschau:

Dazu werden erwarteter Umsatz und erwartete Kosten einander gegenübergestellt. Die Rentabilitätsvorschau sollte für mehrere Jahre angestellt werden. So ist z. B. dabei zu beachten, dass manche Aufwendungen erst nach einigen Jahren entstehen; etwa dann, wenn Förderprogramme in der Anfangsphase keine Tilgungen vorsehen.

	Euro pro Jahr
Umsatz	
– Materialverbrauch/Wareneinsatz	
= Rohgewinn I	
– Personalkosten	
= Rohgewinn II	
– sonstige Kosten	
Miete/Pacht	
Heizung/Strom/Wasser	
Abwasser/Abfall	
Werbung	
Telefon, Fax, Internet	
Kfz	
Bürobedarf	
Leasing	
betriebliche Steuern	
betriebliche Versicherungen	
Reparaturen/Instandhaltung	
Steuer- und Rechtsberatung	
Beiträge	

Sonstiges	
= Erweiterter Cashflow	
– Zinsen	
= Cashflow	
– Abschreibungen	
= Gewinn (Betriebsergebnis)[1]	
+ Abschreibungen	
– Tilgung betrieblicher Darlehen	
– Saldo aus privaten Ausgaben und privaten Einnahmen	
= Über-/Unterdeckung	
[1] Die eigentliche Rentabilitätsvorschau ist an dieser Stelle zu Ende. Die weiteren Größen dienen der Ermittlung der Kapitaldienstfähigkeit.	

Kosten-, Umsatz- und Gewinnplanung sind die wichtigsten betriebswirtschaftlichen Berechnungen für jeden Existenzgründer.

Wichtigste betriebswirtschaftliche Berechnungen

Deshalb sollte er sich dabei eingehend beraten lassen. Als Berater kommen hierfür insbesondere die Betriebsberater der Handwerkskammern oder der Innungen bzw. Landesinnungsverbände, Steuerberater und freiberuflich tätige Unternehmensberater infrage.

6.3 Liquiditätsplanung

6.3.1 Finanzplanung

Die Liquiditätsplanung ist ein Teilbereich der Finanzplanung.

Der Finanzplan soll generell – unter anderem durch die Darstellung des Finanzbedarfs – die Aufrechterhaltung der Zahlungsfähigkeit eines Unternehmens sichern.

Finanzplan

Er ist ein wichtiges Teilgebiet der gesamten Unternehmensplanung. Einerseits basiert er auf vorgelagerten betrieblichen Planungsbereichen wie Produktions- und Absatzplänen. Andererseits beeinflusst der Finanzplan die Teilpläne anderer Planungsbereiche. Aufgrund dieser Abhängigkeiten ist der Finanzplan nur im Verbund mit dem Gesamtplanungsprozess durchführbar.
Der Finanzplan hat die Aufgabe, von der finanziellen Seite her gesehen einen reibungslosen Betriebs- und Geschäftsablauf zu gewährleisten. Zu diesem Zweck werden alle Einnahmen und Ausgaben geplant. Er beinhaltet zukunftsbezogene

Berechnungen und wird für eine bestimmte Zeitspanne (Planungszeitraum) erstellt. Je nach Dauer des Planungszeitraums unterscheidet man zwischen kurz-, mittel- und langfristigen Finanzplänen:

Planungszeitraum

- kurzfristig = monatlich bis zu 1 Jahr
- mittelfristig = 1–5 Jahre
- langfristig = mehr als 5 Jahre.

Bei kurzfristigen Planungen ist wegen des höheren Sicherheitsgrades der eingearbeiteten Informationen auch eine Feinplanung möglich. Langfristige Pläne weisen hingegen wegen der bestehenden Unsicherheit in der Regel nur eine Grobstruktur auf.

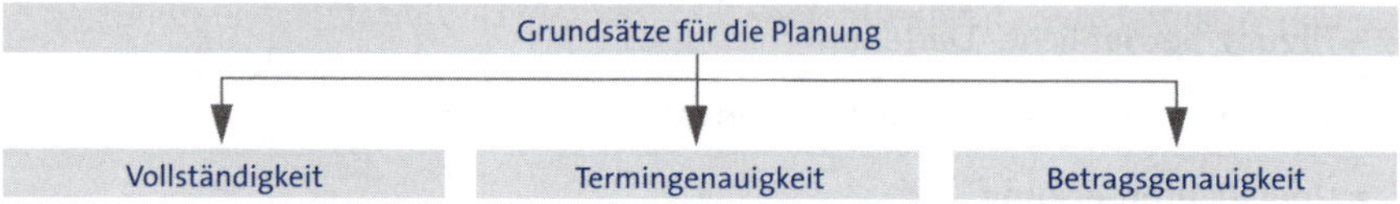

6.3.2 Liquiditätsplan

Mithilfe der Liquiditätsplanung – bestehend aus einer Einnahmen- und Ausgabenplanung – kann der Existenzgründer erkennen, ob die geplanten finanziellen Mittel ausreichen, um die erwarteten Verpflichtungen zu decken.

Für das erste Jahr der unternehmerischen Betätigung sollte die Liquiditätsplanung in Monatsabschnitten erfolgen. Für die Folgejahre ist zumeist nur eine Jahresplanung möglich.

Einnahmenseite

Auf der Einnahmenseite sind, bezogen auf den jeweiligen Planungszeitraum, im Wesentlichen zu berücksichtigen:

- Stand der Zahlungsmittel zu Beginn der Planungsperiode
- Summe der in der Planungsperiode voraussichtlich eingehenden alten und neu entstehenden Forderungen auf der Basis der Umsatzerlöse
- eingehende Wechsel, Schecks und Überweisungen in der Planungsperiode
- Einnahmen aufgrund laufender Leistungs- und Lieferungsverträge in der Planungsperiode
- Zinsen
- Mieten
- Aufnahme von Krediten
- Einlagen aus Privatvermögen
- sonstige Einnahmen.

Ausgabenseite

Auf der Ausgabenseite sind im vorgesehenen Planungszeitraum unter anderem von besonderer Bedeutung:

- Löhne und Gehälter
- Lohnzusatzkosten
- Waren- und Materialeinkauf
- betriebliche Steuern und Abgaben

> Marketing, Vertrieb, Werbung
> Gebühren, Beiträge, Versicherungen
> Fremdleistungen
> Reparaturen
> Energiekosten
> Miete, Pacht
> Zins- und Tilgungsbeträge für Kredite und Darlehen
> Fälligkeit von Wechseln
> Investitionen
> Privatentnahmen.

Auf der Grundlage der obigen Einnahmen- und Ausgabenpositionen lässt sich folgendes vereinfachte Schema für einen kurzfristigen Liquiditätsplan erstellen:

	Monat 1	Monat 2	Monat 3
1. Anfangsbestand (Kasse, Bank)			
2. Einzahlungen (während des Monats)			
Geldeingang aus Forderungen			
+ Kundenanzahlungen			
+ Barverkäufe			
+ Steuererstattung			
+ Kreditauszahlungen			
+ Sonstige			
Summe Einzahlungen			
3. Auszahlungen (während des Monats)			
Materialeinkauf/Warenbezug			
+ Personalkosten			
+ Miete/Pacht			
+ Heizung/Strom/Wasser			
+ Abwasser/Abfall			
+ Werbung			
+ Telefon, Fax, Internet			
+ Kfz			
+ Bürobedarf			
+ Leasing			
+ betriebliche Steuern			

	Monat 1	Monat 2	Monat 3
+ betriebliche Versicherungen			
+ Reparaturen/Instandhaltung			
+ Steuer- und Rechtsberatung			
+ Beiträge			
+ Zinsen			
+ Kauf von Maschinen, Kfz u. Ä.			
+ sonstige Aufwendungen			
+ Privatentnahmen			
+ Tilgung von Darlehen			
Summe Auszahlungen			
4. Überschuss/Fehlbetrag aus Einzahlungen und Auszahlungen			
5. Endbestand laufender Monat			
Anfangsbestand (1.)			
+ Überschuss/Fehlbetrag (4.)			
+ Erhöhung/Senkung Kontokorrentlinie			
+ Privateinlage			
= Endbestand laufender Monat (= Anfangsbestand folgender Monat)			

6.3.3 Liquiditätsmanagement

Zur stetigen Erhaltung ausreichender Liquidität empfiehlt sich die Durchführung eines Liquiditätsmanagements.

Soll-Ist-Vergleich

Wichtige Grundlage dafür ist, dass nach Ablauf des Planungszeitraums die Soll-Beträge des Liquiditätsplans mit den Ist-Beträgen verglichen werden. Aus den Abweichungen ergeben sich brauchbare Hinweise auf die Verbesserung der Genauigkeit der Planung für künftige Planungsperioden einerseits und auf Handlungsbedarf andererseits. Ursachen für Handlungsbedarf liegen oft in folgenden Bereichen:

> Der anvisierte Umsatz und das prognostizierte Umsatzwachstum sind nicht realistisch.

> Die zu zahlende Umsatzsteuer wird nicht genügend berücksichtigt.

- Einkommensteuer und Kranken- sowie Pflegeversicherung werden nicht beachtet.
- Verzögerungen bei den Forderungseingängen oder gar Forderungsausfälle werden außer Acht gelassen.
- Absatzeinbrüche führen zu hoher Fixkostenbelastung.
- Energiekosten und Rohstoffpreise steigen unerwartet an.
- Der Unternehmer selbst oder Mitarbeiter fallen wegen Krankheit aus.
- Mitwettbewerber reagieren mit Sonderangeboten oder Dumpingpreisen.
- Für Wachstumsphasen stehen keine zusätzlichen Investitions- und Betriebsmittel zur Verfügung.

Liquiditätsmanagement

Die Steuerung der Liquidität ist u. a. möglich durch:

- Berücksichtigung aller möglichen Finanzierungsarten (Eigenfinanzierung, Selbstfinanzierung, Fremdfinanzierung, Leasing, Factoring, Beteiligungsfinanzierung)
- Bonitätsprüfung der Vertragspartner
- zügige Rechnungsstellung
- Einräumung von Skonto als Zahlungsanreiz
- Teilzahlungsvereinbarungen mit Kunden bzw. Abschlagszahlungen
- Forderungsüberwachung
- Überwachung der Zahlungseingänge
- betriebliches Mahnwesen
- Durchführung des gerichtlichen Mahnverfahrens
- Klageverfahren
- Zwangsvollstreckung
- zeitliche Streckung eigener Zahlungen (z. B. durch Ausnutzung von Zahlungszielen)
- Ausgabeneinsparungen.

Zahlungsreserve

Um bei etwaigen Einnahmeausfällen (z. B. Forderungsausfall) oder nicht voraussehbaren Mehrausgaben (z. B. Steuerzahlungen) keine Störung im finanziellen Ablauf eintreten zu lassen und solche kritischen liquiditätswirksamen Ereignisse bewältigen zu können, sollte in jedem Fall noch eine Liquiditätsreserve (Zahlungsreserve) in Form einer Kreditausschöpfungsmöglichkeit (Kontokorrentkredit) vorhanden sein. Sollte dies nicht ausreichen, so sind weitergehende Schritte zu überlegen wie

- Einschaltung von Inkasso-Firmen
- Abtretung von Forderungen
- Leistung eigener Einlagen oder Suche nach Beteiligungskapital
- Verkauf von Betriebsvermögen
- Stundungen von Zahlungsverpflichtungen bei Lieferanten, Finanzamt und Sozialversicherung
- Inanspruchnahme von Sonderprogrammen öffentlicher Fördergeber.

Kommt es zu derart kritischen Situationen, sollte der Betriebsinhaber sich zur Abstimmung entsprechender Maßnahmen frühzeitig an einen Berater der Handwerksorganisationen sowie an seine Hausbank wenden.

Wiederholungsfragen sowie handlungsorientierte, fallbezogene Übungs- und Prüfungsaufgaben

1. Im Zuge der Vorbereitung Ihrer Existenzgründung haben Sie sich auch mit den Grundfragen der Finanzierung zu befassen.

   Über welche Arten geschieht die Finanzierung der Gründung in der Regel?

   >> Seite 96 |

2. Wie bereiten Sie sich auf das Finanzierungsgespräch bei Banken vor?

   >> Seite 97 |

3. Was sind die Inhalte der Kapitalbedarfsrechnung?

   >> Seite 97 |

4. Im Anschluss an den Investitionsplan und die Berechnung des Betriebsmittelbedarfs sowie vor der Anfertigung des Finanzierungsplans ist der Gesamtkapitalbedarf für den zu gründenden Betrieb zu ermitteln. Dazu ist eine Kapitalbedarfsrechnung aufzustellen, die sowohl den Investitionsbedarf (längerfristiger Kapitalbedarf) als auch den Betriebsmittelbedarf (kurzfristiger Kapitalbedarf) enthält.

   Aufgabe: Beschreiben Sie die wichtigsten Positionen!

   >> Seiten 98 bis 99 |

5. Bevor die Entscheidung über die zur Gründung Ihres Betriebes vorgesehenen Investitionen von Ihnen gefällt wird, haben Sie einen Investitionsplan zu erstellen.

   Aufgabe: Welche Positionen enthält er in der Regel?

   >> Seite 100 |

6. Für die Beurteilung der Finanzierung von Betrieben wurden verschiedene Finanzierungsregeln entwickelt.

   Aufgabe: Setzen Sie in unten stehende Sätze den jeweils richtigen Buchstaben ein: A = Eigenkapital; B = Fremdkapital; C = Anlagevermögen

☐ a Das ______________ sollte durch Eigenkapital und langfristiges ______________ finanziert werden.

☐ b Die Laufzeit des ______________ sollte bei Investitionen in etwa der Nutzungsdauer der anzuschaffenden Gegenstände entsprechen.

☐ c ______________ und ______________ sollten in einem ausgewogenen Verhältnis zueinander stehen.

>> Seite 102 |

7. Sie beabsichtigen, einen Handwerksbetrieb zu gründen. Dabei gehen Sie von der Mindestvoraussetzung aus, dass der zu gründende Betrieb für Ihre privaten Ausgaben wie Lebensunterhalt, Wohnung, soziale Absicherung und Zahlung von Steuern, auch in der Anfangsphase mindestens so viel „abwerfen" muss wie Ihre jetzige Tätigkeit als Arbeitnehmer. Um dies feststellen zu können, müssen Sie die privaten Ausgaben summieren und dem voraussichtlich für diesen Zweck zur Verfügung stehenden „betrieblichen Kassenzufluss" gegenüberstellen.

   Aufgabe: Erklären Sie, wie Sie im Einzelnen vorgehen, um zum gewünschten Ergebnis zu kommen!

   >> Seiten 103 bis 104 |

8. Für den von Ihnen zu gründenden Betrieb müssen, um letztlich das erfolgreiche und dauerhafte betriebliche Wirtschaften im Sinne der gewünschten Zielgrößen zu erreichen bzw. dies beurteilen zu können, entsprechende Berechnungen für die Kostenplanung, Wertschöpfung, Umsatzplanung (Mindestumsatz), Gewinnplanung und Rentabilitätsvorschau vorgenommen werden.

   Aufgabe: Folgende Fragen leiten Sie zu den notwendigen Berechnungsvorgängen:

   a) Welche wichtigen Hauptpositionen muss der Kostenplan enthalten?

   b) Wie werden die Wertschöpfung und der notwendige sowie der erreichbare Mindestumsatz berechnet?

   c) Erläutern Sie das Schema für den Gewinnplan bzw. die Rentabilitätsvorschau!

   >> Seiten 104 bis 109 |

9. Erläutern Sie die Aufgaben der Finanzplanung!

   >> Seite 109 |

10. Welche Bedeutung hat der Finanzplan im Verbund mit der Gesamtplanung eines Betriebes?

   >> Seiten 109 bis 110 |

11. Bei der Planung Ihres Betriebes müssen Sie vorrangig darauf achten, dass die Zahlungsfähigkeit immer gegeben ist. Dazu braucht man als Planungs- und Kontrollinstrument einen Finanz- und einen Liquiditätsplan, um rechtzeitig Maßnahmen zur Beseitigung von Unterdeckungen treffen zu können.

   Aufgabe:

   a) Geben Sie an, was ein Finanz- und ein Liquiditätsplan an Eckwerten enthalten soll!

   b) Erläutern Sie Maßnahmen zur Beseitigung von Unterdeckungen beim Liquiditätsplan!

   >> Seiten 110 bis 113 |

12. Sie sind Inhaber eines Handwerksbetriebes und wollen dafür Sorge tragen, dass die Zahlungsbereitschaft Ihres Betriebes stets gegeben ist. Um dieses Ziel zu erreichen, wollen Sie künftig eine systematische Finanz- und Liquiditätsplanung betreiben.

    Aufgabe: Stellen Sie in einem Schema zusammen, welche wichtigen Positionen Ihr Liquiditätsplan enthalten soll!

    >> Seite 111 |

7. Rechtsform aus einem Unternehmenskonzept ableiten und begründen

Kompetenzen

> Gängige Rechtsformen sowie deren Konsequenzen für die Unternehmensführung kennen.
> Auswahl einer Rechtsform begründen.
> Regelungen im Gesellschaftsvertrag prüfen und gegebenenfalls an das Unternehmenskonzept anpassen.

7.1 Rechtsformen

Der Handwerksunternehmer hat zur Teilnahme am Geschäftsleben mehrere Möglichkeiten. Er kann als Einzelunternehmer mit oder ohne Mitarbeiter tätig werden. Möglich ist aber auch die Gründung einer Kapitalgesellschaft mit oder ohne Mitarbeiter durch ihn, deren Geschäftsführer und Gesellschafter er ist. Er kann sich auch mit einem oder mehreren Handwerkskollegen als Personengesellschaft mit oder ohne Mitarbeiter zusammenschließen.

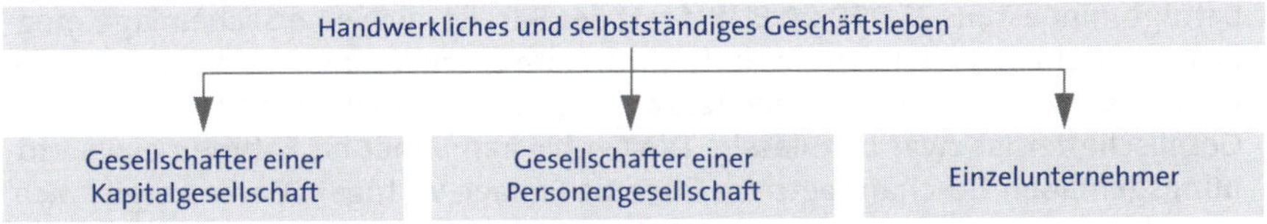

7.1.1 Kapitalgesellschaften

Kapitalgesellschaften sind auf die Kapitalbeteiligung zugeschnitten. Das Ausscheiden eines Gesellschafters, beispielsweise durch Tod, oder die Veräußerung eines Gesellschaftsanteils wirkt sich daher nicht auf den Bestand der Gesellschaft aus.

Kapitalgesellschaften

Kapitalgesellschaften sind in erster Linie die Aktiengesellschaft (AG) und die Gesellschaft mit beschränkter Haftung (GmbH). Die Unternehmergesellschaft (UG) (haftungsbeschränkt) ist die kleine Schwester der GmbH. Für sie gelten im Wesentlichen die Regelungen aus dem Gesetz betreffend die Gesellschaften mit beschränkter Haftung (GmbHG) für die GmbH. Neben AG und GmbH haftet zunächst niemand. Beide sind voll rechtsfähig und haben eigene Rechtspersönlichkeit.

Wesentliches zu GmbH und UG (haftungsbeschränkt)

GmbH

GmbH Wesentliches

Die GmbH ist auch im Geschäftsleben des Handwerks von Bedeutung. Mit dem 2008 modernisierten GmbH-Recht können unternehmerische Ideen unkomplizierter in die Tat umgesetzt werden. Die UG (haftungsbeschränkt) als „Mini-GmbH" hat im Handwerk zwar keine allzu große Bedeutung. Sie verhindert aber die Gründung ausländischer Kapitalgesellschaften, wie etwa die Private Limited Company, die bei Rechts- und Steuerproblemen unter Berücksichtigung ausländischer Gesetzesvorgaben oft erhebliche Beratungskosten nach sich ziehen können.

Haftung

> Haftung: Für die Verbindlichkeiten haftet, wenn nicht anders vereinbart, nur das GmbH-Vermögen. Nur in Ausnahmefällen kann ein Durchgriff auf das Privatvermögen der Gesellschafter oder Geschäftsführer erfolgen.

Beispiel:

Die beauftragte Müller GmbH verursacht beim Kunden einen Schaden von 32.000,00 EUR. In der Haftung ist lediglich die GmbH mit ihrem Vermögen, nicht jedoch die Alleingesellschafterin und Geschäftsführerin Frau Müller. Gegenüber der Hausbank hingegen wird Frau Müller aller Wahrscheinlichkeit nach für die GmbH-Darlehensverbindlichkeiten persönlich haften. Denn die Bank lässt sich in aller Regel Darlehen an eine GmbH durch die GmbH-Verantwortlichen absichern. Dazu kommt etwa die Übernahme einer Bürgschaft durch Frau Müller und Bestellung einer Grundschuld an deren Grundstück für die Bank in Betracht.

Stammeinlage

> Einlagen: Bei der GmbH gibt es die Pflicht zur Leistung einer Stammeinlage. Sie beträgt mindestens 25.000,00 EUR. Statt der Bar- ist auch eine Sacheinlage möglich. Ein sachleistender Gesellschafter muss im Zweifel durch ein Gutachten die Gleichwertigkeit beweisen. Eine Auszahlung der Stammeinlage an den oder die Gesellschafter ist zwar unzulässig. Die GmbH kann aber im Rahmen eines ordnungsgemäßen Geschäftsbetriebs über die Einlage verfügen. Daraus ergibt sich, dass die Einlage trotz ordnungsgemäßen Betriebs aufgebraucht sein kann und darf. Dies gilt als anerkanntes unternehmerisches Risiko. Es gibt im Geschäftsleben daher viele GmbHs, die ohne Verstoß gegen gesetzliche Vorgaben kein nennenswertes Vermögen haben und somit aus Sicht des GmbH-Gläubigers insbesondere bei durch sie verursachte Schäden oder Mängel nicht zahlungsfähig sind.

Organe

> Organe: Organe der GmbH sind die Gesellschafterversammlung und der oder die Geschäftsführer.

Beispiel:

Gründet ein Handwerksmeister eine GmbH, deren Alleingesellschafter und Geschäftsführer er ist, entscheidet er allein.

> Rechtsform: Die GmbH ist eine juristische Person des privaten Rechts.

> Eintragung im Handelsregister.

Handelsregister

Die GmbH muss im Handelsregister eingetragen werden. Die erforderlichen Unterlagen werden grundsätzlich elektronisch durch den Notar beim ebenso geführten Register eingereicht. Die Eintragung erfolgt ohne Rücksicht auf erforderliche weitere staatliche Genehmigungen, beispielsweise die Eintragung in die Handwerksrolle. Belege für die Einzahlung der Stammeinlage werden nur verlangt, wenn bei der Prüfung erhebliche Zweifel an der Kapitalaufbringung bestehen.

> Firma: Sie ist firmenführungsberechtigt. (>> siehe dazu auch Band 3, Abschnitt 6.2.2)

UG (haftungsbeschränkt)

Eine UG (haftungsbeschränkt) kann auch mit geringerer Stammeinlage als 25.000,00 EUR gegründet werden. Es handelt sich um eine GmbH-Variante, deren Stammkapital lediglich auf EUR lauten muss. Auf die Spitze getrieben kann das Stammkapital also auf 0,01 EUR lauten. Sie erleichtert dadurch etwa auch Existenzgründern ohne Startkapital den Einstieg in die Rechtsform der GmbH. Es handelt sich um eine GmbH, die sich aber nicht GmbH nennen darf. Sie darf ihre Gewinne nicht voll an die Gesellschafter ausschütten, sondern muss eine Rücklage von 25 % des Jahresgewinns bilden. Nach und nach kann dadurch die Stammeinlage der herkömmlichen GmbH angespart werden. Dann darf sie sich auch GmbH nennen.

Rücklage

Beispiel:

Während ein Handwerker wegen ohnehin erforderlicher Investitionen in Werkstatt und Büro, die er als Sacheinlage einbringen kann, die Gründung einer GmbH ernsthaft in Erwägung ziehen wird, wird ein nicht in Vollzeit tätiger, aber selbstständiger Handwerker eher die UG (haftungsbeschränkt) interessant finden.

Vereinfachung des Gründungsvorgangs

Sowohl der Gründungsvorgang der herkömmlichen GmbH als auch der neuen UG (haftungsbeschränkt) wird vereinfacht und damit beschleunigt. Den Betrieben werden vom Gesetzgeber kostenlose Musterverträge zur GmbH- und UG-(haftungsbeschränkt)-Gründung zur Verfügung gestellt, die nur noch notariell zu beurkunden sind. Nicht geeignet sind die Musterverträge hingegen für ausgefeiltere Gründungen, beispielsweise unter Verwendung von erbrechtlichen Nachfolgeklauseln.
Zu einer Verfahrensbeschleunigung kommt es auch durch die vereinfachte Prüfung der Bareinlage. Detailprüfungen finden nur noch statt, wenn erhebliche Zweifel an der ordnungsgemäßen Kapitalaufbringung bestehen. Darüber hinaus ist die erforderliche Eintragung im Handelsregister nicht mehr von anderen Verwaltungsverfahren, beispielsweise durch die Vorlage einer staatlichen Genehmigungsurkunde, abhängig.
Beide können sich bei Rechtsfragen an die Berater ihrer Handwerksorganisationen wenden. Bei einer ausländischen „Mini-GmbH" hingegen kann sich aufgrund ausländischer rechtlicher Vorgaben erhebliche Kosten verursachender Beratungsbedarf bei einem spezialisierten Rechtsanwalt ergeben.

Missbrauchsbekämpfung

Anforderungen

> Im Handelsregister ist eine inländische Geschäftsanschrift einzutragen, um die Rechtsverfolgung von Ansprüchen sicherzustellen. Ist eine Zustellung dort nicht möglich, kann auch öffentlich zugestellt werden.
> Jeder Gesellschafter hat bei Überschuldung oder Zahlungsunfähigkeit und Abtauchen des Geschäftsführers Insolvenzantragspflicht, es sei denn, er hat davon keine Kenntnis.

> Wegen diverser Straftatbestände mit Unternehmensbezug verurteilte Personen, beispielsweise Insolvenzverschleppung, sind von der GmbH-Geschäftsführung ausgeschlossen.

7.1.2 Personengesellschaften

Personengesellschaften sind auf die einzelnen Gesellschafter zugeschnitten. Mindestens zwei müssen vorhanden sein. Scheidet aus **Personengesellschaften** mit mindestens drei Gesellschaftern einer aus, bestehen sie fort. Hier gibt es Ausnahmen, etwa bei der Gesellschaft bürgerlichen Rechts oder wenn der Gesellschaftsvertrag die Auflösung ausdrücklich vorsieht.

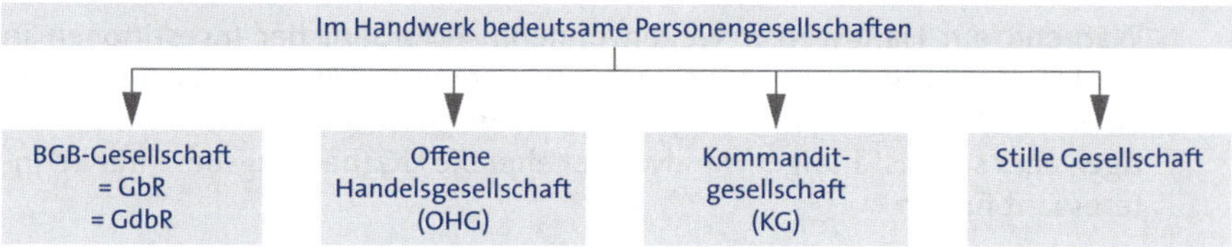

BGB-Gesellschaft

Die Grundform aller Personengesellschaften ist die Gesellschaft bürgerlichen Rechts. Man nennt sie auch BGB-Gesellschaft, GbR oder GdbR. Neben der GbR haftet jeder Gesellschafter mit seinem gesamten Vermögen für die GbR-Verbindlichkeiten. Die GbR kann klagen und verklagt werden. In diesem Rahmen ist sie rechtsfähig. Benötigt sie für ihren Betrieb nach Art oder Umfang **keine** kaufmännische Einrichtung, ist sie auch keine an den Vorgaben des HGB orientierte Handelsgesellschaft. Sie kann aber auf **Antrag** in das Handelsregister eingetragen werden und wird damit Handelsgesellschaft in der Rechtsform der OHG.
Um die Rechte und Pflichten der Gesellschafter eingrenzen zu können, ist der Gesellschaftszweck, beispielsweise der gemeinschaftliche Betrieb einer Autowerkstatt genau zu beschreiben. Auch die Betriebszeiten sollten festgehalten werden sowie die Gewinn- und Verlustbeteiligung als auch etwaige Kündigungsfristen und Abfindungsregelungen.

a) Wesentliches zur Offenen Handelsgesellschaft (OHG) als Personengesellschaft des Handelsrechts

Die OHG ist wie die GbR eine Personengesellschaft. Eine Ein-Personen-OHG ist daher nicht möglich. Als Handelsgesellschaft betreibt sie aber im Gegensatz zur GbR nicht nur ein Gewerbe, sondern ein Handelsgewerbe. Möglich ist unabhängig davon auch die freiwillige Eintragung als OHG ins Handelsregister.

Haftung

> Haftung: Neben der OHG haften alle Gesellschafter persönlich.

Beispiel:

Zwei Handwerker sind die beiden Gesellschafter der Hans Mayr und Stefan Huber OHG mit acht Mitarbeitern. Kauft die OHG beim Großhändler Material, haften beide – neben der OHG – mit ihrem gesamten Vermögen. Der vom Großhändler in Anspruch genommene Stefan Huber kann dafür von der

OHG und Hans Mayr intern – das ist ohne Interesse für den Großhändler – einen Ausgleich verlangen. Im schlimmsten Fall bleibt er aber auf seinen Kosten sitzen. Ein solcher Fall wäre beispielsweise die Zahlungsunfähigkeit der OHG und Hans Mayr.

Rechtsform

- Rechtsform: Die OHG kann klagen und verklagt werden. In diesem Rahmen ist sie rechtsfähig.
- Firma: Als Handelsgesellschaft ist sie firmenführungsberechtigt.

Beispiel:

Bei Übergabe der Hans Mayr und Stefan Huber OHG an die jeweilige Tochter von Hans Mayr und Stefan Huber im Wege der Unternehmensnachfolge darf die Firma „Hans Mayr und Stefan Huber" fortgeführt werden. Das wäre bei der GbR mangels Geltung des HGB und damit der Firmenführungsberechtigung nicht möglich. Dasselbe gilt für den Verkauf der OHG an Dritte.

Handelsregister

- Eintragung im Handelsregister: Sie muss im Handelsregister eingetragen werden. Die erforderlichen Unterlagen werden grundsätzlich elektronisch durch den Notar beim ebenso geführten Register eingereicht.

b) Wesentliches zur Kommanditgesellschaft (KG) als Personengesellschaft des Handelsrechts

Die KG ist wie die OHG eine Personengesellschaft. Eine Ein-Personen-KG ist daher nicht möglich. Als Handelsgesellschaft betreibt sie ein Handelsgewerbe. Möglich ist unabhängig davon auch die freiwillige Eintragung als KG ins Handelsregister.

Komplementär, Kommanditist

Von der OHG unterscheidet sich die KG allein dadurch, dass bei einem Teil der Gesellschafter die Haftung gegenüber Gesellschaftsgläubigern beschränkt ist. Der Komplementär haftet unbeschränkt, der Kommanditist nur mit seiner Einlage. Die Einlage kann auch einen geringen Betrag ausmachen. Jede KG muss mindestens einen Komplementär und einen Kommanditisten haben.

- Haftung: Neben der KG haftet der Komplementär voll, der Kommanditist nur mit seiner Einlage.

Beispiel:

Die Müller KG mietet Gewerbeflächen an. Komplementär ist Herr Müller, Kommanditistin Frau Müller. Sie hat die laut KG-Vertrag von ihr zu leistende Einlage von 1.500,00 EUR geleistet. Der Vermieter kann die vereinbarte Kaution von 9.000,00 EUR entweder von der KG oder Herrn Müller verlangen. Frau Müller hingegen ist nach Leistung ihrer Einlage nicht mehr in der Haftung.

- Einlage: Der Kommanditist hat die im KG-Vertrag festgeschriebene Einlage zu leisten. Meist handelt es sich um eine Kapitalbeteiligung, da Kommanditisten grundsätzlich von der Geschäftsführung ausgeschlossen sind.
- Firma: Als Handelsgesellschaft ist sie firmenführungsberechtigt.
- Eintragung im Handelsregister: Sie muss im Handelsregister eingetragen werden. Die erforderlichen Unterlagen werden grundsätzlich elektronisch durch den Notar beim ebenso geführten Register eingereicht.

GmbH & Co. KG Rechtsformzusatz

- Eine KG kann auch eine GmbH als Komplementärin haben. Damit das nach außen etwa für ihre Vertragspartner erkennbar ist, muss diese besondere Form der KG den Rechtsformzusatz GmbH & Co. KG führen. Vorteil der GmbH & Co. KG ist die Verhinderung der persönlichen Haftung dahinter stehender Gesellschafter bei gleichzeitiger steuerlicher Behandlung als Personen- statt Kapitalgesellschaft. Dabei ist insbesondere die steuerliche Seite im konkreten Fall genau zu prüfen.

c) Wesentliches zur stillen Gesellschaft als Personengesellschaft

Stiller Gesellschafter

Bei der stillen Gesellschaft tritt derjenige, der sich am Handelsgewerbe anderer wie etwa einem Einzelunternehmen oder einer OHG oder KG beteiligt, im Gegensatz beispielsweise zum Kommanditisten der KG nach außen nicht in Erscheinung. Er ist stiller Gesellschafter. Es geht um eine nach außen nicht erkennbare Kapitalanlage. Gewinn- und Verlustbeteiligung werden im Innenverhältnis zwischen stillem Gesellschafter und Inhaber des Handelsgewerbes geregelt.

Beispiel:

Ein Handwerker betreibt ein Einzelunternehmen mit zehn Mitarbeitern, hohen Umsätzen und mehreren Geschäftskonten. Damit ist er Handelsgewerbetreibender (Istkaufmann). Sein Bruder ist Angestellter bei einem große Gewinne erwirtschaftenden Hersteller und möchte einen Teil seines Ersparten im Fachbetrieb des Bruders anlegen. Nach außen tritt lediglich der Handwerker in Erscheinung. Es handelt sich um eine stille Gesellschaft.

- Haftung: Der stille Gesellschafter haftet gegenüber Gesellschaftsgläubigern nicht, es sei denn aus besonderer Verpflichtung, z. B. durch Unterzeichnung eines Bürgschaftsvertrags.
- Eintragung im Handelsregister: Die stille Gesellschaft als Sonderform der Gesellschaft des bürgerlichen Rechts kann im Handelsregister nicht eingetragen werden. Sie ist keine Handelsgesellschaft. Eingetragen ist allein der Inhaber des Handelsgeschäfts, an dem der stille Gesellschafter beteiligt ist.

7.1.3 Einzelunternehmen

Alleininhaber

Vom Einzelunternehmen spricht man bei einem Alleininhaber, der unabhängig von Mitarbeiterzahl und Umsatz – ohne sich einer Gesellschaftsform zu bedienen – den Betrieb in eigener Verantwortung führt. Er haftet mit seinem gesamten Vermögen. Die Eintragung im Handelsregister ist nur zwingend, wenn er Istkaufmann ist.

7.2 Kriterien der Rechtsformwahl

Wesentliches zur Wahl der Rechtsform

Zentrale Fragen

Vor allem betriebswirtschaftliche und rechtliche Besonderheiten des Einzelfalls spielen eine Rolle. Die Handwerksorganisation berät unter Beachtung folgender zentraler Fragen:

1. Wie soll die Haftung geregelt werden?
2. Wie soll die Finanzierung erfolgen?
3. Welche Gewinn- und Verlustverteilung ist zweckmäßig?
4. Welche steuerlichen Gesichtspunkte sind interessant?
5. Unternehmensgründung allein oder mit einer oder mehreren weiteren Personen?
6. Wie soll die Geschäftsführung geregelt werden?
7. Ist eine Eintragung ins Handelsregister erforderlich?
8. Welche Unternehmensbezeichnung oder Firmierung wird angestrebt?
9. Soll bereits eine mögliche Nachfolgeregelung berücksichtigt werden?
10. Welche handwerksrechtlichen Voraussetzungen liegen vor?
11. Welche Formvorschriften sind zu beachten?
12. Welche Kosten fallen an?

Einzelfallbetrachtung

Die Mehrheit aller Handwerksbetriebe wird als Einzelunternehmen geführt. Die GmbH hingegen spielt gerade bei gefahrengeneigten Betrieben eine immer größere Rolle. Letztlich ist aber der konkrete Einzelfall unter Beachtung der betriebswirtschaftlichen und rechtlichen Besonderheiten ausschlaggebend.

Übersicht über die einzelnen Rechtsformen (>> nächste Seiten**)**

Arten: Rechtsformen	Varianten:	Form des Abschlusses:	Eintragung ins Handelsregister:	Einlage:	Haftung:	Gründung durch:	Firmierung:
I. Einzelunternehmen	--		**Nein**, wenn Nichtkaufmann **Ja**, wenn Kaufmann oder auf Antrag	gesetzlich nicht vorgeschrieben	Inhaber mit Betriebs- und Privatvermögen	1 Inhaber	**Nein**, wenn Nichtkaufmann **Ja**, wenn Kaufmann
II. Personengesellschaften	Stille Gesellschaft	grundsätzlich formfrei, Empfehlung der Schriftform	Nein	Höhe gesetzl. nicht vorgeschrieben	Inhaber mit Betriebs- und Privatvermögen	1 Einzelunternehmen oder Gesellschaft mit 1 stillen Gesellschafter	Nein
	Gesellschaft des bürgerl. Rechts	wie vorher	Nein	gesetzlich nicht vorgeschrieben	Gesellschaft selbst und alle Gesellschafter mit Privatvermögen	mindestens 2 Gesellschafter	Nein
	Offene Handelsgesellschaft	wie vorher	Ja	wie vorher	wie vorher	mindestens 2 Gesellschafter	Ja

Arten: Rechtsformen	Varianten:	Form des Abschlusses:	Eintragung ins Handelsregister:	Einlage:	Haftung:	Gründungsgesellschafter:	Firmierung:
	Kommanditgesellschaft	wie vorher	Ja	wie oben	Gesellschaft selbst und Komplementär mit Privatvermögen sowie Kommanditist mit Einlage	mindestens 1 Komplementär und 1 Kommanditist	Ja
	GmbH & Co. KG als Sonderform der KG	Formfrei, aber GmbH verlangt notarielle Beurkundung	Ja	GmbH: Ja Kommanditist wie oben	Gesellschaft selbst und GmbH mit ihrem Vermögen sowie Kommanditist mit Einlage	mindestens 1 GmbH 1 Kommanditist	Ja
III. Kapitalgesellschaften	GmbH	Notarielle Beurkundung	Ja	Ja, mindestens 25.000,00 EUR	mit ihrem Vermögen	mindestens 1 Gesellschafter	Ja
	UG (haftungsbeschränkt) als Sonderform der GmbH	wie vorher	Ja	Ja, kann weniger als 25.000,00 EUR sein	wie oben	wie oben	Ja

7.3 Gesellschaftsvertrag

Um unnötige Diskussionen bis hin zu außergerichtlichen oder gerichtlichen Streitigkeiten zu vermeiden, sollten die wesentlichen Punkte beweisbar festgehalten werden.

Schriftliche Vereinbarungen

Schriftliche Vereinbarungen sind vor Gericht problemlos beweisbar. Das gilt für mündliche Absprachen oft nicht, wenn sich die Beteiligten daran nicht erinnern können oder erinnern wollen. Erforderlich sind dabei etwa nicht unverständliche, engbedruckte und sich über unzählige Seiten erstreckende Gesellschaftsverträge. Die wesentlichen Punkte sollten stattdessen kurz, klar und beweisbar sein.

Gesellschaftsvertrag der GbR

Der Gesellschaftsvertrag der GbR ist formfrei. Weder notarielle Beurkundung noch Schriftform sind gesetzlich vorgeschrieben. Dasselbe gilt für die OHG, KG und stille Gesellschaft. Aus Beweisgründen ist aber ein schriftlicher Vertrag mündlichen Absprachen vorzuziehen.

Satzung

Der Gesellschaftsvertrag der GmbH muss notariell beurkundet werden. Er wird als Satzung bezeichnet. Für unkomplizierte Standardgründungen kann der vom Gesetzgeber zur Verfügung gestellte Mustervertrag verwendet werden.

Musterverträge

Von den Handwerksorganisationen zur Verfügung gestellte Musterverträge, etwa für die GbR, sind wegen ihrer Ausgewogenheit und Handwerksausrichtung zu empfehlen. Wenig erfolgversprechend sind hingegen selbst gestrickte Verträge ohne rechtliche Beratung.

Beispiel:

Im GbR-Vertrag zwischen zwei Handwerkern sind vor allem die Gewinn- und Verlustbeteiligung, wöchentliche und tägliche Arbeitszeit sowie Geschäftsführung und das Wettbewerbsverbot zu regeln. Aber auch Kündigungs-, Abfindungs- und Urlaubsregeln sollten nicht fehlen.

Wiederholungsfragen sowie handlungsorientierte, fallbezogene Übungs- und Prüfungsaufgaben

1. Welche der nachfolgend aufgeführten Gesellschaften sind Kapitalgesellschaften?

- [ ] a Gesellschaft des bürgerlichen Rechts und stille Gesellschaft
- [ ] b Offene Handelsgesellschaft und Kommanditgesellschaft (OHG, KG)
- [ ] c Kommanditgesellschaft und Schachtelgesellschaft (GmbH u. Co. KG)
- [ ] d Gesellschaft mit beschränkter Haftung und Aktiengesellschaft
- [ ] e Eingetragene Genossenschaft und gemeinnütziger Verein.

>> Seite 117 |

2. Um welche Gesellschaft handelt es sich bei der UG (haftungsbeschränkt)?

- [ ] a Eine englische Kapitalgesellschaft.
- [ ] b Eine Sonderform der AG.
- [ ] c Eine GmbH mit höherer Stammeinlage.
- [ ] d Eine GmbH mit geringerer Stammeinlage.
- [ ] e Eine belgische Kapitalgesellschaft.

>> Seite 117 |

3. Wie hoch ist die zu leistende Stammeinlage bei der GmbH?

>> Seite 118 |

4. Welche von den nachfolgend aufgeführten Gesellschaften sind Personengesellschaften?

- [ ] a Gesellschaft des bürgerlichen Rechts, offene Handelsgesellschaft, Kommanditgesellschaft
- [ ] b Gesellschaft mit beschränkter Haftung (GmbH) und eingetragene Genossenschaft
- [ ] c Aktiengesellschaft (AG) und Kommanditgesellschaft auf Aktien (KGaA)
- [ ] d Eingetragene Genossenschaft und Kommanditgesellschaft auf Aktien
- [ ] e Stille Gesellschaft, eingetragener Verein, Aktiengesellschaft.

>> Seite 120 |

5. Wer haftet für die Verbindlichkeiten der GbR?

>> Seite 120 |

6. Ist die OHG firmenführungsberechtigt?

- [ ] a Nein, das HGB gilt hier nicht.
- [ ] b Ja, da sie eine Handelsgesellschaft ist.
- [ ] c Nein, da sie nicht rechtsfähig ist.
- [ ] d Nein, weil sie keine Kapitalgesellschaft ist.
- [ ] e Es kommt darauf an, ob sie Mitarbeiter hat oder nicht.

>> Seite 121 |

7. Wer haftet für die Verbindlichkeiten der KG?

- [ ] a Der Kommanditist mit seiner Einlage und der Komplementär persönlich.
- [ ] b Der Komplementär, wenn er seine Einlage nicht geleistet hat.
- [ ] c Der Kommanditist mit seinem gesamten Vermögen.
- [ ] d Nur das Vermögen der KG.
- [ ] e Nur der Kommanditist mit seiner Einlage.

>> Seite 121 |

8. Ist die GmbH & Co. KG eine Personengesellschaft?

>> Seite 122 |

9. Worin besteht die Besonderheit einer GmbH & Co. KG gegenüber einer KG?

>> Seite 122 |

10. Haftet bei der stillen Gesellschaft der stille Gesellschafter gegenüber deren Kunden?

- [ ] a Ja, da er in der Regel am Gewinn beteiligt ist.
- [ ] b Nein, da er nach außen nicht in Erscheinung tritt.
- [ ] c Ja, da jeder Gesellschafter mit seinem gesamten Vermögen haftet.
- [ ] d Es kommt darauf an, ob er mit mehr als 50 % am Gewinn beteiligt ist.
- [ ] e Ja, da er nach außen in Erscheinung tritt.

>> Seite 122 |

11. Wie haftet der Einzelunternehmer?

>> Seite 122 |

12. Welche Kriterien der Rechtsformwahl gibt es?

>> Seite 123 |

13. Nennen Sie die wichtigsten Personen- und Kapitalgesellschaften!

>> Seiten 124 bis 125 |

8. Rechtsvorschriften, insbesondere des bürgerlichen Rechts sowie des Gesellschafts- und Steuerrechts, im Zusammenhang mit Gründung oder Übernahme von Handwerksbetrieben anwenden

Kompetenzen

- Grundlagen der deutschen Rechtsordnung erklären.
- Rechts-, Geschäfts- und Deliktfähigkeit unterscheiden.
- Rechtliche Bedeutung von Willenserklärung, Vertretung und Vollmacht sowie Einwilligung und Genehmigung erklären.
- Verträge abschließen und ihre Rechtswirksamkeit beurteilen.
- Möglichkeiten der Anfechtung von Verträgen prüfen.
- Leistungsverpflichtungen sowie Haftungsfolgen (auch für Erfüllungs-/Verrichtungsgehilfen) kennen.
- Rechtsgültige Dokumente im Geschäftsverkehr erstellen.
- Rechte und Pflichten aus allgemeinen Geschäftsbedingungen (AGB) einschätzen und Verwendung von AGB bezogen auf ein Unternehmenskonzept prüfen.
- Rechtsgeschäftliche Vertretung der Geschäftsführung organisieren.
- Grundbegriffe des Sachenrechts sowie Sicherungsrechte kennen.
- Betriebsstätten unter Beachtung der rechtlichen Vorschriften einrichten.
- Wesentliche Grundsätze der Besteuerung in Deutschland verstehen.
- Umsatzsteuervoranmeldung und Einkommensteuererklärung termingerecht organisieren.

8.1 Einteilung der Rechtsordnung

Rechtsordnung

Jeder Mensch steht von der Geburt bis zum Tod in persönlichen und rechtlichen Beziehungen zu seiner Umwelt. Seine rechtlichen Beziehungen sind in der Rechtsordnung des Staates geregelt, in dem er lebt. Im Interesse eines geordneten Zusammenlebens regelt die Rechtsordnung die Rechte und Pflichten des Einzelnen insbesondere gegenüber Mitmenschen, Unternehmen und Staat.

> Unter Rechtsordnung verstehen wir die Gesamtheit aller Vorschriften, die das Rechtsleben in einem Staat regeln. In erster Linie geht es um Gesetze.

8.1.1 Privates und öffentliches Recht

In der Bundesrepublik Deutschland sind die Rechtsbestimmungen eingeteilt in zwei Bereiche:

Zwei Bereiche

- Öffentliches Recht, das insbesondere die Rechtsbeziehungen des Einzelnen und Unternehmens zum Staat regelt.
- Privates Recht (Zivilrecht), das die Rechtsbeziehungen der Einzelnen und Unternehmen untereinander regelt. Erfasst ist also auch der gewerbliche Bereich.

8.1.2 Systematik des Bürgerlichen Gesetzbuches

Allgemeines zum BGB

Bürgerliches Gesetzbuch (BGB)

Die wichtigsten Gebiete des Privatrechts sind in den fünf Büchern des Bürgerlichen Gesetzbuches (BGB) geregelt.

1. Allgemeiner Teil: Regelung grundlegender Rechtsbegriffe wie etwa Unternehmer- und Verbraucherbegriff
2. Recht der Schuldverhältnisse: Regelung von Verträgen wie etwa dem Werkvertrag
3. Sachenrecht: Regelung der Rechte an Sachen wie etwa Immobilien
4. Familienrecht: Regelung der Beziehung zwischen Familienangehörigen wie etwa dem Betriebsinhaber zu Eltern, Ehegatte und Kindern
5. Erbrecht: Regelung zur Erbfolge wie etwa Erstellung eines Erbvertrags zwischen Betriebsinhaber und Ehegatte sowie Kindern.

Nebengesetze

Hierzu gibt es eine Reihe von Nebengesetzen, wie z. B.:

> das Handelsgesetzbuch, das spezielle Vorschriften für Handelsgewerbetreibende enthält
> Gesetze, die die Rechtsbeziehungen zwischen Arbeitgebern und Arbeitnehmern bestimmen.

Spezialgesetze

Dazu gibt es weitere Spezialgesetze. Bei der Rechtsanwendung der gesamten Vorschriften gilt der Grundsatz: Spezialgesetze haben Vorrang vor allgemeinen Gesetzen. Lässt sich mit speziellen Gesetzen eine Rechtsfrage nicht lösen, wird auf das BGB als „Grundgesetz" des privaten Rechts zurückgegriffen.

8.2 Allgemeiner Teil des Bürgerlichen Gesetzbuches

8.2.1 Rechts-, Geschäfts- und Deliktsfähigkeit

Rechtsfähigkeit

Zu unterscheiden sind die Fähigkeit

> der Rechtebegründung und
> des verantwortlichen Handelns.

Die Handlungsfähigkeit unterteilt sich in die

> Geschäftsfähigkeit und
> Deliktsfähigkeit.

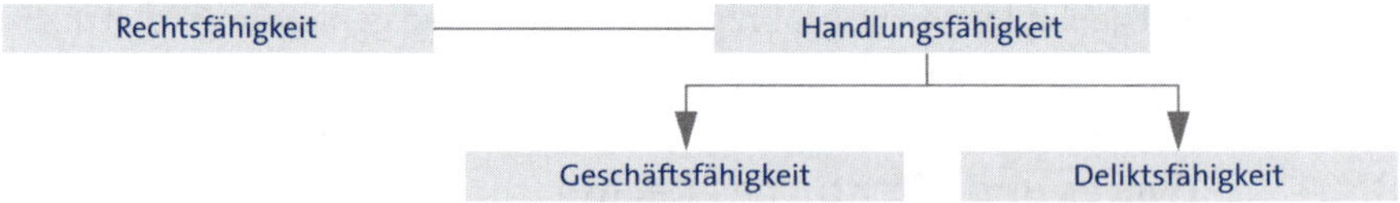

a) Rechtsfähigkeit

Rechtsfähigkeit ist die Fähigkeit, Träger von Rechten und Pflichten zu sein.

Träger von Rechten und Pflichten

> Träger von Rechten und Pflichten sind:
  - Menschen als natürliche Personen

- Personenmehrheiten, Kapitalansammlungen oder Gebietskörperschaften, denen der Gesetzgeber eigene Rechtspersönlichkeit verliehen hat, wie etwa juristische Personen des privaten und öffentlichen Rechts.

Beispiel:

GmbH, eingetragener Verein, Gemeinde, Bundesland und Handwerkskammer (HWK).

> Nicht Träger von Rechten und Pflichten sind Sachen und Tiere.

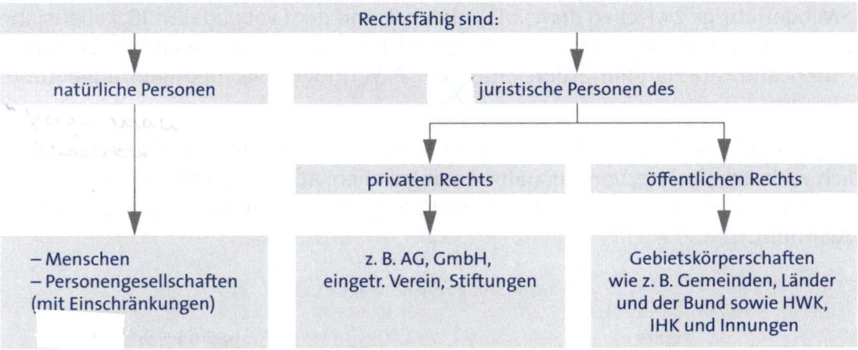

- Beginn und Ende der Rechtsfähigkeit:
  - Natürliche Personen sind von der Geburt bis zum Tod rechtsfähig.
  - Juristische Personen sind rechtsfähig mit der Gründung bis zur Auflösung, z. B. bei der GmbH mit der Eintragung im Handelsregister bis zur Beendigung der Liquidation.

b) Geschäftsfähigkeit

Wenn eine Person rechtsfähig ist, steht damit noch nicht fest, dass sie rechtswirksam handeln kann.

Geschäftsfähigkeit ist die Fähigkeit, sich durch Rechtsgeschäfte wie etwa Verträge oder Willenserklärungen verpflichten zu können.

Stufen der Geschäftsfähigkeit

Nach Alter und freier Willensbestimmung unterscheidet man drei Stufen der Geschäftsfähigkeit:

> Geschäftsunfähigkeit
> beschränkte Geschäftsfähigkeit
> volle Geschäftsfähigkeit.

Geschäftsunfähigkeit

> Kinder bis zur Vollendung des 7. Lebensjahres
> Personen, die sich nicht nur vorübergehend in einem die freie Willensbestimmung ausschließenden Zustand krankhafter Störung der Geistestätigkeit befinden.

Gesetzlicher Vertreter

Ein Geschäftsunfähiger kann Rechtsgeschäfte selbst nicht abschließen. Er braucht dazu einen gesetzlichen Vertreter. Gesetzlicher Vertreter ehelicher Kinder sind die Eltern, des nichtehelichen Kindes die Mutter. Auf Antrag des ledigen Vaters überträgt das Familiengericht beiden Eltern das gemeinsame Sorgerecht, wenn dies dem Kindeswohl entspricht. Ein Rechtsgeschäft, das mit einem Geschäftsunfähigen abgeschlossen wird, ist nichtig. Volljährige, die aufgrund körperlicher, geistiger oder seelischer Krankheiten oder Behinderungen ihre Angelegenheit ganz oder teilweise nicht selbst besorgen können, erhalten einen Betreuer.

Beschränkte Geschäftsfähigkeit

Beschränkt geschäftsfähig sind:

> Minderjährige zwischen dem vollendeten 7. und dem vollendeten 18. Lebensjahr
> betreute Volljährige, für die gerichtlich ein Einwilligungsvorbehalt des Betreuers für bestimmte Handlungsbereiche, wie z. B. Vermögensverfügungen, angeordnet wurde.

Rechtsfolgen

Der beschränkt Geschäftsfähige kann Rechtsgeschäfte selbst abschließen. Rechtlich wirksam sind sie, von Ausnahmen abgesehen, aber nur, wenn der gesetzliche Vertreter oder Betreuer vorher (Einwilligung) oder nachträglich (Genehmigung) zustimmt.

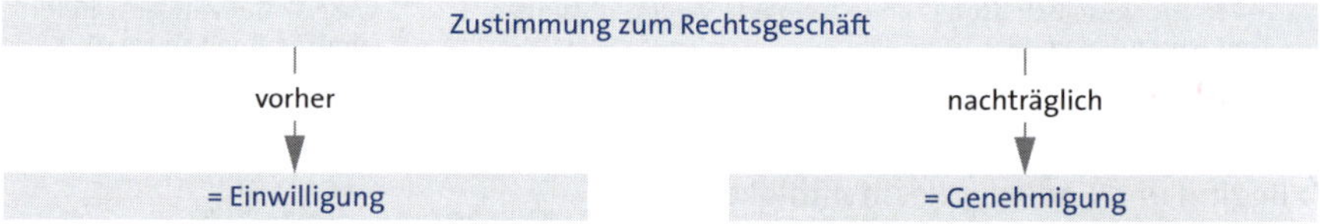

Stimmt der gesetzliche Vertreter dem Rechtsgeschäft zu, ist das Rechtsgeschäft rechtswirksam zustande gekommen. Verweigert der gesetzliche Vertreter die Zustimmung, ist es unwirksam.
Der Geschäftspartner des beschränkt Geschäftsfähigen kann den gesetzlichen Vertreter auffordern, das Rechtsgeschäft zu genehmigen. Äußert sich der gesetzliche Vertreter hierzu binnen 14 Tagen nicht, gilt dies als Ablehnung der Genehmigung. Das Rechtsgeschäft mit dem beschränkt Geschäftsfähigen kommt dann nicht zustande, der Schwebezustand ist beendet.

Beispiel:

Ein 17-jähriger kauft ohne Wissen seiner Eltern ein Smartphone. Es muss nur dann bezahlt werden, wenn die Eltern nachträglich ihre Genehmigung zum Kaufvertrag erteilen. Verweigern sie die Genehmigung, muss der Händler das Smartphone zurücknehmen und kann weder vom Minderjährigen noch von den Eltern Bezahlung verlangen.

Ausnahmen:

Eine strenge Anwendung der Vorschriften über die beschränkte Geschäftsfähigkeit würde den Bedürfnissen des praktischen Lebens nicht gerecht. Vorgesehen sind daher im Gesetz einige typische Rechtsgeschäfte des täglichen Lebens, zu denen die Zustimmung des gesetzlichen Vertreters nicht erforderlich ist. Dies gilt für:

> Taschengeldgeschäfte

Taschengeldgeschäfte

Beispiel:

Kauf eines Motorrads, wenn der gesetzliche Vertreter die Mittel hierzu dem Minderjährigen zur freien Verfügung überlassen hat (Taschengeld oder Lohn des minderjährigen Gesellen). ~~Voraussetzung ist, dass der Kaufgegenstand bar bezahlt wird.~~ Für Teil- oder Abzahlungskäufe braucht der beschränkt Geschäftsfähige jedoch immer die Zustimmung seines gesetzlichen Vertreters, auch wenn die Raten mit Taschengeld bezahlt werden könnten.

> Vorteilhafte Rechtsgeschäfte

Beispiel:

Der Minderjährige erlangt durch ein Rechtsgeschäft einen nur rechtlichen Vorteil, ohne gleichzeitig Verpflichtungen übernehmen zu müssen, wie z. B. die Annahme eines Geldgeschenkes.

> Genehmigte Arbeitsverhältnisse

Beispiel:

Der Minderjährige hat mit Zustimmung seiner Eltern ein ~~Ausbildungs~~verhältnis angetreten. Er ist damit voll geschäftsfähig für alle Rechtsgeschäfte, die damit zusammenhängen. Das heißt, er kann den Lohn in Empfang nehmen, aber auch kündigen.

Volle Geschäftsfähigkeit

Volljährige Personen

Voll geschäftsfähig sind alle volljährigen Personen (ab dem vollendeten 18. Lebensjahr), es sei denn, sie befinden sich nicht nur vorübergehend in einem die freie Willensbestimmung ausschließenden Zustand krankhafter Störung der Geistestätigkeit. Entscheidend ist daher, dass ein Volljähriger rechtswirksam Rechtsgeschäfte abschließen kann.

Deliktsfähigkeit

Kinder

Darunter versteht man im Bereich des Privatrechts die Verantwortlichkeit für Schäden, die man einem anderen zufügt. Bei Bewusstlosigkeit oder in einem die freie Willensbestimmung ausschließenden Zustand krankhafter Störung der Geistestätigkeit ist sie genauso wenig vorhanden wie bei Kindern, die noch nicht sieben Jahre alt sind. Zwischen sieben und neun Jahren haften Kinder insbesondere bei Unfällen mit Autos nur bei Vorsatz, im Übrigen haften sie zwischen sieben und 17 Jahren nur bei der zur Erkenntnis der Verantwortlichkeit erforderlichen Einsicht.

8.2.2 Rechtsgeschäftliches Handeln

a) Willenserklärungen

Inhalt und Ziel

Der Mensch schließt zur Verwirklichung seiner vielfältigen Beziehungen Rechtsgeschäfte ab, z. B. Verträge. Die Willenserklärung ist Bestandteil von jedem Rechtsgeschäft und auf eine bestimmte Rechtsfolge gerichtet.

b) Wirksamkeit der Willenserklärung

Wirksamkeit

Für die Wirksamkeit sind zwei Voraussetzungen erforderlich:

- der Wille, eine bestimmte Rechtsfolge herbeizuführen, z. B. Anschaffung eines Pkws.
- die Erklärung des Willens, z. B.: „Ich will einen Pkw kaufen!" Die Erklärung kann ausdrücklich oder durch schlüssiges Verhalten erfolgen.

c) Arten von Rechtsgeschäften

Je nach der Anzahl der beteiligten Willenserklärungen unterscheidet man:

Rechtsgeschäfte

- Einseitige Rechtsgeschäfte, das heißt, es genügt eine Willenserklärung zur Wirksamkeit des Rechtsgeschäfts, z. B. Errichtung eines Testaments. In manchen Fällen ist der Empfang der Willenserklärung zu ihrer Wirksamkeit erforderlich, z. B. bei der Kündigung.
- Mehrseitige Rechtsgeschäfte, das heißt, zwei oder mehrere übereinstimmende Willenserklärungen machen das Rechtsgeschäft wirksam. Typisches Beispiel dafür sind Verträge.

d) Vertretung und Vollmacht

Stellvertretung

In der Regel handelt der Mensch rechtsgeschäftlich in eigener Person und in eigenem Namen. Bei den meisten Rechtsgeschäften kann man sich aber auch vertreten lassen. Der Vertreter gibt in diesem Fall die Willenserklärung für den Vertretenen ab oder nimmt diese entgegen. Die Rechtsfolgen treffen allein den Vertretenen.

Bestellung zum Vertreter

Die Bestellung zum Vertreter erfolgt durch Erteilung einer mündlichen oder schriftlichen Vollmacht. Sie wirkt nur im erteilten Umfang und ist jederzeit widerruflich.

Beispiel:

Das Zustandekommen eines Kaufvertrags über Ersatzteile zwischen dem Hersteller und dem Fachbetrieb durch den bevollmächtigten Mitarbeiter.

Die Vertretung der Geschäftsführung richtet sich in vielen Fällen nach den gesetzlichen Vorgaben. Bei der GmbH ist der Geschäftsführer grundsätzlich, wenn nicht vertraglich anders geregelt, vertretungsberechtigt. Bei der AG ist es der Vorstand. In jedem Fall kann die Geschäftsführung aber auch andere, etwa Mitarbeiter, zur Vertretung ermächtigen.

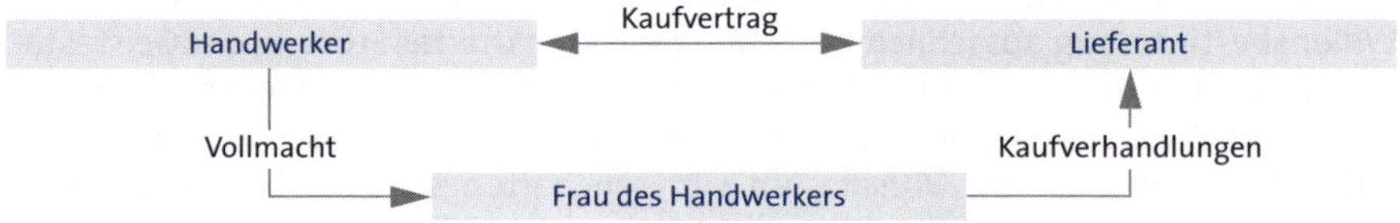

Der Vertreter wird aus dem Rechtsgeschäft selbst verpflichtet, wenn er nicht als Vertreter auftritt oder dies aus den Umständen nicht erkennbar wird. Gleiches gilt, wenn er ohne Vollmacht im Namen eines anderen einen Vertrag abschließt.

8.3 Vertragsrecht

8.3.1 Allgemeines Vertragsrecht

a) Vertragsfreiheiten

Das deutsche Vertragsrecht geht von drei grundsätzlichen Freiheiten aus:

Freiheiten

> Abschlussfreiheit, d. h., die Parteien bestimmen, ob sie einen Vertrag abschließen wollen.
> Inhaltsfreiheit, d. h., die Parteien legen, vorbehaltlich weitgehender Ausnahmen bei Verbraucherbeteiligung, den Inhalt eines Vertrages nach ihren Vorstellungen fest.
> Formfreiheit, d. h., die Parteien entscheiden, von gesetzlichen Formvorschriften abgesehen, wie z. B. Schriftform und notarieller Beurkundung, frei über die Form des Vertragsabschlusses. Zu beachten sind aber bestimmte Informations- und Formvorschriften im elektronischen, aber auch im herkömmlichen Geschäftsverkehr, wie beispielsweise die Impressumspflicht oder die Pflicht zur Mitteilung von Betriebsdaten.

Die Vertragsfreiheit ist aber im Privatrechtsverkehr bei Massengeschäften des täglichen Lebens weitgehend eingeschränkt. Dies gilt, wenn Menschen wegen ihrer Rasse, ethnischen Herkunft, Religion oder Weltanschauung, Behinderung, sexuellen Identität, ihres Geschlechts oder Alters benachteiligt werden.

Massengeschäfte

Massengeschäfte sind Verträge, bei denen es dem Vertragspartner nicht darauf ankommt, mit wem er den Vertrag schließt. Auch Handwerksleistungen fallen zum Teil darunter. Benachteiligte können vor allem Unterlassung und Schadensersatz fordern.

Abreden

Treffen die Parteien bei Abschluss eines Vertrages keine im Einzelnen ausgehandelten Abreden oder vereinbaren keine allgemeinen Geschäftsbedingungen (AGB), gelten die Regeln des BGB und etwaiger Spezialgesetze ohne Einschränkung.

Beispiel:

Der Lieferant strebt gegenüber dem BGB aus seiner Sicht günstigere Bedingungen zur Kaufpreiszahlung oder Haftung an. Während mit jedem seiner Kunden einzeln ausgehandelte Abreden aus Zeitgründen für ihn und den Kunden nicht in Betracht kommen, wird er sich AGB bedienen.
Der Fachbetrieb verwendet aus Beweisgründen vom Kunden zu unterschreibende Auftragsformulare. Sie sind zwar übersichtlich und praxisgerecht gestaltet, enthalten aber auch hinsichtlich Fälligkeit der Zahlung und Zusammensetzung der Vergütung vorgefertigte kurze Hinweise. Auch dabei handelt es sich um AGB.

b) AGB

Vorformulierte Vertragsbedingungen

> AGB sind alle für eine Vielzahl von Verträgen vorformulierten Vertragsbedingungen, die eine Vertragspartei mit der anderen bei Vertragsabschluss vereinbart.
> AGB liegen dann nicht vor, wenn die Vertragsbedingungen zwischen den Parteien im Einzelnen ausgehandelt werden.

> Die Abgrenzung zwischen AGB und im Einzelnen ausgehandelten Abreden ist von Fall zu Fall zu treffen. Im Zweifelsfall ist von AGB auszugehen. Liegen im Einzelnen ausgehandelte Abreden vor, so haben diese Vorrang vor AGB.

Einbeziehung von AGB in den Vertrag:

> Der Verwender muss den anderen Vertragsteil ausdrücklich oder ausnahmsweise durch deutlich sichtbaren Aushang auf die AGB hinweisen. Sie müssen klar und verständlich sein.
> Der andere Vertragsteil muss die Möglichkeit haben, in zumutbarer Weise von den AGB Kenntnis zu nehmen.
> Der andere Vertragsteil muss mit den AGB erkennbar einverstanden sein, z. B. durch Unterschrift.

Liegen diese Voraussetzungen vor, werden die AGB Bestandteil des geschlossenen Vertrages. Bei Verbrauchern und Unternehmen wird ein unterschiedlicher Maßstab angelegt. Während zwischen Unternehmen – unabhängig von deren Größe – ein kurzer Hinweis auf die AGB, etwa im Angebot auf die auf der Webseite einsehbaren AGB, genügt, sollte sich der Unternehmer vom Verbraucher Hinweis, Kenntnisnahme und Einverständnis schriftlich bestätigen lassen.

Verbote

Weil AGB in der Regel das Gleichgewicht zwischen den Vertragsparteien verändern, enthält das BGB Bremsen und Verbote:

> Überraschende Klauseln, mit denen der andere Teil nicht rechnen muss, werden nicht Vertragsbestandteil.

Beispiel:

Adressbuchschwindler benutzen oft vorgedruckte Formulare, die behördlichen Schreiben zum Verwechseln ähnlich sind und die Kostenlosigkeit im hervorgehobenen Text herausstellen. Unternehmen soll dadurch und durch versteckte Kostenklauseln im Kleingedruckten eine Unterschrift abgerungen werden. Im Einzelfall handelt es sich um unwirksame überraschende Klauseln. Vor Bezahlung ist hier rechtliche Beratung, etwa durch die Handwerksorganisationen, dringend zu empfehlen.

> Unklar abgefasste Klauseln sind im Zweifel zugunsten des anderen Teils auszulegen.
> Gegen Treu und Glauben benachteiligende Klauseln sind unwirksam.

Verbotene AGB-Klauseln

> Verboten und damit unwirksam sind viele im BGB aufgezählte und durch die höchstrichterliche Rechtsprechung des Bundesgerichtshofs – höchstes deutsches Zivilgericht – herausgearbeitete Klauseln, wie z. B.:
  - der Ausschluss von Mängelansprüchen bei Kauf- und Werkverträgen, insbesondere gegenüber Verbrauchern
  - der Ausschluss oder die Begrenzung der Haftung bei Verletzung von Leben, Körper, Gesundheit und bei grobem Verschulden des Verwenders
  - der Ausschluss des Rücktrittsrechts bei vom Verwender zu vertretenden Pflichtverletzungen.

Beispiel:

Der Betrieb verkauft unter Vereinbarung seiner AGB – „Gekauft wie gesehen und ausprobiert unter Ausschluss jeglicher Mängelhaftung ...“ – einen Gegenstand an Herrn Maier als Verbraucher. Diese Klausel ist jedoch unwirksam, sodass Herr Maier laut BGB zwei Jahre ab Übergabe Mängelhaftungsansprüche geltend machen kann. Zulässig ist bei gebrauchten Gegenständen eine Verkürzung auf ein Jahr. Zwischen zwei Unternehmen oder zwei Verbrauchern hingegen ist der Ausschluss der Mängelhaftung möglich.

) Zustandekommen eines Vertrages

Ein Vertrag kommt durch zwei Willenserklärungen zustande: Angebot – man spricht auch von Antrag oder Offerte – und Annahme. Voraussetzung ist, dass die Willenserklärungen inhaltlich übereinstimmen.

Angebot und Annahme

Erfolgt die Annahme unter Änderungen oder Einschränkungen, gilt das Angebot als abgelehnt, gleichzeitig verbunden mit einem neuen Angebot.

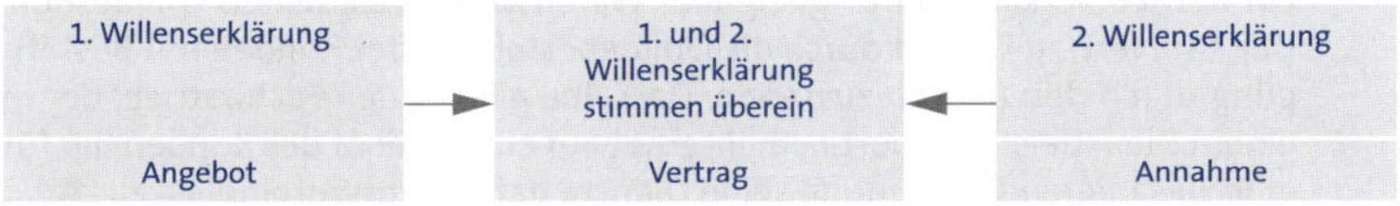

Kein rechtliches Angebot ist Werbung. Sie gilt als Aufforderung an einen unbestimmten Kundenkreis, dem Werbenden ein Angebot zu unterbreiten.

d) Bindung an das Angebot

Ist das Angebot zeitlich befristet, kann die Annahme nur innerhalb der Frist erfolgen. Danach erlischt das Angebot.

Bindungswirkung

Ist das Angebot zeitlich nicht befristet, kommt es für die Bindungswirkung auf den Adressaten an:

- Ein Angebot unter Anwesenden kann nur sofort angenommen werden. Als solches gilt auch ein telefonisches Angebot. Schweigen gilt als Ablehnung.
- Ein Angebot unter Abwesenden, z. B. schriftlich, bindet den Anbieter so lange, wie er mit einer Antwort üblicherweise rechnen kann. Beförderungs- und Überlegungsfristen sind zu berücksichtigen. Eine zeitliche Befristung des Angebots vermeidet Auslegungsschwierigkeiten.

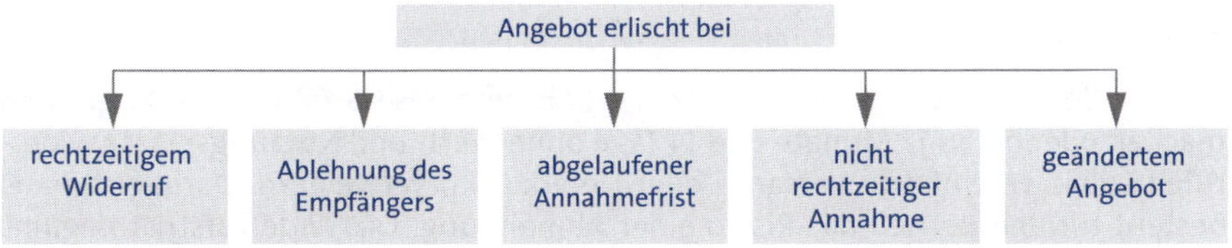

Besonderheiten beim kaufmännischen Bestätigungsschreiben:

Bestätigungsschreiben

Schweigen auf ein Angebot ist keine Annahme, es sei denn, ein kaufmännisches Bestätigungsschreiben liegt vor.

Beispiel:

Die Huber GmbH und die Müller GmbH – beides Handelsgewerbetreibende kraft Rechtsform – stehen in Geschäftsbeziehungen zueinander. Die eine bestellt bei der anderen mündlich eine Maschine für 5.000,00 EUR mit Zahlungsziel drei Monate nach Lieferung. Damit liegen Angebot und Annahme vor. Die liefernde bestätigt der anderen GmbH nun schriftlich den telefonisch geschlossenen Vertrag, lässt aber das Zahlungsziel weg. Der Kaufpreis wird entgegen dem telefonisch geschlossenen Vertrag sofort nach Lieferung fällig, wenn die andere GmbH schweigt und nicht unverzüglich dem kaufmännischen Bestätigungsschreiben widerspricht.

e) Erhebliche Besonderheiten bei Fernabsatz- und außerhalb von Geschäftsräumen geschlossenen Verträgen mit Verbrauchern

Erfasst werden neben Kauf- insbesondere auch Werkverträge.
Auch hier setzt ein Vertragsschluss Angebot und Annahme voraus.

Beispiel:

Ein Betrieb verkauft dafür geeignete Waren auch über seinen Onlineshop. Der Kaufvertrag kommt durch die Onlinebestellung des Kunden mit Bestätigung durch den Betrieb zustande. Dasselbe gilt für den Fachbetrieb, der in einem Dienstleistungsportal im Internet auf ein Angebot des Kunden hin für eine zu sanierende Wohnung seine Dienste dafür rechtsverbindlich zusagt.

Außerhalb von Geschäftsräumen geschlossen ist ein Vertrag beispielsweise bei Beauftragung des Betriebs durch den Verbraucher in dessen Wohnung. Einen Fernabsatzvertrag schließt der Betrieb mit dem Verbraucher beispielsweise, wenn bei den Vertragsverhandlungen und dem Vertragsschluss ausschließlich Fernkommunikationsmittel, insbesondere Briefe, Telefonate, Telefaxe oder E-Mails, verwendet werden.
Im Gegensatz zu herkömmlichen Vertragsschlüssen sind hier

- weitergehende Informationspflichten – etwa über Name, Anschrift, Kosten, Zahlungsbedingungen und Widerrufsrecht
- zusätzliche Formvorschriften – etwa Zurverfügungstellung der Informationen auf Papier vor Abgabe der Vertragserklärung des Kunden oder Bestellungsbestätigung auf elektronischem Weg oder Beschriftung der Bestell-Schaltfläche gut lesbar mit „Zahlungspflichtig bestellen“
- und Widerrufsrechte

zu beachten.

Der Kunde kann bei Pflichtverletzungen beispielsweise Schadensersatz geltend machen oder bis zu 12 Monate und 14 Tage ohne Wert- und Nutzungsersatz widerrufen sowie vereinbarte Versand- oder Lieferkosten verweigern. Darüber hinaus besteht für den Betrieb das Risiko einer Abmahnung. Die Widerrufsfrist beginnt erst mit Erfüllung wesentlicher Informationspflichten und Formvorschriften. Um Rechtsfolgen dieser Art zu vermeiden, sollten sich Betriebe rechtlich unterstützen lassen.

f) Fehlerhafte Rechtsgeschäfte durch Nichtigkeit und Anfechtbarkeit

Rechtsgeschäfte werden geschlossen, um rechtliche Wirkungen zu erzielen. Dabei können den Handelnden Fehler unterlaufen, die eine Nichtigkeit oder Anfechtbarkeit des Rechtsgeschäfts zur Folge haben.

Nichtige Rechtsgeschäfte

Keine Rechtswirksamkeit

Ein nichtiges Rechtsgeschäft entwickelt keine Rechtswirksamkeit. Es ist von Anfang an unwirksam.
Nichtigkeitsgründe bei Rechtsgeschäften

Anfechtbare Rechtsgeschäfte

Fristen

Ein anfechtbares Rechtsgeschäft wird erst mit der Erklärung der Anfechtung nichtig. Die Anfechtung kann nur binnen einer Frist erklärt werden.
Gründe und Fristen zur Anfechtung eines Rechtsgeschäfts:

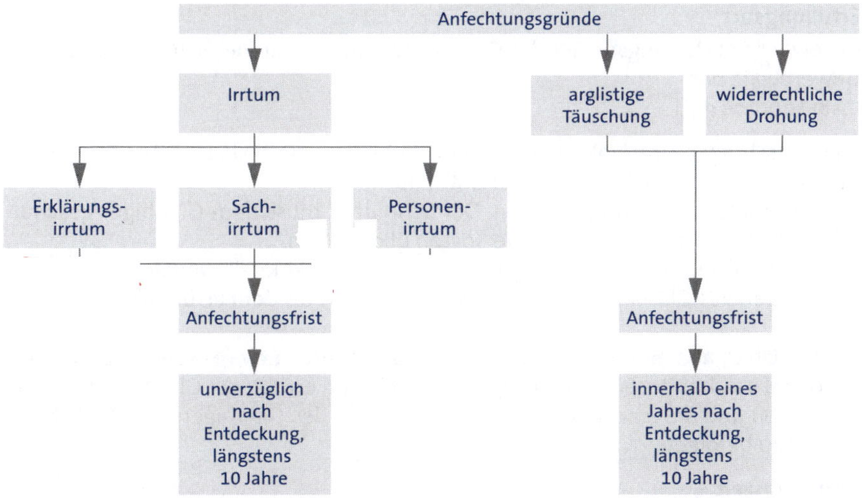

Beispiel:

Erklärungsirrtum: Ein Betrieb bestellt beim Fachgroßhändler monatlich im Schnitt 10 Module. Er verschreibt sich diesmal und bestellt stattdessen 100 davon. Er kann unverzüglich, das heißt ohne schuldhaftes Zögern, anfechten. Der Fachgroßhändler muss 90 Module zurücknehmen, die unnötigen Transportkosten trägt aber der Betrieb. Denn aus seinem Bereich kommt der Fehler.

Personenirrtum: Ein Kunde erteilt dem Fachbetrieb einen Auftrag. Tatsächlich ist er weder zahlungsfähig noch kreditwürdig. Die Villa gehört seinem Ehegatten, und die edlen Autos davor sind geleast. Der Inhaber des Fachbetriebs hat sich über eine wesentliche Eigenschaft seines Auftraggebers geirrt, er kann unverzüglich anfechten.

Motivirrtum

Der sogenannte Motivirrtum, z. B. über die richtige Kalkulation eines Auftrags, berechtigt nicht zur Anfechtung.

Haftung für Erfüllungs- und Verrichtungsgehilfen

Meist setzt ein Betrieb bei der Auftragsabwicklung, wie z. B. der Dacheindeckung, seine Arbeitnehmer ein. Entsteht dabei ein Schaden beim Bauherrn, etwa durch das Fallenlassen von Werkzeug auf die Motorhaube, oder bei Dritten, etwa dem anderen sich auf der Baustelle befindenden Fachbetrieb, haftet der Betrieb.
Entsteht der Schaden beim Vertragspartner, spricht man beim Arbeitnehmer vom Erfüllungsgehilfen, sonst vom Verrichtungsgehilfen.
Für Schäden, die der Arbeitnehmer beispielsweise bei Arbeiten verursacht, die er auf eigene Faust ausführt, haftet der Unternehmer nicht.

g) Erfüllungsort, Erfüllungszeit, Verzug

Für die erfolgreiche Abwicklung eines Vertrages ist wichtig, wo und wann die Warenlieferung oder Werkleistung zu erfolgen hat. Ist hierzu vertraglich nichts vereinbart, gilt die gesetzliche Regelung.

Erfüllungsort

Gesetzlicher Erfüllungsort ist der Ort, an dem der Schuldner seinen Wohn- oder Gewerbesitz hat.
Insbesondere gilt:

- Warenschulden sind Holschulden. Der Gläubiger muss sie beim Schuldner holen, etwa den neuen Transporter beim Autohaus.
- Geldschulden sind Bringschulden. Der Schuldner muss dem Gläubiger geschuldetes Geld bringen oder auf seine Kosten überweisen.

Versendungskauf

- Ein Versendungskauf liegt vor, wenn der Warenschuldner die verkaufte Sache auf Verlangen des Gläubigers nach einem anderen Ort als dem Erfüllungsort versendet.
  - Mit Übergabe an den Spediteur oder Frachtführer, etwa Flugzeug, Bahn, Lkw oder Post, hat der Schuldner seine Verpflichtung erfüllt, der Gläubiger trägt die Kosten und die Transportgefahr. Anweisungen des Gläubigers hat der Schuldner zu befolgen.

Erfüllungszeit

Sofortiges Tätigwerden

Gesetzliche Erfüllungszeit: Fehlt eine Vereinbarung, kann der Gläubiger die Leistung sofort verlangen, der Schuldner sie sofort bewirken. Der Vertrag ist Zug um Zug, das heißt „hier Leistung – hier Geld“, zu erfüllen. Jede Vertragspartei ist sowohl Gläubiger als auch Schuldner.

Beispiel:

Der Käufer von Baumaterial ist sofort verpflichtet, es entgegenzunehmen und den Kaufpreis zu bezahlen. Der Großhändler ist verpflichtet, es sofort zu übergeben. Beim Werkvertrag ist der Fachbetrieb – wenn nicht anders vereinbart – sofort zur Leistung verpflichtet. Fehlt also eine Vereinbarung über die Erfüllungszeit, sieht das Gesetz ein sofortiges Tätigwerden vor.

Verzug

Erfüllt eine Partei ihre Pflicht nicht, kommt sie in Verzug. Das hat nachteilige Folgen für sie.

Leistungsverzug bei Schuldnerverpflichtung

Erfüllt der Schuldner seine Verpflichtung zur Leistung nicht oder nicht rechtzeitig, kommt er in Verzug.

Schuldner-verpflichtung

Verzugsvoraussetzungen

- Fälligkeit der Verpflichtung
- schuldhafte Nichterfüllung
- Mahnung oder jeweils
  - Klage, Mahnbescheid
  - Kalenderfristablauf bzw. -berechnung
  - definitive Verweigerung
  - 30 Tage nach RE-Zugang
    Beim Verbraucher ist Aufklärung erforderlich

Beispiel:

Der Fachbetrieb hat eine Maschine gekauft, die laut Vereinbarung am 01.07.2014 geliefert werden muss. Liefert der Hersteller nicht spätestens am 01.07.2014 bis 24 Uhr, ist er in Verzug. Eine Mahnung ist nicht erforderlich. Der Hersteller muss für alle Verzugsschäden ab 02.07.2014 aufkommen.

Verzugsschaden bei einer Geldforderung

Wahlweise Geltendmachung

- Pauschal ohne Nachweis, d.h. 5 Prozent bei Verbraucherbeteiligung und 9 Prozent im Übrigen über dem von der Deutschen Bundesbank bekannt gegebenen Basissatz. Bei Geschäftskunden und öffentlichen Auftraggebern kann stattdessen auch eine Pauschale von 40 EUR verlangt werden.
- Konkret mit Nachweis, d.h. tatsächlicher Schaden, etwa der Bank gezahlte Zinsen

Verzugsschaden bei anderen Forderungen

Die pauschale Geltendmachung ist nicht möglich. Hier muss ein Schaden immer konkret mit Nachweis geltend gemacht werden.

Rücktritt und sich daraus ergebender Schadensersatz

Beispiel:

Die Fachbetriebe können nach erfolgloser Fristsetzung noch einen Schritt weitergehen und neben der Geltendmachung des Verzugsschadens vom

Vertrag zurücktreten und einen dadurch entstandenen Schaden ersetzt verlangen. Sie hätten aber auch bereits nach Fälligkeit und erfolgloser Fristsetzung vom Vertrag zurücktreten und einen dadurch entstandenen Schaden ersetzt verlangen können.

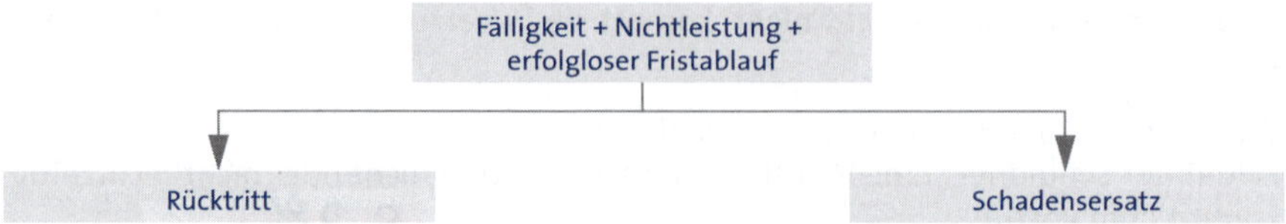

- Es ist zunächst eine angemessene Frist zu setzen. Entbehrlich ist sie bei definitiver Leistungsverweigerung des Schuldners oder wegen besonderer Umstände unter Abwägung der Parteiinteressen.
- Nur erhebliche Pflichtverletzungen berechtigen zum Rücktritt.
  - Die Parteien haben bereits empfangene Leistungen zurückzugeben. Ist dies nicht möglich, ist der jeweilige Wert zu ersetzen.

Schadensersatz

- Schadensersatz kann auch bei unerheblichen Pflichtverletzungen gefordert werden.
  - Die Schadensersatzpflicht trifft den Schuldner nur, wenn er für die Pflichtverletzung verantwortlich – Vorsatz und Fahrlässigkeit – ist. Beruft sich der Schuldner darauf, nicht verantwortlich zu sein, muss er dies im Streitfall beweisen.
  - Bleibt etwa die Lieferung des Baumaterials aus, kann der Gläubiger den dadurch entstehenden Schaden ersetzt verlangen.

Zurückbehaltungsrecht

Zurückbehaltungsrecht

Es gibt Fälle, in denen jeder Partner eines Rechtsverhältnisses vom anderen etwas fordern kann, diesem aber zugleich etwas schuldet. Besondere Beispiele hierfür sind gegenseitige Verträge wie der Kaufvertrag. Aus einem gegenseitigen Vertrag sollen grundsätzlich beide Seiten gleichzeitig leisten. Es wäre unbillig, wenn ein Vertragspartner zur Leistung gezwungen werden könnte, obgleich der andere nicht zugleich auch leistet.

Schutz gegen eine einseitige Vorleistungspflicht bietet das gesetzliche Zurückbehaltungsrecht. In einem Gerichtsprozess erfolgt die Verurteilung zur Leistung oft „Zug um Zug“ gegen Empfang der Gegenleistung.

Quittung

Quittung

Die Quittung bestätigt die Bezahlung einer Schuld. Sie ist Beweismittel für die Erfüllung. Auf Verlangen muss der Gläubiger eine schriftliche Quittung ausstellen. Die Bezahlung an den Überbringer einer Quittung befreit den Schuldner ebenso wie die Bezahlung an den Gläubiger.

Forderungsabtretung

Forderungsabtretung

Eine Forderung kann vom Gläubiger an einen anderen abgetreten werden. Dieser ist dann neuer Gläubiger des Schuldners. Der Schuldner kann vom Zeitpunkt der Kenntnis der Abtretung eine Zahlung mit befreiender Wirkung nur noch an den neuen Gläubiger leisten.

Eine Zustimmung des Schuldners zur Forderungsabtretung ist nicht erforderlich. Der Schuldner ist von der Abtretung vom alten oder neuen Gläubiger in Kenntnis zu setzen. Die dem Schuldner vom alten Gläubiger gewährte Erleichterung, z. B. eine Stundung um zwölf Monate, gilt auch gegenüber dem neuen Gläubiger.

Verjährung

Es können vielfältige Ansprüche entstehen. Solange diese nicht erfüllt sind, ist im Rechtssinn der Rechtsfriede gestört.

> Das Institut der Verjährung gibt dem Schuldner ein Leistungsverweigerungsrecht. Man spricht von der Einrede der Verjährung. Zahlt aber z. B. der Käufer, ohne von der Einrede Gebrauch zu machen, kann er nichts zurückverlangen.

Die Verjährung hilft, die mit zunehmendem Zeitablauf entstehende Rechtsunsicherheit bei Durchsetzung von Ansprüchen zu vermeiden, und stellt den zwischen den Parteien gestörten Rechtsfrieden wieder her.

Systematik der Verjährungsfristen

Regelverjährung

Die Regelverjährung beträgt grundsätzlich für alle Ansprüche, wie z. B. Kaufpreis-, Vergütungs- oder Mietzinsansprüche, drei Jahre. Wichtige Ausnahmen davon sind Mängelansprüche des Kauf- und Werkvertragsrechts. Bei Ansprüchen auf Herausgabe von Eigentum oder aus rechtskräftig festgestellten Ansprüchen tritt die Verjährung erst nach 30 Jahren ein.

Beginn und Ende der Regelverjährung

> Sie beginnt am Ende des Jahres der Anspruchsfälligkeit und Kenntnis oder grob fahrlässiger Unkenntnis der Person des Schuldners und der den Anspruch begründenden Umstände. Sie endet nach drei Jahren.

Beispiel:

Der Kunde erhält seinen Gegenstand am 15.07.2014 repariert zurück. Die Verjährung der Werklohnforderung beginnt am 31.12.2014 um 24.00 Uhr und endet drei Jahre später am 31.12.2017 um 24.00 Uhr.

> Die Verjährungsfristen können grundsätzlich durch Vertrag verkürzt oder verlängert werden.

Eine Forderung erlischt nicht mit Ablauf der Verjährungsfrist. Der Schuldner erhält lediglich das Recht, die Erfüllung der Forderung zu verweigern.

Neubeginn und Hemmung der Verjährung

Wie kann der Gläubiger die für ihn negativen Folgen der Verjährung verhindern?

> Neubeginn der Verjährung bedeutet Abbruch der noch laufenden Verjährungsfrist und sofortiger Neubeginn der ursprünglichen Verjährungsfrist mit dem Abbruchzeitpunkt.

> Hemmung der Verjährung hat zur Folge, dass der Zeitraum der Hemmung, z. B. einer Stundung, in den Lauf der Verjährungsfrist nicht eingerechnet, sondern hinten angehängt wird.

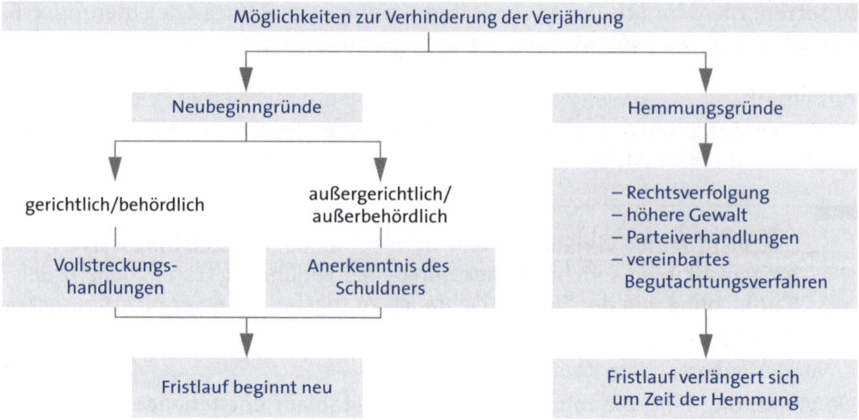

Beispiel:

Am 23.12.2014 erkennt der Kunde des Betriebs den am 31.12.2014 verjährenden Vergütungsanspruch aus dem Jahr 2011 schriftlich an, um die Einleitung eines gerichtlichen Mahnverfahrens gegen ihn zu verhindern. Nun verjährt der Anspruch erst am 23.12.2017.

8.3.2 Kaufvertrag

a) Allgemeines zum Kaufvertrag

Übertragung eines Gegenstandes

> Parteien: Die Parteien des Kaufvertrages heißen Verkäufer und Käufer.
> Ziel: Ziel des Kaufvertrages ist die Übertragung eines Gegenstandes gegen Geld. In erster Linie werden bewegliche und unbewegliche Sachen, wie Transporter und Grundstücke, übertragen. Es können aber auch Sachgesamtheiten, wie ein Betrieb, und Rechte, wie die Nutzungsmöglichkeit einer Kartografie für den Internetauftritt, sein.
> Inhalt: Der Inhalt des Vertrages sollte so klar wie möglich geregelt sein, z. B. Gegenstand und Kaufpreis sowie Erfüllungsort und -zeit. Dadurch lassen sich Differenzen zwischen den Parteien bei Abwicklung des Kaufvertrages vermeiden.
> Form: Das Gesetz schreibt nur in besonderen Fällen eine bestimmte Form vor.

b) Die Pflichten der Parteien beim Kaufvertrag

Mangelfreie Übergabe

Der Verkäufer ist verpflichtet, dem Käufer den Gegenstand mangelfrei zu übergeben und zu übereignen. Der Käufer ist demgegenüber verpflichtet, den Gegenstand abzunehmen und zu bezahlen. Die Gegenseitigkeit des Kaufvertrages bewirkt, dass beide Parteien gleichzeitig jeweils Schuldner und Gläubiger sind.

Einzelheiten zu den Erfüllungspflichten des Verkäufers

> Der Käufer wird Eigentümer erst mit Übergabe und Einigung über den Eigentumsübergang.
> Mit der Übergabe geht die Gefahr zufälligen Untergangs und zufälliger Verschlechterung auf den Käufer über und entbindet ihn nicht von der Pflicht zur Kaufpreiszahlung.

Für die Übereignung gilt: Übereignung

- Die Übereignung erfolgt in der Weise, dass die im Eigentum des Verkäufers befindliche Sache in das Eigentum des Käufers übergeht.
- Ausnahmsweise kann der Käufer gutgläubig Eigentum erwerben, wenn der Verkäufer nicht Eigentümer der Sache ist. Der Verkäufer muss die Sache aber mit Willen des tatsächlichen Eigentümers erlangt haben. Das ist beispielsweise bei einer verliehenen, nicht aber gestohlenen, Baumaschine der Fall.

Einzelheiten zu den Erfüllungspflichten des Käufers

- Der Käufer muss den Kaufpreis Zug um Zug gegen Übergabe der Sache bezahlen. Zug um Zug
- Der Käufer ist verpflichtet, die Sache abzunehmen.

Haftung des Verkäufers für Sach- und Rechtsmängel

Der Verkäufer haftet dem Käufer auch dafür, dass die Sache beim Gefahrübergang mangelfrei ist.

- Ein Sachmangel liegt vor, wenn die Sache Sachmangel
  - nicht die vereinbarte Beschaffenheit hat oder
  - sich für die vertraglich vorausgesetzte Verwendung nicht eignet oder
  - sich für die gewöhnliche Verwendung nicht eignet oder
  - nicht die übliche oder nach Art der Sache vom Käufer zu erwartende Beschaffenheit hat.

Beispiel:

Die vom Fachbetrieb angefertigten Waren entsprechen nicht den vorgenommenen Ausmessungen. Beim Altbau, der als komplett modernisiert und repariert verkauft wird, versagt die Haustechnik altersbedingt.

- Ein Rechtsmangel liegt vor, wenn ein Dritter Rechte in Bezug auf die Sache geltend machen kann. Die Ausführungen über Sachmängel gelten im Wesentlichen auch für Rechtsmängel. Rechtsmangel

Zu den Eigenschaften der gewöhnlichen Verwendung zählen grundsätzlich auch öffentliche Äußerungen des Verkäufers oder des Herstellers, insbesondere in der Werbung. Aber auch mangelhafte Montageanleitungen stellen grundsätzlich einen Mangel dar.

Für die Haftung gilt: Haftung

- Der Verkäufer haftet dem Käufer grundsätzlich dafür, dass die Sache bei Gefahrübergang frei von Sach- und Rechtsmängeln ist.
- Der Verkäufer haftet aber insbesondere nicht für unsachgemäßen Gebrauch, natürlichen Verschleiß oder Dritteinwirkung.

Ebenso haftet der Verkäufer nicht, wenn der Käufer den Mangel bei Vertragsabschluss kennt oder grob fahrlässig – außer der Verkäufer täuscht arglistig oder garantiert die Beschaffenheit der Sache – nicht kennt.

Mängelansprüche des Käufers

- Nacherfüllung, d.h. nach Wahl des Käufers Mangelbeseitigung oder Neulieferung
- Rücktritt oder Minderung nur im Ausnahmefall, insbesondere bei Fehlschlagen der Nacherfüllung, Unverhältnismäßigkeit oder Verweigerung
- Schadensersatz

Einzelheiten zu den Mängelansprüchen

Beispiel:

Herr Mayr kauft einen Mittelklassewagen für 35.000,00 Euro und im Kaufhaus einen Rasierapparat für 100,00 Euro. Ein verhältnismäßig kleiner Mangel, etwa am Außenspiegel, wird sein Wahlrecht zwischen Neulieferung oder Mangelbeseitigung eher einschränken als ein verhältnismäßig großer Mangel, etwa die Nichtfunktion des Rasierapparat-Akkus. In beiden Fällen aber ist Rücktritt oder Minderung nicht ohne Weiteres möglich.

Nacherfüllung

> Nacherfüllung
- Der Käufer kann innerhalb angemessener Frist Nacherfüllung verlangen.
- Der Verkäufer kann die vom Käufer gewählte Form der Nacherfüllung insbesondere verweigern, wenn sie unverhältnismäßige Kosten verursacht.
- Ist die Nacherfüllung fehlgeschlagen (grundsätzlich nach zwei erfolglosen Versuchen der Nacherfüllung), wird sie verweigert (Fristablauf) oder verursachen beide Formen der Nacherfüllung unverhältnismäßige Kosten, kann der Käufer zurücktreten oder mindern.

Rücktritt

> Rücktritt
- Eine Fristsetzung ist insbesondere entbehrlich, wenn der Verkäufer die Leistung ernsthaft und endgültig verweigert.

> Minderung
- Anstatt des Rücktritts kann der Käufer den Kaufpreis mindern. Der Kaufpreis ist in der Regel um den wirtschaftlichen Wert der Beeinträchtigung herabzusetzen.

Schadensersatz

> Schadensersatz wegen Mängel
- Voraussetzung ist neben einem Schaden, dass der Verkäufer für eine Pflichtverletzung verantwortlich ist. Der Anspruch umfasst alle Schäden am Gegenstand selbst, aber auch alle Folgeschäden. Zusätzlich muss der Käufer dem Verkäufer vorher grundsätzlich erfolglos eine angemessene Frist zur Nacherfüllung eingeräumt haben.

Die zum Zweck der Nacherfüllung erforderlichen Aufwendungen, wie etwa Transport- und Arbeitskosten, trägt der Verkäufer. Die Einschränkung von Mängelansprüchen ist zwar grundsätzlich zulässig, es gibt aber wichtige Ausnahmen dazu, beispielsweise gegenüber Verbraucherkunden.

Verjährung der Mängelansprüche

Die Verjährungsfrist für Mängelansprüche weicht erheblich von der Regelverjährungsfrist ab, sowohl hinsichtlich der Dauer als auch des Beginns.

Bauwerke sind in erster Linie Neubauten sowie Renovierungs- und Umbauarbeiten daran. Von Bauteilen spricht man bei Sachen, die fest mit Bauwerken verbunden werden und deren Mangelhaftigkeit verursacht haben.

Produkthaftung

Produkthaftungsgesetz

Zwischen Produkthersteller und Kunde am Ende der Leistungskette bestehen in der Regel keine unmittelbaren vertraglichen Beziehungen. Daher scheiden für Schäden aufgrund Fehlerhaftigkeit des Produkts, wie insbesondere Konstruktions-, Fabrikations- oder auch Instruktions- und Produktbeobachtungsfehler, zwar Mängelhaftungsansprüche aus. Hier hilft aber das Produkthaftungsgesetz. Danach haftet der Hersteller grundsätzlich verschuldensunabhängig für alle durch ein fehlerhaftes Produkt verursachten Körper- und Sachschäden. Auf Vorsatz oder Fahrlässigkeit kommt es nicht an.

Beispiel:

Bremsenausfall beim Mittelklassewagen mit Unfall, Krankenhaus, Rehaklinik und Verschrottung. Neuer Wagen kann im Rahmen der Nacherfüllung zwar vom Autohaus verlangt werden, ohne dass es auf dessen Verantwortlichkeit – Vorsatz oder Fahrlässigkeit – ankommt. Schadensersatz aber nicht. Hier wird das Autohaus belegen können, dass weder Vorsatz noch Fahrlässigkeit vorliegt. Der Hersteller hingegen muss nach den Vorgaben des Produkthaftungsgesetzes für die Schäden haften.

Verjährung

Sachschäden sind anders als Körperschäden nur zu ersetzen, wenn die beschädigten Sachen für den privaten Ge- oder Verbrauch bestimmt sind, wobei der Geschädigte sie bis zu 500,00 EUR selbst zu tragen hat. Die Produkthaftung kann nicht abbedungen werden. Der Anspruch aus der Produkthaftung verjährt in drei Jahren ab Kenntnis oder Kennenmüssen der maßgeblichen Umstände. Er erlischt zehn Jahre nach Inverkehrbringen des Produkts.

c) Besondere Arten des Kaufs

Verbrauchsgüterkauf

Erfasst werden nur Kaufverträge über bewegliche Sachen zwischen einem Verkäufer, der Unternehmer ist, und einem Verbraucher.

- Vereinbarungen, die wesentliche Mängelansprüche des Käufers für neue Sachen einschränken, sind unwirksam. Lediglich für gebrauchte Sachen ist eine Abkürzung auf ein Jahr zulässig. Im Gebrauchtwagenhandel beispielsweise ist daher ein Ausschluss der Mängelansprüche zur Gänze nicht mehr möglich.

Beweislastumkehr

- Zeigt sich ein Sachmangel innerhalb von sechs Monaten seit Übergabe der Kaufsache, wird gesetzlich vermutet, dass die Sache bereits zu diesem Zeitpunkt mangelhaft war.

Beispiel:

Das Autohaus hat am 14.08.2014 einen Neuwagen an Herrn Huber als Verbraucher verkauft. Fällt nach sieben Monaten die Benzinpumpe aus, muss Herr Huber beweisen, dass es sich um einen bereits bei Übergabe vorhandenen Mangel handelt. Innerhalb der ersten sechs Monate hingegen wird das vermutet, sodass das Autohaus das Gegenteil beweisen muss.

Vorkauf

Vorkaufsrecht

Der Eigentümer eines Gegenstands räumt vertraglich dem Vorkaufsberechtigten das Recht ein, zu den gleichen Bedingungen in den Kaufvertrag einzutreten, den er mit einem Dritten abschließt. Der Berechtigte übt das Vorkaufsrecht durch Erklärung gegenüber dem Eigentümer aus. Der Kauf kommt zu den mit dem Dritten ausgehandelten Bedingungen zustande.

Beispiel:

Der Inhaber eines Betriebs, den er auf seinem Grundstück betreibt, hat 2004 seinem damals im Einzelhandel angestellten Sohn ein Vorkaufsrecht hinsichtlich seines Grundstücks eingeräumt. Nachdem es der Inhaber 2014 an Frau Müller verkauft hat, kann der zwischenzeitlich im Betrieb angestellte Sohn gegenüber seinem Vater die Ausübung des Vorkaufsrechts erklären. Entschließt er sich dazu, kommt zwischen Vater und Sohn ein Kaufvertrag unter den Bestimmungen zustande, die mit Frau Müller vereinbart wurden.

d) Besondere und vor allem bei Kaufverträgen vorkommende Vertriebsformen

Fernabsatzverträge

Bei Fernabsatzverträgen geht es in erster Linie um Verträge, die ausschließlich über Internet, Briefe, Telefon oder Fax zwischen Unternehmer und Verbraucher geschlossen werden.

Beispiel:

Die Inhaberin eines Betriebs betreibt zur Vervollständigung ihres Angebots einen Onlineshop. Dort verkauft sie Pflegemittel.

> Der Verbraucher hat in erster Linie ein Widerrufsrecht, und der Unternehmer muss eine Reihe von unabdingbaren Informationspflichten und Formvorschriften beachten. Er muss den Verbraucher beispielsweise informieren über Identität, Preis, Widerrufsrecht und wesentliche Eigenschaften der Ware. Diese Informationen müssen rechtzeitig vor der zum Vertragsschluss führenden Erklärung des Verbrauchers verständlich zur Verfügung gestellt werden.
> Die Widerrufsfrist beträgt grundsätzlich zwei Wochen, beginnt aber erst mit Erteilung der vollständigen Widerrufsinformationen.
> Der Vertrag wird bei Ausübung des Widerrufsrechts rückabgewickelt. Wertersatz für eine Überprüfung der Ware, wie beispielsweise im Laden üblich, muss der Verbraucher nicht leisten.

Verbraucherdarlehensvertrag

Es geht in erster Linie um Darlehensverträge mit Verbrauchern, wie etwa den Ratenzahlungs- und Finanzierungsleasingvertrag. Neben Verbrauchern werden aber auch Existenzgründer im Handwerk bis netto 75.000,00 EUR (Darlehensbetrag) geschützt.

> Auch hier sind umfangreiche Informations- und Formvorschriften zu erfüllen.
> Verbraucher und Existenzgründer haben ein Widerrufsrecht, das sie grundsätzlich innerhalb von zwei Wochen ausüben können. Die Frist beginnt auch hier erst mit Erfüllung aller wesentlichen Pflichten durch den Darlehensgeber.

8.3.3 Werk- und Werklieferungsvertrag

§631

a) Allgemeines

> Parteien: Die Parteien beim Werkvertrag heißen Besteller und Unternehmer.
> Zweck: Der Unternehmer wird zur Herstellung des versprochenen Werkes und der Besteller zur Entrichtung der vereinbarten Vergütung verpflichtet. Anders als etwa beim Dienstvertrag wird nicht nur eine Tätigkeit oder Leistung, sondern ein Erfolg geschuldet. Dienstvertrag
> Inhalt: Es liegt im Interesse der Parteien, den Inhalt des Vertrages so genau wie möglich zu bestimmen, z.B. Beschreibung des Werkes, Ausführungsfristen und Werklohn.
> Form: Es ist zwar keine besondere Form vorgesehen. Aus Beweisgründen ist aber Schriftform zu empfehlen.

b) Abgrenzung zwischen Werkvertrag und Kaufvertrag

Das Kaufrecht ist auch anzuwenden auf Verträge, die die Lieferung herzustellender oder zu erzeugender beweglicher Sachen zum Gegenstand haben. Man spricht vom sogenannten Werklieferungsvertrag. Nicht maßgeblich ist, ob der Unternehmer oder Besteller das Material hierfür stellt. Werklieferungsvertrag

Beispiel:

Handwerker verkaufen ihre – auf Wunsch auch nach Maß angefertigten – Waren an die Kundschaft.

Das Werkvertragsrecht hingegen erfasst im Wesentlichen

> die Herstellung und Erneuerung von Bauwerken,
> die Erbringung von Bauleistungen und
> die Wartung und Veränderung beweglicher und unbeweglicher Sachen.

Bauleistungen sind auch für den wesentlichen Bestand bedeutsame Arbeiten, z. B. Renovierungs- und Sanierungsarbeiten.

Beispiel:

Handwerker bauen, malen, installieren oder montieren auf der Baustelle für ein Gebäude. Ein anderer Handwerker repariert oder wartet einen Gegenstand.

c) Pflichten der Parteien

> Der Unternehmer ist verpflichtet, das Werk mangelfrei herzustellen.
> Der Besteller muss den vereinbarten Werklohn grundsätzlich erst bezahlen, wenn er das vertragsgemäß hergestellte Werk abgenommen hat. Die Abnahme ist eine Willenserklärung, die mündlich, schriftlich oder durch schlüssiges Verhalten erfolgen kann.

Abschlagszahlungen

Der Unternehmer ist zwar vorleistungspflichtig, sodass er grundsätzlich erst nach vollständiger Herstellung des Werkes Abnahme und Zahlung verlangen kann. Für ordnungsgemäß erbrachte Leistungen, Stoffe und Bauteile kann er aber Abschlagszahlungen verlangen, da der Besteller einen Wertzuwachs erlangt. Im Gegenzug kann der Besteller entweder Eigentum an den Stoffen oder Bauteilen oder entsprechende Sicherheit verlangen. Ist der Besteller Verbraucher und geht es etwa um die Errichtung oder den Umbau seines Hauses, hat ihm der Unternehmer mit der ersten Abschlagszahlung Sicherheit in Höhe von 5 % der Vergütung zu leisten.

Beispiel:

Der Betrieb kann bereits nach Beauftragung am 05.08.2014 für das Material eine Abschlagszahlung verlangen, danach für jeden weiteren Wertzuwachs beim Kunden. Die Schlussrechnung vom 11.09.2014 wird bei engmaschigen Abschlagszahlungen daher nur noch ein Drittel oder weniger der Gesamtvergütung ausmachen.

> Wurde keine Preisvereinbarung zwischen den Parteien getroffen, gilt die ortsübliche Vergütung als vereinbart. Bei Differenzen hilft ein Sachverständiger.

Abnahmepflicht

> Der Besteller ist zur Abnahme des vertragsgemäß hergestellten Werkes verpflichtet. Er kann die Abnahme wegen unwesentlicher Mängel nicht verweigern. Weigert sich der Besteller trotz Abnahmepflicht, gilt das Werk nach Ablauf einer vom Unternehmer gesetzten Frist als abgenommen.

- Die Abnahme hat folgende Wirkungen:
  - Die Vergütung wird fällig. Auch der Subunternehmer kann grundsätzlich für das von ihm hergestellte Werk Vergütung vom Hauptunternehmer verlangen, sobald dieser vom Besteller die Vergütung erhalten hat. Gleiches gilt grundsätzlich, wenn der Besteller das Werk abgenommen hat.
  - Die Verjährung der Mängelansprüche beginnt.
  - Der Besteller kann im Übrigen zur Behebung von Mängeln nach Abnahme einen angemessenen Vergütungsteil, in der Regel das Doppelte der Mängelbeseitigungskosten, zurückbehalten.
  - Die Beweislast für das Vorliegen von Mängeln geht auf den Besteller über.
  - Die Mängelansprüche für bekannte Mängel gehen verloren.
  - Das Verlustrisiko trägt der Besteller. Wird das Werk ohne Verschulden der Parteien beschädigt oder zerstört, hat der Besteller den Werklohn dennoch zu bezahlen.

d) Haftung des Unternehmers für Sach- und Rechtsmängel

Sachmangel

Ein Sachmangel liegt vor, wenn das Werk
- nicht die vertraglich vereinbarte Beschaffenheit hat oder
- sich nicht für die vertraglich vorausgesetzte Verwendung eignet oder
- sich nicht für die gewöhnliche oder übliche oder nach der Art des Werkes zu erwartende Verwendung eignet.

Ein anderes Werk oder eine zu geringe Menge stehen einem Sachmangel gleich.

Rechtsmangel

Ein Rechtsmangel liegt vor, wenn ein Dritter Rechte am Werk geltend machen kann, zum Beispiel Urheberrechte.

Beispiel:

Der Fachbetrieb wird mit der Verlegung von hellen Wand- und dunklen Bodenfliesen mit Mustern beauftragt. Ausgeführt werden aber dunkle Wand- und helle Bodenfliesen, die zudem mit Mustern versehen sind, die für einen anderen Betrieb als Design geschützt sind. Ein Nutzungsrecht hat der Fachbetrieb nicht.

e) Mängelansprüche

Der Besteller kann vor allem zurücktreten oder mindern, wenn die angemessene Frist zur Mangelbeseitigung erfolglos verstrichen ist. Dasselbe gilt für sein Recht zur Selbstvornahme.

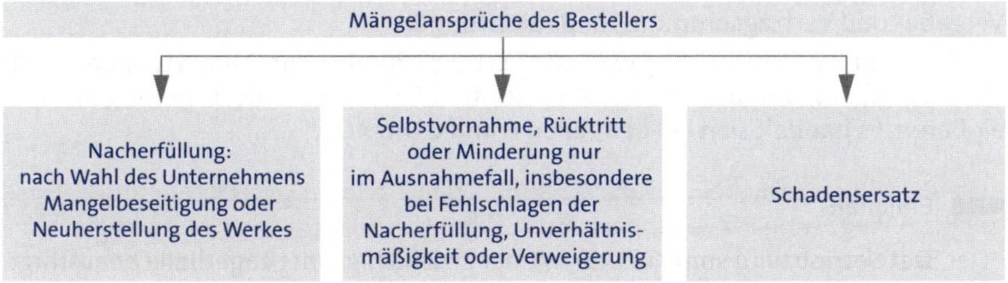

Nacherfüllung

- Nacherfüllung: Der Besteller kann verlangen, dass der Unternehmer den Mangel innerhalb einer angemessenen Frist beseitigt. Der Unternehmer hat ein Recht auf Nacherfüllung. Lässt der Besteller ohne Grund den Mangel anderweitig nacherfüllen, verliert er die Mängelansprüche. Welche Frist angemessen ist, hängt von den Umständen des Einzelfalles ab. Die Nacherfüllung kann der Unternehmer beispielsweise ablehnen, wenn sie nur mit unverhältnismäßigen Kosten möglich ist.

Selbstvornahme

- Selbstvornahme: Der Besteller kann den Mangel vor allem selbst beseitigen, wenn die dem Unternehmer gesetzte angemessene Frist zur Nacherfüllung abgelaufen ist. Sie kommt auch in Betracht bei fehlgeschlagener Nacherfüllung und Unzumutbarkeit der Nacherfüllung für den Besteller.

Beispiel:

Der Fachbetrieb arbeitet mangelhaft und bessert in der ihm beweisbar gesetzten und ausreichend bemessenen Frist nicht nach. Nun kann der Kunde den Mangel auf Kosten des Fachbetriebs selbst beseitigen oder beseitigen lassen.

Rücktritt

- Rücktritt: Behebt der Unternehmer einen erheblichen Mangel innerhalb der ihm gesetzten angemessenen Frist nicht, ist der Besteller zum Rücktritt berechtigt.

Minderung

- Minderung: Alternativ kann der Besteller die Vergütung unter den Voraussetzungen des Rücktritts angemessen mindern. Dies gilt auch bei einem unerheblichen Mangel.

Schadensersatz

- Schadensersatz: Diesen kann der Besteller auch neben Rücktritt oder Minderung verlangen, wenn der Unternehmer den Mangel durch Vorsatz oder Fahrlässigkeit zu vertreten hat. Auf ein Vertretenmüssen (Verschulden) kommt es hingegen für Ansprüche auf Nacherfüllung sowie Selbstvornahme-, Rücktritts- und Minderungsrechte nicht an.

f) Verjährung der Mängelansprüche

Vergabe- und Vertragsordnung für Bauleistungen

Die Parteien können die Vergabe- und Vertragsordnung für Bauleistungen – VOB mit drei Teilen A Vergabe-, B Ausführungs- und C technische Bestimmungen – vereinbaren. Es handelt sich bei den Teilen B und C um AGB.

Beispiel:

Der Betrieb wird vom Kunden mit der Errichtung einer Lagerhalle beauftragt. Da die VOB Teil B nicht vereinbart wird, gilt sie auch nicht. Im Gegensatz zum BGB als Gesetz muss sie als AGB gesondert vereinbart werden, was zwischen zwei Gewerbetreibenden ohne weiteren Aufwand möglich ist.

Für Handwerksbetriebe bietet die VOB vor allem folgende Vor-, aber auch Nachteile: VOB

- > Die Verjährungsfrist bei Bauleistungen beträgt grundsätzlich nur vier Jahre.
- > Die fertiggestellte Bauleistung gilt 12 Werktage nach schriftlicher Mitteilung an den Besteller oder sechs Werktage nach Beginn der Benutzung als abgenommen, wenn nichts anderes vereinbart ist.
- > Der Schlusszahlungsanspruch ist erst 30 Tage nach Rechnungszugang fällig.
- > Der Abschlagszahlungsanspruch ist erst 21 Tage nach Zugang der Aufstellung fällig.

Kostenvoranschlag

Will der Kunde wissen, welche Kosten auf ihn zukommen, erstellt der Unternehmer häufig eine Berechnung der voraussichtlich entstehenden Kosten. Nach der jeweiligen Verbindlichkeit lassen sich zwei Typen unterscheiden mit unterschiedlicher Auswirkung auf den Werklohn und die Vertragsabwicklung, der unverbindliche und der verbindliche Kostenvoranschlag.

Unverbindlicher Kostenvoranschlag

- > Der unverbindliche Kostenvoranschlag enthält Worte wie „circa, etwa, ungefähr, unverbindlich“. Die Rechtsprechung lässt hier ohne Mitteilung an den Besteller eine Kostenüberschreitung von 10 bis 20 % zu. Eine erhebliche Kostenüberschreitung ist dem Besteller rechtzeitig mitzuteilen. Dieser kann dann wählen, entweder Weiterarbeit und Bezahlung der Mehrkosten oder Kündigung und Abrechnung der bisher geleisteten Arbeit.
- > Unterlässt der Unternehmer, was in der Praxis häufig ist, die rechtzeitige Mitteilung der Mehrkosten, ist er dem Besteller zum Schadensersatz verpflichtet. Er hat den Besteller so zu stellen, wie er bei rechtzeitiger Anzeige und darauffolgender Kündigung stehen würde.

Verbindlicher Kostenvoranschlag

- > Legen die Parteien den verbindlichen Kostenvoranschlag der Preisgestaltung des Werkvertrages zugrunde, sind Mehrforderungen ohne Einwilligung des Bestellers ausgeschlossen.
- > Die Erstellung eines Kostenvoranschlages ist im Zweifel kostenfrei.
- > Nachträgliche, zusätzliche Aufträge können auch beim verbindlichen Kostenvoranschlag gesondert abgerechnet werden.

g) Kündigung durch den Besteller

Der Werkvertrag kann vom Besteller jederzeit gekündigt werden. Er muss dann aber grundsätzlich die gesamte vereinbarte oder übliche Vergütung bezahlen. Abzuziehen ist hiervon allerdings,

- > was der Unternehmer an Material und Löhnen erspart und
- > was der Unternehmer durch anderweitige Verwendung seiner Arbeitskraft erwirbt oder zu erwerben böswillig unterlässt.

Es wird vermutet, dass dem Unternehmer für seine nicht erbrachten Leistungen 5 % der darauf entfallenden Vergütung zustehen.

h) Vergütungssicherung

Der Unternehmer hat ein besonderes Bedürfnis, seine Werklohnforderung abzusichern. Vorrangig hat er folgende Sicherungsmöglichkeiten:

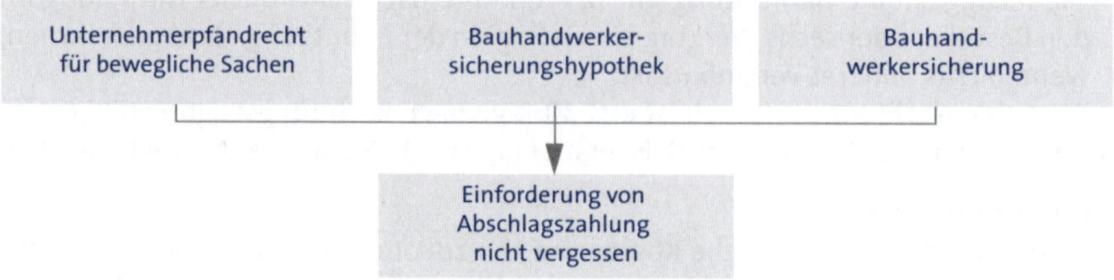

Werk-unternehmer-pfandrecht

Unternehmerpfandrecht

- Es entsteht nur an beweglichen Sachen des Bestellers, die pfändbar sind, beispielsweise keine lebensnotwendigen Sachen, wie etwa Geh-Hilfen.
- Die Sachen müssen dem Besteller gehören.
- Das Pfandrecht entsteht ohne besondere Abrede kraft Gesetzes mit Abschluss des Werkvertrages.

Zurückbehal-tungsrecht

- Der Unternehmer ist aufgrund des Pfandrechts berechtigt, die Sache bis zur Bezahlung des Werklohns zurückzubehalten.

Verwertungs-recht

- Der Unternehmer kann die Pfandsache bei Nichtzahlung durch gerichtliche Versteigerung verwerten. Voraussetzung ist die Fälligkeit seiner Forderung und die Setzung einer Zahlungsfrist unter gleichzeitiger Androhung, dass er die Pfandverwertung betreiben wird.

Beispiel:

Der Betrieb hat mangelfrei einen Gegenstand in seiner Werkstatt bearbeitet, die Rechnung gestellt und erfolglos Frist zur Abnahme gesetzt. Der Kunde zahlt nicht. Auch die Mahnung beachtet der Kunde nicht. Reagiert der Kunde auf die nun folgende Fristsetzung mit Versteigerungsandrohung nicht, kann der Handwerker den Gegenstand nach Ablauf der Frist gerichtlich versteigern lassen und aus dem Erlös seinen Werklohnanspruch decken.

Bauhandwerkersicherungshypothek:

- Sie kann nur an unbeweglichen Gegenständen entstehen, die dem Besteller gehören.
- Voraussetzung ist ein fälliger Vergütungsanspruch des Bauunternehmers.
- Sie entsteht nicht kraft Gesetzes, sondern mit – erzwingbarer – Einwilligung des Bestellers.
- Weigert sich der Besteller, die Sicherungshypothek auf seinem Grundstück eintragen zu lassen, kann der Unternehmer auf Bewilligung klagen und zur Sicherung der Rangstelle eine Vormerkung im Grundbuch eintragen lassen.

Bauhandwerkersicherung

Sicherheit

- Auch für erst noch zu erbringende Leistungen kann der Bauunternehmer vom Besteller Sicherheit verlangen. Eine wichtige Ausnahme dazu ist ein Verbraucher, der ein Einfamilienhaus herstellen oder instand setzen lässt.

> Die Sicherheit kann bis zur Höhe des voraussichtlichen Vergütungsanspruchs verlangt werden. Geleistet werden kann sie insbesondere auch durch eine Garantie eines Kreditinstituts oder -versicherers. Bei Sicherheitsleistung besteht daneben kein Anspruch auf Einräumung einer Bauhandwerkersicherungshypothek. Leistet der Besteller die Sicherheit nicht innerhalb angemessener Frist, ist der Unternehmer berechtigt, seine Leistung zu verweigern oder den Vertrag zu kündigen.

Sicherheitsleistung

Beispiel:

Der Betrieb verlangt vom Gewerbekunden nach schriftlicher Auftragserteilung vom 15.07.2014 – Beginn der Installationsarbeiten laut Vertrag am 05.08.2014 – am 16.07.2014 unter Fristsetzung bis 30.07.2014 Sicherheit in Höhe von 110% der Gesamtvergütung. Läuft die Frist erfolglos ab, kann er kündigen oder seine Leistung verweigern.

> Kündigt er, kann er die vereinbarte Vergütung verlangen abzüglich der ersparten Aufwendungen oder des durch anderweitige Verwendung seiner Arbeitskraft Erworbenen oder böswillig nicht Erworbenen. Es wird vermutet, dass ihm für seine noch nicht erbrachten Leistungen 5% der darauf entfallenden Vergütung zustehen.

8.3.4 Miet- und Pachtvertrag

a) Grundsätzliches zum Mietvertrag

> Parteien: Die Parteien des Mietvertrages heißen Vermieter und Mieter.
> Zweck: Die Miete ist ein gegenseitiger Vertrag, durch den sich der Vermieter verpflichtet, dem Mieter den Gebrauch einer Sache (beweglich und unbeweglich) für die Dauer der Mietzeit gegen Entgelt zu überlassen.
> Form: Der Mietvertrag ist grundsätzlich formfrei. Über Wohn- und Gewerberaum sowie Grundstücke mit einer Laufdauer über einem Jahr ist er schriftlich abzuschließen.

Formfreiheit

> Pflichten: Der Vermieter ist verpflichtet, die Mietsache dem Mieter in geeignetem Zustand zu überlassen und während der Mietzeit in diesem Zustand zu erhalten. Er haftet für Mietmängel nach Gewährleistungsregeln. Der Mieter ist verpflichtet, die vereinbarte Miete rechtzeitig zu bezahlen und die Mietsache pfleglich zu behandeln.

Beispiel:

Die Parteien treffen in der Regel eigene Vereinbarungen über die Mietsache. Diese haben grundsätzlich Vorrang vor den gesetzlichen Mietbestimmungen, die aber dann gelten, wenn keine Vereinbarungen getroffen werden.
Schönheitsreparaturen, z. B. Streichen der Wände, Decken, Böden und Türen trägt nach dem Gesetz der Vermieter. In der Praxis werden sie jedoch fast immer vertraglich auf den Mieter abgewälzt.

> Der Mieter darf die Mietsache nur zu dem vertragsgemäßen Gebrauch benutzen. Für jede Abweichung ist die Zustimmung des Vermieters erforderlich.

Vertragsgemäßer Gebrauch

> Eventuelle Schäden hat der Mieter alsbald dem Vermieter mitzuteilen.

> Kauf bricht nicht Miete: Ein Erwerber der Mietsache tritt in alle Verpflichtungen des bisherigen Vermieters ein.
> Mit Ablauf der Mietzeit ist die Mietsache in vertragsgemäßem Zustand zurückzugeben.

Beendigung

Mietverhältnisse können insbesondere durch Zeitablauf, ordentliche oder außerordentliche Kündigung und einvernehmliche Aufhebung beendet werden.

Vertragliche Kündigungsvereinbarungen

Vertragliche Kündigungsvereinbarungen haben grundsätzlich Vorrang vor gesetzlichen Kündigungsfristen.

Gesetzliche Kündigungsfristen

Sie gelten, wenn die Parteien vertraglich die Kündigung nicht anderweitig geregelt haben. Je nach Mietsache und Zeitraum der Mietzinszahlung sind folgende Fristen für eine ordentliche Kündigung zu beachten:

Mietobjekt	Monatsmietzins oder länger	Besonderheiten
Geschäftsräume	spätestens am dritten Werktag eines Kalendervierteljahres für den Ablauf des nächsten Kalendervierteljahres zulässig	
Wohnungen	spätestens am dritten Werktag eines Kalendermonats zum Ablauf des übernächsten Monats	für den Vermieter gilt: Verlängerung der Kündigungsfrist nach fünf und acht Jahren Mietdauer um jeweils drei Monate

Schutzvorschriften

> Die Mieter, vor allem von Geschäftsräumen, sind gesetzlich kaum geschützt. Ihnen sind vertragliche Vereinbarungen, z. B. zur Vertragsdauer, zu empfehlen.
> Für Mieter von Wohnungen gelten demgegenüber viele gesetzliche Schutzvorschriften.

> Der Vermieter hat zur Absicherung der Mietzinsforderung ein gesetzliches Pfandrecht an den eingebrachten, dem Mieter gehörenden Sachen. Weitere Voraussetzung ist, dass diese Sachen pfändbar sind.

Gesetzliches Pfandrecht

Beispiel:

Maschinen und Werkzeuge, die der Mieter zum Erwerb benötigt, sind unpfändbar. Luxusgegenstände, z. B. Bilder, Teppiche oder Silber, sind dagegen pfändbar.

b) Grundsätzliches zum Pachtvertrag

- Parteien: Die Parteien des Pachtvertrages heißen Verpächter und Pächter.
- Zweck: Durch den Pachtvertrag wird der Verpächter verpflichtet, dem Pächter gegen Zahlung des Pachtzinses den Gebrauch und die Nutzung des gepachteten Gegenstandes während der Pachtzeit zu gewähren.
- Form: Der Pachtvertrag ist grundsätzlich formfrei. Pachtverträge über Grundstücke mit längerer Laufzeit als ein Jahr sind schriftlich abzuschließen.
- Pflichten: Der Verpächter ist verpflichtet, das Pachtobjekt zum Gebrauch und zur Nutzung zu überlassen und zu erhalten. Der Pächter ist verpflichtet, den vereinbarten Pachtzins rechtzeitig zu bezahlen und das Pachtobjekt pfleglich zu behandeln.

Pflichten

Besonderheiten des Pachtvertrages gegenüber dem Mietvertrag

- Die gesetzliche Kündigung von Grundstücken und Räumen ist, wenn nichts anderes vereinbart ist, nur für den Schluss eines Pachtjahres zulässig. Die Kündigung muss spätestens am dritten Werktag des Halbjahres erklärt werden, mit dessen Ablauf die Pacht endet.
- Wird ein Grundstück mit Inventar verpachtet, muss der Pächter für die Erhaltung der Pachtstücke sorgen. Der Verpächter muss Pachtstücke ersetzen, die ohne Verschulden des Pächters unbrauchbar werden.

Kündigung

8.3.5 Bürgschaft

Die Bürgschaft ist ein Vertrag, durch den sich der Bürge gegenüber dem Gläubiger verpflichtet, für die Erfüllung der Verbindlichkeit des Schuldners einzustehen.

Beispiel:

Der Betrieb kauft eine Maschine beim Händler, die er nicht sofort bezahlen möchte. Der Händler fordert eine Sicherheit. Der Betrieb veranlasst seine Bank, für die Bezahlung der Maschine zu bürgen. Der Betrieb ist Schuldner, der Händler Gläubiger, und die Bank ist Bürge.

Das Bürgschaftsverhältnis beim Kaufvertrag

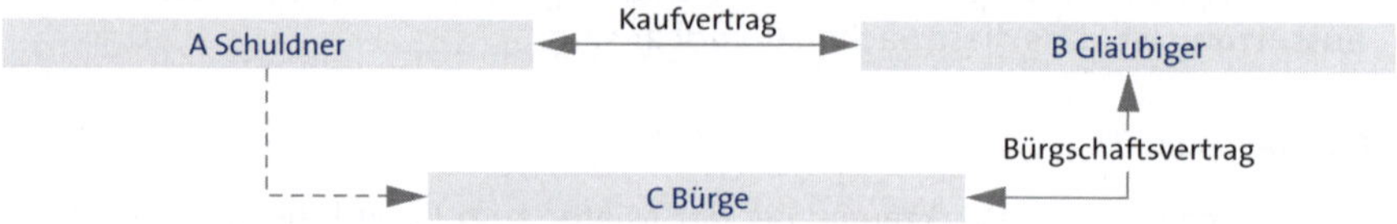

Form der Bürgschaftserklärung, Pflichten des Bürgen, besondere Arten der Bürgschaft

> Form: Zur Gültigkeit des Bürgschaftsvertrages ist die schriftliche Erteilung der Bürgschaftserklärung gegenüber dem Gläubiger erforderlich.
> Pflichten des Bürgen: Erfüllt der Schuldner seine Verbindlichkeit gegenüber dem Gläubiger nicht, muss der Bürge zahlen. Er kann allerdings alle dem Schuldner gegen die Forderung zustehenden Einreden, z.B. Verjährung oder Stundung, geltend machen.

Beispiel:

Der Händler stundet dem Betrieb die Fälligkeit der Zahlung um sechs Monate. Dann kann sich auch die bürgende Bank darauf berufen und muss erst sechs Monate später leisten.

Einrede der Vorausklage

Insbesondere kann der Bürge die Befriedigung des Gläubigers verweigern, solange nicht der Gläubiger die Zwangsvollstreckung gegen den Schuldner ohne Erfolg versucht hat, also Einrede der Vorausklage. Sie ist jedoch ausgeschlossen, wenn beispielsweise der Bürge vertraglich eine selbstschuldnerische Bürgschaft übernommen hat.

Selbstschuldnerische Bürgschaft

> Arten: Die selbstschuldnerische Bürgschaft entsteht, wenn der Bürge vertraglich auf die Einrede der Vorausklage verzichtet.
> Für die Höhe der Verpflichtung des Bürgen ist der Bestand der Verbindlichkeit des Schuldners maßgeblich.
> Die Bürgschaft erlischt mit der Verbindlichkeit des Schuldners, z.B. durch Erfüllung, Aufrechnung oder Erlass.
> Der Bürge kann dem Gläubiger alle Einreden entgegenhalten, die der Schuldner hat, z.B. die Einrede der Verjährung.
> Befriedigt der Bürge den Gläubiger, geht die Forderung des Gläubigers gegen den Schuldner auf den Bürgen über. Der Schuldner haftet jetzt dem Bürgen.

8.4 Sachenrecht (Besitz, Eigentum, Sicherungsrechte)

8.4.1 Allgemeines

Sachen

Im Sachenrecht gelten strenge gesetzliche Regelungen. Sachen sind z.B. Maschinen, Grundstücke, Häuser, Geld oder Baumaterialien. Wichtige Begriffe im Sachenrecht sind Besitz, Eigentum, bewegliche und unbewegliche Sachen, Grundbuch und Grundpfandrechte. Sie haben insbesondere für die Absicherung von Forderungen grundlegende Bedeutung.

Beispiel:

Die Bank lässt sich vor Ausreichung eines Darlehens an den Betrieb zur Betriebserweiterung Sicherheiten stellen. Für die Bank und letztlich den Betrieb ist nun wichtig, dass Sicherheiten gestellt werden können. Das ist etwa nicht der Fall, wenn der Betrieb nur noch Besitzer seines Maschinen- und Fuhrparks ist, weil er bereits zur Absicherung eines anderen Darlehens das Eigentum daran zur Sicherheit an eine andere Bank übereignet hat.

8.4.2 Besitz und Eigentum

Umgangssprachlich wird meist nicht zwischen Besitz und Eigentum unterschieden. Man spricht vom Hausbesitzer und meint den Eigentümer. Besitz ist die tatsächliche Herrschaft einer Person über eine Sache, das kann auch der Dieb sein. Eigentum ist das umfassende Recht einer Person an einer Sache. Eigentum kann ein Dieb grundsätzlich nicht erlangen. Dem Eigentümer gehört die Sache rechtlich, der Besitzer hat nur die tatsächliche Gewalt über die Sache.

Recht an einer Sache

Beispiel:

Besitzer des Grundstücks mit Werkstatt ist der Pächter, Eigentümer der Verpächter.

8.4.3 Bewegliche und unbewegliche Sachen

Bewegliche Sachen sind z. B. Autos oder Maschinen, nicht hingegen Grundstücke oder wesentliche Bestandteile davon, etwa das sich darauf befindliche Werkstattgebäude. Die Unzahl von beweglichen Sachen erlaubt nur eine negative Abgrenzung. Vereinfacht ausgedrückt sind es Sachen, die bewegt werden können.
Unbewegliche Sachen sind insbesondere Grundstücke und Bauten (Immobilien) und deren wesentliche Bestandteile.

Immobilien

a) Übertragung von Besitz und Eigentum an beweglichen und unbeweglichen Sachen

> Besitz wird sowohl bei beweglichen als auch unbeweglichen Sachen übertragen durch Verschaffung der tatsächlichen Gewalt über die Sache, etwa die Schlüsselübergabe für das auf dem Hof des Autohauses stehende Auto.

Besitz

> Eigentum an einer beweglichen Sache wird übertragen durch Einigung der Parteien und Übergabe. Die Einigung kann mündlich, schriftlich oder durch schlüssiges Verhalten erfolgen.

Eigentum an einer unbeweglichen Sache hingegen wird in einem gestreckten Verfahren übertragen, Einigung vor dem Notar – Auflassung – und Eintragung im Grundbuch. Erst nach Durchlaufen dieses gestreckten Verfahrens erfolgt die Eigentumsübertragung.

b) Grundbuch

Grundbuchblatt

Das Grundbuch gibt verbindlich Auskunft über die Rechtsverhältnisse an einem Grundstück. Jedes Grundstück wird gesondert durch ein Grundbuchblatt im Grundbuch des Amtsgerichts geführt, in dessen Bezirk das Grundstück gelegen ist. Jedes Grundbuchblatt hat drei sogenannte Abteilungen, die die wesentlichen Informationen über Eigentumsverhältnisse und Belastungen enthalten.

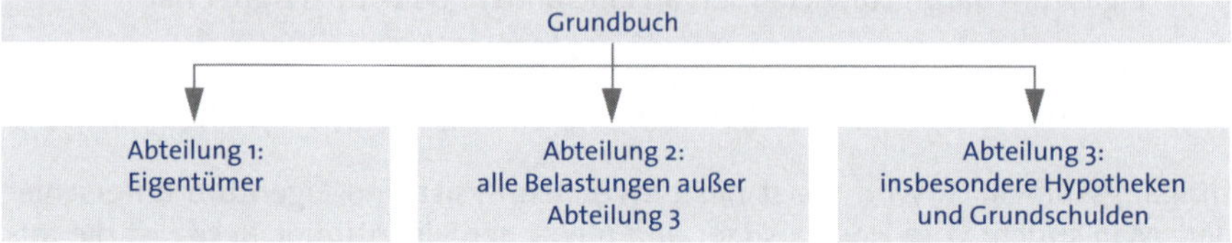

c) Nießbrauch

Der Eigentümer von beweglichen und unbeweglichen Sachen, Rechten und Vermögen kann einem anderen – Nießbraucher – die Nutzziehung aus diesen Gegenständen ganz oder zum Teil einräumen. Der Nießbrauch ist grundsätzlich nicht übertragbar und nicht vererbbar.

Beispiel:

Der Inhaber eines Betriebs überträgt das Eigentum an seiner Wohnanlage auf seine den Betrieb übernehmende Tochter. Sie hat als Eigentümerin nun die erforderlichen Sicherheiten zur Finanzierung eines erforderlichen Darlehens. Die Einkünfte aus der vermieteten Wohnanlage sollen aber den Lebensunterhalt des Seniors decken. Zu seinen Gunsten wird daher ein Nießbrauchsrecht im Grundbuch eingetragen. Damit ist er bis zu seinem Lebensende abgesichert. Sobald er verstirbt, erlischt der Nießbrauch.

d) Sicherungsrechte

Sicherung von Forderungen

Auch der Handwerksbetrieb schließt unablässig Rechtsgeschäfte der verschiedensten Art. Daraus ergeben sich für ihn Rechte und Verpflichtungen. Bei deren Abwicklung wird eine höchstmögliche persönliche Sicherheit für ihn und seine Vertragspartner angestrebt. Er hat es in der Hand, rechtzeitig durch geeignete vertragliche Vereinbarungen vorzusorgen.

Beispiel:

Der Betrieb tritt bei der Errichtung des Rohbaus für den Kunden mit erheblichen Kosten in Vorleistung. Ohne das vereinbaren zu müssen, gibt ihm das Gesetz beispielsweise einen Anspruch auf Abschlagszahlungen oder die Stellung einer Bauhandwerkersicherung. Die Bank hingegen wird bei der Finanzierung der Betriebserweiterung des Betriebs auf die Stellung einer Grundschuld oder Hypothek bestehen. Eine vertragliche Vereinbarung ist dabei erforderlich.

Unterstützt wird der Betrieb dabei vom Gesetzgeber, der eine Reihe von gesetzlichen Sicherungsrechten bereitstellt. Sicherungsrechte lassen sich

Unterscheidungsmerkmale

> nach der Entstehungsform – müssen sie vertraglich vereinbart werden oder sind sie gesetzlich vorgesehen?

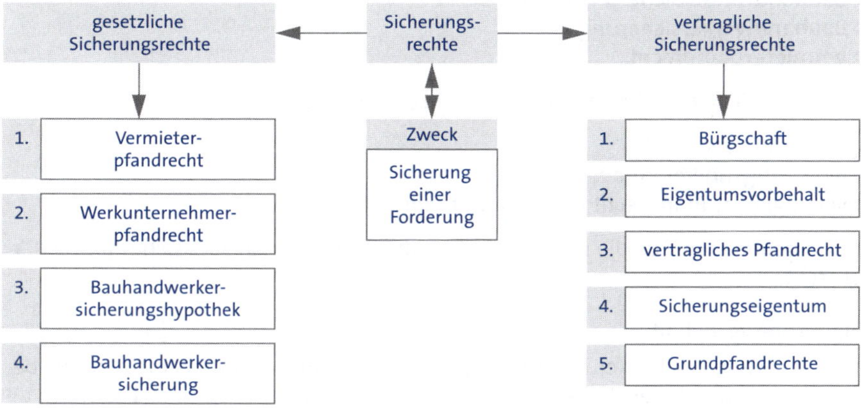

> und nach der Art der Sicherheit – Personen oder Sachen – unterscheiden.

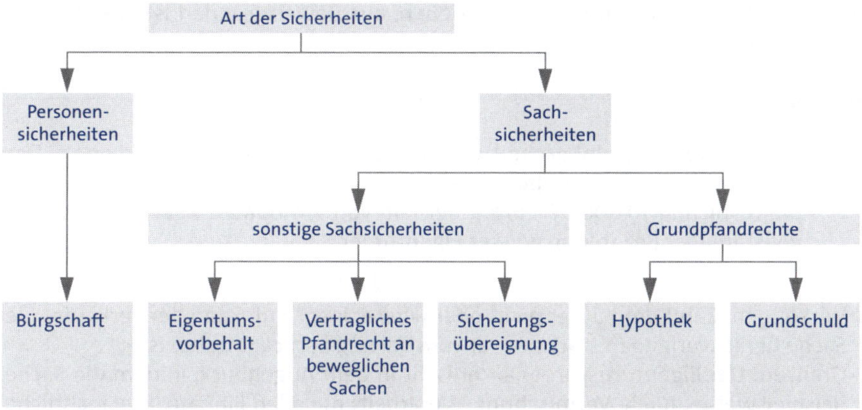

Welche Sicherheit Sinn macht, hängt vom Einzelfall ab. Unterschiedliche Gewerke werden versuchen, sich mit unterschiedlichen Sicherheiten abzusichern. Aber auch innerhalb der einzelnen Gewerke des Handwerks wird es die unterschiedlichsten Fälle geben, die nach unterschiedlichsten Sicherheiten verlangen.

Sachsicherheiten

Sachsicherheiten

Die gesetzlichen Sachsicherheiten wurden bereits beim Werkvertrag und Mietvertrag besprochen:

> Unternehmerpfandrecht
> Bauhandwerkersicherungshypothek
> Bauhandwerkersicherung
> Vermieterpfandrecht.

Die vertraglichen Sachsicherheiten sind in erster Linie

> Eigentumsvorbehalt,
> Sicherungsübereignung,
> vertragliches Pfandrecht und Grundpfandrechte.

Im Folgenden werden die Besonderheiten der vertraglichen Sachsicherheiten dargestellt.

Eigentumsvorbehalt

Eigentumsvorbehalt

> Zweck: Kann der Käufer einer beweglichen Sache den Kaufpreis nicht sofort bezahlen, wird sich der Verkäufer dadurch absichern, dass er sich das Eigentum an der Sache bis zur vollständigen Bezahlung – durch vertragliche Vereinbarung – vorbehält. Der Käufer wird zwar sofort Besitzer, kann also auch die Kaufsache nutzen, Eigentum erwirbt er aber erst mit vollständiger Kaufpreisbezahlung.
> Form: Zwar ist keine Form vorgeschrieben, aus Beweisgründen ist aber Schriftform zu empfehlen.

Beispiel:

Der Verkäufer vereinbart mit dem Kunden einen Eigentumsvorbehalt. Der Kunde überweist vor Abholung 15.000,00 Euro. Laut Vereinbarung kann er die restlichen 10.000,00 Euro innerhalb von 3 Monaten bezahlen. Erst mit vollständiger Bezahlung wird er Eigentümer.

> Wirkungen: Zahlt der Käufer nicht oder wird er insolvent, kann der Verkäufer die Sache herausverlangen, nachdem er vom Vertrag zurückgetreten ist.
> Grenzen: Der Eigentumsvorbehalt erlischt in dem Augenblick, in dem die Sache beispielsweise durch Vermischung, Verarbeitung oder Einbau ihre rechtliche Selbstständigkeit verliert.

Beispiel:

Einbau von Bauteilen in ein Haus oder Vermischen von Mehl zum Brotbacken. Der Eigentümer der Hauptsache – Haus und Brot – wird Eigentümer der Nebensachen.

Sicherungsübereignung

Sicherungsübereignung

> Zweck: Der Schuldner übergibt eine bewegliche Sache dem Gläubiger wegen dessen Forderung zur Sicherung als Eigentum. Sie vereinbaren, dass die Sache dem Schuldner wieder als Besitz ausgehändigt wird. Auf diese Weise kann der Schuldner mit der Sache arbeiten, der Gläubiger ist Eigentümer.

Beispiel:

Der Betrieb übergibt seinem Lieferanten zur Sicherheit seinen Maschinen- und Fuhrpark als Eigentum. Damit er weiter arbeiten kann, überlässt der Lieferant ihm die Gegenstände zum Besitz. Andernfalls würden die Maschinen und Fahrzeuge beim Lieferanten verrosten, und der Betrieb könnte nicht mehr arbeiten, sodass er Insolvenz anmelden müsste. Kann der Betrieb die Verbindlichkeiten gegenüber dem Lieferanten nicht mehr erfüllen, bekommt dieser beispielsweise in der Insolvenz bevorrechtigt gegenüber anderen Gläubigern den Erlös aus der Verwertung der Gegenstände.

- Form: Eine besondere Form sieht das Gesetz nicht vor; es wird aber Schriftform empfohlen.
- Wirkungen: Zahlt der Schuldner nicht, kann der Gläubiger, da er Eigentümer ist, die Sache vom Schuldner herausverlangen. In der Insolvenz des Schuldners bekommt der Gläubiger gegenüber anderen Gläubigern bevorrechtigt den Erlös aus der Verwertung.
- Grenzen: Da der Gläubiger Eigentum nur zur Sicherheit hat, darf er mit der Sache nicht nach Belieben verfahren, z. B. darf er das Eigentum nicht an einen Dritten weiter übertragen.

Vertragliches Pfandrecht an beweglichen Sachen

Vertragliches Pfandrecht

- Zweck: Eine bewegliche Sache kann einem Gläubiger zur Sicherung seiner Forderung verpfändet werden.
- Form: Eine besondere Form sieht das Gesetz nicht vor, zum Nachweis wird Schriftform empfohlen.
- Wirkungen: Die Sicherheit für den Gläubiger entsteht nur, wenn der Schuldner dem Gläubiger den Besitz übergibt – Faustpfand – und beide sich einig sind, dass das Pfandrecht dem Gläubiger zustehen soll. Die Besitzverschaffung an einer beweglichen Sache ist in den meisten Fällen aber nicht möglich, weil der Schuldner beispielsweise seine Fahrzeuge und Maschinen zur Arbeit benötigt.
- Grenzen: Braucht der Schuldner den Pfandgegenstand in seinem Betrieb, zeigen sich die Grenzen des vertraglichen Pfandrechts. Im modernen Wirtschaftsleben, insbesondere im Handwerk, hat es daher im Gegensatz zum Sicherungseigentum – hier wird das Eigentum übertragen, und der Besitz verbleibt beim Schuldner – kaum noch Bedeutung.

Grundpfandrechte

Hypothek

- Hypothek: Die Hypothek ist die Belastung eines Grundstücks in der Weise, dass zugunsten des Berechtigten – Hypothekengläubiger – eine bestimmte Geldsumme wegen der diesem zustehenden Forderung aus dem Grundstück zu zahlen ist. Es haftet also nicht eine Person, sondern das Grundstück. Die Hypothek ist die wichtigste Form des Realkredits neben der Grundschuld.

Grundschuld

- Grundschuld: Sie belastet ein Grundstück in der Weise, dass dieses für die Zahlung einer bestimmten Geldsumme haftet. Sie ist, anders als die Hypothek, rechtlich nicht zur Sicherung einer Forderung bestellt, wenngleich dies der Praxis entspricht. Die Grundschuld hat sich im Wirtschaftskreislauf als praktischer als die Hypothek herausgestellt. Sie bedeutet weniger Zeit- und Kostenaufwand.

Die Einräumung von Grundpfandrechten erfolgt nach den Regeln der Übertragung von unbeweglichen Sachen.

> Die Hypothek ist abhängig von der ihr zugrunde liegenden Forderung.
> Die Grundschuld ist unabhängig von einer eventuell zugrunde liegenden Forderung.

8.5 Gründungsrelevante Rechtsvorschriften

8.5.1 Bau-, Umweltschutz- und abfallrechtliche Vorschriften

a) Baurecht

Bei jedem Neubau, Umbau, jeder Nutzungsänderung oder bei jedem Abbruch baulicher Anlagen sind grundsätzlich die baurechtliche Genehmigungsfähigkeit, deren mögliche Beschränkung sowie ggf. zu erwartende Auflagen mit der örtlichen Baubehörde abzuklären.

Wichtige Vorgaben bauplanungs- und bauordnungsrechtlicher Art für alle genannten Vorhaben sind:

- Baugesetzbuch
- Baunutzungsverordnung
- Bauordnungen der Länder
- Bauleitpläne
- Flächennutzungspläne
- Bebauungspläne.

Bauleitplan

Nach dem Baugesetzbuch und der Baunutzungsverordnung sind für die Ordnung der städtebaulichen Entwicklung Bauleitpläne zu erstellen.

Flächennutzungsplan

Der Flächennutzungsplan, der für das gesamte Gemeindegebiet aufgestellt wird, teilt das Gemeindegebiet in unterschiedliche Nutzungsbereiche wie Verkehr, Gewerbe, Wohnen usw. auf.

Bebauungsplan

Daraus werden die Bebauungspläne entwickelt. Je nach Umfang der bauplanerischen Festlegungen unterscheidet man zwischen einfachen und qualifizierten Bebauungsplänen.
Bei der Aufstellung der Bebauungspläne ist die in der Baunutzungsverordnung vorgesehene Gliederung der Bau- bzw. Nutzungsgebiete zugrunde zu legen.
Die wichtigsten Arten der baulichen Nutzungsgebiete sind für Handwerksbetriebe:

Bauliche Nutzung als ...	Zulässige Nutzung, u. a.
Kleinsiedlungsgebiete	der Versorgung des Gebiets dienende Läden und nicht störende Handwerksbetriebe; ausnahmsweise nicht störende Gewerbebetriebe
reine Wohngebiete	ausnahmsweise Läden und nicht störende Handwerksbetriebe, die zur Deckung des täglichen Bedarfs für die Bewohner des Gebiets dienen
allgemeine Wohngebiete	die der Versorgung des Gebiets dienenden Läden sowie nicht störende Handwerksbetriebe; ausnahmsweise sonstige nicht störende Gewerbebetriebe
besondere Wohngebiete	Läden und sonstige Gewerbebetriebe, soweit diese mit der Wohnnutzung vereinbar sind
Dorfgebiete	nicht wesentlich störende Gewerbebetriebe sowie der Versorgung der Bewohner des Gebietes dienende Handwerksbetriebe
Mischgebiete	Gewerbebetriebe, die das Wohnen nicht wesentlich stören
Kerngebiete	Einzelhandelsbetriebe sowie sonstige nicht wesentlich störende Gewerbebetriebe
Gewerbegebiete	nicht erheblich belästigende Gewerbebetriebe
Industriegebiete	vorwiegend Gewerbebetriebe, die in anderen Baugebieten unzulässig sind
sonstige Sondergebiete	Einkaufszentren und großflächige Handelsbetriebe

Aus dieser Gliederung lässt sich die grundsätzliche Zulässigkeit von Handwerksbetrieben ableiten. Im Fall der Betriebsgründung sollte sich der Existenzgründer genaue Informationen über die Auslegung der Vorschriften einholen.
Die Genehmigung der Vorhaben von Handwerksbetrieben hängt darüber hinaus von der Einholung verschiedener Stellungnahmen (z. B. Gewerbeaufsichtsämter, Umweltschutzämter, Wasserwirtschaftsamt usw.) durch die Baugenehmigungsbehörde ab.

Einwendungen

Inhaber von Handwerksbetrieben haben bereits bei der Aufstellung von Flächennutzungsplänen und Bebauungsplänen die Möglichkeit, Einwendungen bei den zuständigen Behörden zu erheben, wenn ihr Betriebsgrundstück durch die Aufstellung oder Änderung eines Flächennutzungs- oder Bebauungsplans betroffen ist. Unter Umständen würden durch unterlassene Einwendungen die erforderlichen Rechtsmittel versperrt.

Bei allen beschriebenen Vorhaben (Errichtung, Änderung, Nutzungsänderung, Abbruch baulicher Anlagen) hat der Betriebsinhaber einen schriftlichen Bauantrag an die Gemeinde zu stellen. Zuständig ist die Gemeinde, in deren Gebiet das Vorhaben liegt. Dem Bauantrag sind die einschlägigen Unterlagen beizufügen, worüber die Bauplanungs- bzw. Genehmigungsbehörde Auskunft gibt.

Baugenehmigung

Nach Zustellung der Baugenehmigung sind erteilte Auflagen genau zu prüfen und, um deren für den Bauherrn eventuell nachteilige Rechtskraft zu verhindern, dagegen Rechtsmittel einzulegen.
In einzelnen Bundesländern erlauben die Bauordnungen unter bestimmten Voraussetzungen genehmigungsfreies Bauen oder vereinfachte bzw. verkürzte Genehmigungsverfahren.

b) Umweltschutzrecht – Immissionsschutz

Zur Vorbeugung und zum Schutz vor schädlichen Umwelteinwirkungen müssen Handwerksbetriebe die immissionsschutzrechtlichen Vorschriften (Bundesimmissionsschutzgesetz als zentrales bundeseinheitliches Vorschriftensystem) beachten. Von Bedeutung sind ferner die Technischen Anleitungen zum Schutz gegen Lärm und Vermeidung von Gerüchen und Luftverunreinigungen (TA Lärm, TA Luft).

In diesem Zusammenhang sind die Einwirkungen eines Betriebsgrundstücks auf die Nachbargrundstücke hinsichtlich erheblicher Nachteile oder Belästigungen zu prüfen. Darüber hinaus ist es von Bedeutung, ob erhebliche Gefahren, Belästigungen oder Nachteile für die Nachbarschaft oder die Allgemeinheit entstehen können.
Das Bundesimmissionsschutzgesetz unterscheidet grundsätzlich zwischen genehmigungsbedürftigen und nicht genehmigungsbedürftigen Anlagen.

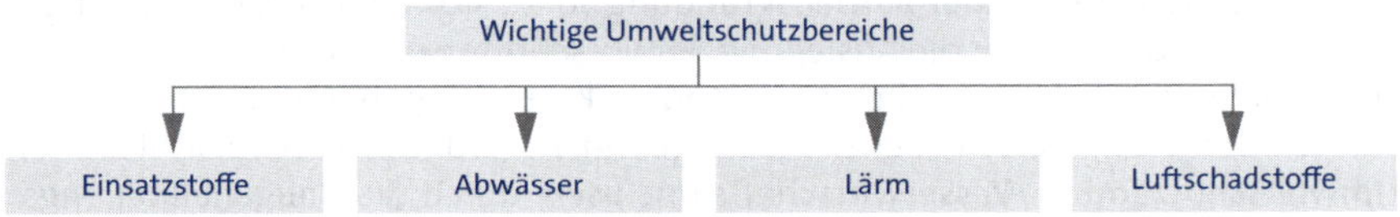

Umweltschutzbereiche

Einsatzstoffe

Die Einsatzstoffe müssen umweltverträglich sein. Bei wassergefährdenden oder brennbaren Einsatzstoffen sind sachgerechte Lagerung, Verwendung, Sicherheit und Entsorgung zu gewährleisten.

Abwasser

Im Abwasserbereich sind u. a. Grenzwerte und Einleitungsvorschriften zu beachten. Informationen sind bei der Gemeinde oder beim Landratsamt zu erhalten.

Lärm

Für den Lärmbereich gibt es je nach Gebietsart, in dem der Betrieb seinen Standort hat, Grenz- bzw. Richtwerte.

Luftbelastung

Schließlich sind hinsichtlich der Belastungen von Umgebungsluft Grenzen gesetzt, die zu beachten sind. Die Chemikalienklimaschutzverordnung regelt die Reduzierung der Emissionen, die Verwendung, die Rückgewinnung und Entsorgung fluorierter Treibhausgase sowie die Ausbildung und Zertifizierung des Personals und der Unternehmen.

Umweltschadensgesetz

Das Umweltschadensgesetz ist auf die Vermeidung von drohenden Umweltschäden und die Sanierung erfolgter Umweltschäden ausgerichtet. Tritt ein Umweltschaden ein oder besteht eine unmittelbare Gefahr, treffen den Verantwortlichen Informations-, Gefahrenabwehr- und Sanierungspflichten. Das Gesetz erhöht das Risiko für bestimmte Betriebe, für Schäden an Boden, Wasser und Natur in Anspruch genommen zu werden. Pflichten

Wichtige Ansprechpartner für den Existenzgründer sind hier die Umweltberater der Handwerkskammern. Umweltberater

> Bei Missachtung von Vorschriften oder behördlichen Anordnungen kann der Betrieb der Anlage ganz oder teilweise untersagt werden.

c) Abfallrecht

Der Betriebsinhaber hat dafür zu sorgen, dass Abfälle

- soweit wie möglich vermieden,
- stofflich verwertet und
- sachgerecht entsorgt werden.

> Von großer Bedeutung ist, dass die Betriebe nach den entsprechenden gesetzlichen Regelungen (Kreislaufwirtschafts- und Abfallgesetz) und Verordnungen für viele Bereiche vor allem der Entsorgung (z. B. Altöle, Sondermüll, Siedlungsabfall) und für eine geordnete Abfallwirtschaft (Wiederverwertung) selbst erhebliche Leistungen erbringen müssen.

Es muss deshalb geprüft werden, in welchem Umfang und in welcher Entfernung diese entsprechenden Entsorgungseinrichtungen bzw. Entsorgungsfachbetriebe zur Verfügung stehen.

Auf die Sonderregelungen zur Vermeidung und Wiederverwertung von Abfällen im Verpackungsbereich wird ergänzend hingewiesen.

Auskünfte kann der Existenzgründer beim Gewerbeabfallberater (Landratsamt) oder beim Umweltberater der Handwerkskammer erhalten. Abfallberater

8.5.2 Handwerks-, Handels- und Steuerrecht

a) Handwerksrecht

Vor der Betriebsgründung sind die handwerksrechtlichen Voraussetzungen nach der Handwerksordnung zu prüfen. Dabei unterscheidet man, ob die geplante Betriebsgründung

- in einem zulassungspflichtigen Handwerk gemäß Anlage A oder
- in einem zulassungsfreien Handwerk gemäß Anlage B, Abschnitt 1 oder
- in einem handwerksähnlichen Gewerbe nach Anlage B, Abschnitt 2

zur Handwerksordnung erfolgen soll.
Einzelheiten zur Berechtigung zum selbstständigen Betrieb eines zulassungspflichtigen Handwerks und zur Eintragung in die Handwerksrolle sowie zu Regelungen in zulassungsfreien Handwerken und handwerksähnlichen Gewerben finden sich in >> Band 1, Lernsituation 6, „Rechtsvorschriften".

b) Handelsrecht

Vor der Betriebsgründung sind in erster Linie folgende handelsrechtliche Fragen zu klären:

1. Erfordert meine selbstständige Tätigkeit einen in kaufmännischer Weise eingerichteten Geschäftsbetrieb?
2. Muss ich meinen Betrieb ins Handelsregister eintragen lassen?
3. Welche rechtlichen Folgen hat die Eintragung ins Handelsregister in Bezug auf die Kaufmannseigenschaft und das Firmenrecht?
4. Welche Formvorschriften gelten für das Eintragungsverfahren?
5. Welche Kosten entstehen bei der Eintragung ins Handelsregister?

Bei diesen Fragen sollte sich der Existenzgründer eingehend beraten lassen.
>> Weitere Einzelheiten dazu im Band 1, Abschnitt 6.2.

c) Steuerrecht

> Um die optimalen steuerlichen Voraussetzungen zu schaffen und um allen Steuerpflichten nachzukommen, sollte der Existenzgründer rechtzeitig mit einem Steuerberater zusammenarbeiten.

Sobald man eine selbstständige Tätigkeit aufnimmt, besteht die Verpflichtung, sich beim zuständigen Finanzamt steuerlich anzumelden. Dazu steht ein entsprechendes Formular zur Verfügung. Nach dessen Bearbeitung erteilt das Finanzamt eine Steuernummer sowie die Wirtschaftsidentifiktionsnummer

Wirtschafts-identifikations-nummer

Folgende Voranmeldungen bzw. Erklärungen sowie Vorauszahlungen fallen in der Regel von Beginn oder nach einer gewissen Anlaufzeit an:

Voranmeldungen

- Umsatzsteuervoranmeldungen
- Lohnsteueranmeldungen
- Umsatzsteuervorauszahlungen
- Einkommensteuervorauszahlungen – plus Solidaritätszuschlag

> Gewerbesteuervorauszahlungen
> Körperschaftsteuervorauszahlungen.

Um Nachteile zu vermeiden, ist dafür Sorge zu tragen, dass die finanziellen Mittel zu den Zahlungsterminen auch in ausreichendem Umfange verfügbar sind. Weitere Einzelheiten dazu >> siehe Lernsituation 8, Abschnitt „Steuerrecht“ !

8.5.3 Arbeitsstättenverordnung

Diese Verordnung legt fest, was der Arbeitgeber beim Einrichten und Betreiben von Arbeitsstätten in Bezug auf die Sicherheit und den Gesundheitsschutz der Beschäftigten zu beachten hat.

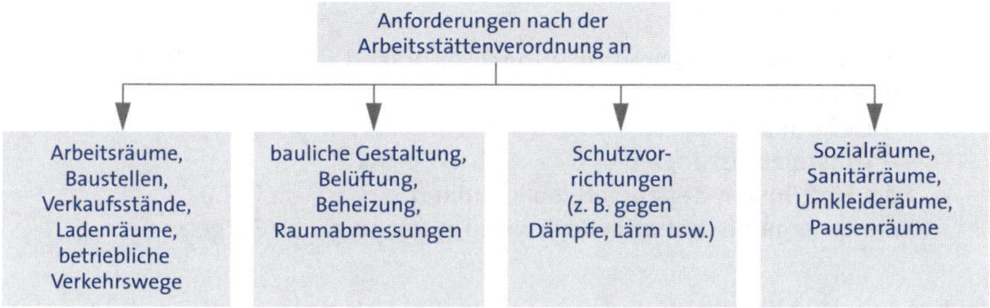

8.5.4 Arbeitssicherheit, Unfall- und Gesundheitsschutz

Hier sind insbesondere zu beachten:

> das Arbeitssicherheitsgesetz
> die Betriebssicherheitsverordnung
> die Unfallverhütungsvorschriften der für den jeweiligen Handwerkszweig zuständigen Berufsgenossenschaft
> alle Vorschriften über den Gesundheitsschutz.

8.6 Steuerrecht

8.6.1 Umsatzsteuer (Mehrwertsteuer)

a) Allgemeines zur Umsatzsteuer

In der Bundesrepublik Deutschland wird die Umsatzsteuer nach dem System der Mehrwertbesteuerung mit Vorsteuerabzug erhoben.

Steuerschuld (Traglast) ist die jeweils auf den eigenen Gesamtumsatz (Entgelt) berechnete Steuer. Davon werden anderen Unternehmern zu leistende Vorsteuerbeträge abgezogen.

Wertschöpfung

Dadurch wird nur die jeweilige Wertschöpfung – der sogenannte Mehrwert – der einzelnen Wirtschaftsstufe besteuert. Die Umsatzsteuer ist somit eine wettbewerbsneutrale Steuer, die letztlich nur den Endverbraucher belastet.

Umsatzsteuerzahllast

Der Unternehmer ist berechtigt, die ihm von seinem Vorlieferanten in Rechnung gestellten Steuerbeträge (Vorsteuer) von der seinen Kunden berechneten Umsatzsteuer in Abzug zu bringen. Die Differenz ist seine an das Finanzamt abzuführende Umsatzsteuer (Umsatzsteuerzahllast). Die Umsatzsteuer ist für den Unternehmer kein Aufwand, sondern durchlaufender Posten.

b) Steuerpflichtige Umsätze

Der Umsatzsteuer unterliegen im Wesentlichen u.a. folgende Umsätze, d.h. steuerbar sind:

- die unternehmerischen Leistungen im Inland gegen Entgelt, die sich aufgliedern in
  - Lieferungen
  - sonstige Leistungen
- die Einfuhr von Gegenständen im Inland
- der innergemeinschaftliche Erwerb im Inland gegen Entgelt.

Im handwerklichen Bereich sind es vor allem die Leistungen im Inland, die den Umsatz bestimmen. Folgende Voraussetzungen müssen für das Vorliegen einer steuerbaren Leistung gegeben sein:

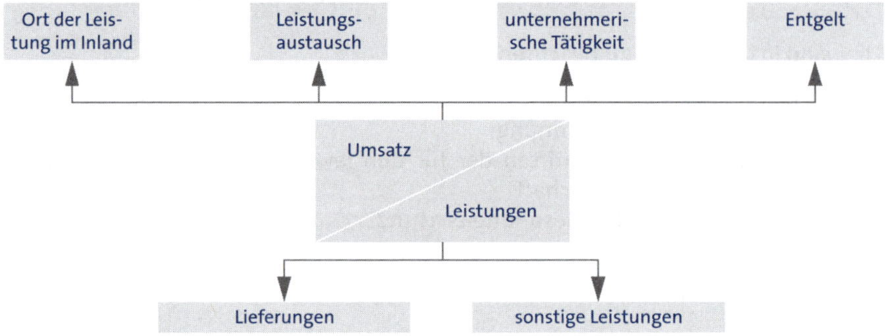

Inland

Das Inland umfasst das Hoheitsgebiet der Bundesrepublik Deutschland mit Ausnahme von Freihäfen wie Hamburg, Bremerhaven, Deggendorf, Emden und anderen.

Ort der Leistung, Verschaffung der Verfügungsmacht

Erfüllungsort

Bei Lieferungen ist normalerweise Erfüllungsort der Ort, an dem sich der Gegenstand zur Zeit der Verschaffung der Verfügungsmacht (Übergabe des Risikos am Gegenstand) befindet.

Bei sonstiger Leistung ist normalerweise Erfüllungsort der Ort, von dem aus der Unternehmer sein Unternehmen oder eine Betriebsstätte betreibt. Dies gilt jedenfalls für die Leistung an Privatpersonen.

Eine sonstige Leistung, die an einen Unternehmer für dessen Unternehmen erbracht wird, wird grundsätzlich an dem Ort ausgeführt, an dem der Empfänger sein Unternehmen / Betriebsstätte (Empfängerortprinzip) betreibt. Von dieser Regelung gibt es einige Ausnahmen. Ab 2015 soll konsequent das Bestimmungslandprinzip gelten.

Leistungsaustausch

Lieferungen und sonstige Leistungen sind nur dann umsatzsteuerbar, wenn der Leistung eine Gegenleistung gegenübersteht. Der Annahme eines Leistungsaustausches steht nicht entgegen, dass sich die Entgelterwartung nicht erfüllt, dass die Gegenleistung uneinbringlich wird oder dass sie sich nachträglich mindert. Die Leistung muss zusätzlich außerhalb des leistenden Unternehmens erfolgen, Umsätze innerhalb des Unternehmens sind zumindest im Inland nicht steuerbar.

Gegenleistung

Unternehmerische Tätigkeit

Der Umsatz muss durch einen Unternehmer im Rahmen seines Unternehmens getätigt werden. Unternehmer ist jeder, der

Einnahmeerzielung

- eine gewerbliche oder berufliche Tätigkeit
- nachhaltig und selbstständig
- mit Einnahme- (nicht Gewinn-)Erzielungsabsicht ausübt.

Steuerpflicht

Steuerpflichtig sind Umsätze, die steuerbar und nicht steuerbefreit sind.

Entgelt

Entgelt ist der Gegenwert dessen, was der Leistungsempfänger aufwendet, um die Leistung zu erhalten. Normalerweise ist nur das Entgelt zu versteuern, das für Lieferungen und sonstige Leistungen tatsächlich vereinnahmt wird. Das Entgelt muss auch nicht dem objektiven Wert der bewirkten Leistung entsprechen. Das Entgelt enthält keine Umsatzsteuer.

Lieferung

> Eine Lieferung liegt vor, wenn die Verfügungsmacht an einem Gegenstand verschafft wird.

Gegenstände sind körperliche, fertige und teilfertige Sachen, wie Kraftfahrzeuge, Maschinen, Waren und solche Wirtschaftsgüter, die im Wirtschaftsverkehr wie körperliche Sachen behandelt werden (Strom, Wärme, Wasser, Firmenwert, Kundenstamm etc.).

Einer Lieferung werden gleichgestellt:

Gleichgestellte Lieferungen

- die Entnahme eines Gegenstands durch einen Unternehmer aus seinem Unternehmen für Zwecke, die außerhalb des Unternehmens liegen.

Beispiel:

Ein Elektromeister entnimmt seinem Ladengeschäft eine Waschmaschine für seinen Privathaushalt.

> die unentgeltliche Zuwendung eines Gegenstands durch einen Unternehmer an sein Personal für dessen privaten Bedarf, sofern keine Aufmerksamkeiten des Arbeitgebers an die Arbeitnehmer gegeben werden.

Beispiel:

Sachzuwendungen (Blumen, Genussmittel, Bücher bis zu einem Wert von 40,00 EUR) sind Aufmerksamkeiten.

> jede andere unentgeltliche Zuwendung eines Gegenstands, ausgenommen Geschenke von geringem Wert und Warenmuster für Zwecke des Unternehmens.

Sonstige Leistung

Sonstige Leistungen sind Leistungen, die keine Lieferung sind. Sie können auch in einem Unterlassen oder Dulden einer Handlung oder eines Zustands bestehen.

Arbeitseinsatz

Leistungsgegenstand der sonstigen Leistung ist also meist der körperliche oder geistige Arbeitseinsatz. Die dabei zum Einsatz kommenden Materialien dürfen nicht das Wesentliche der Tätigkeit sein.

Beispiel:

Ein Malermeister, der den Auftrag zum Streichen eines Zimmers erhält, schuldet eine Arbeitsleistung; die von ihm verwendeten Materialien sind Zubehör.

Gleichgestellte sonstige Leistungen

Einer solchen Leistung gleichgestellt ist die Verwendung eines dem Unternehmen zugeordneten Gegenstands, der zum vollen oder teilweisen Vorsteuerabzug berechtigt hat, durch den Unternehmer für Zwecke, die außerhalb des Unternehmens liegen, oder der für den privaten Bedarf seines Personals genutzt wird, sofern keine Aufmerksamkeiten vorliegen.

Beispiel:

Private Nutzung einer betrieblichen Telefonanlage durch das Personal ist eine Aufmerksamkeit.

c) Soll- und Ist-Besteuerung

Fälligkeit der Umsatzsteuerschuld

Es gilt der Grundsatz, dass die Umsatzsteuerschuld mit Fertigstellung der Lieferung oder sonstigen Leistung fällig wird, gleichgültig, wann der Kunde die Rechnung bezahlt (Soll-Besteuerung).

> Eine Lieferung ist ausgeführt, wenn der Leistungsempfänger die Verfügungsmacht (das Risiko) über den zu liefernden Gegenstand erlangt hat.
> Eine sonstige Leistung ist im Zeitpunkt ihrer Vollendung ausgeführt.

Soll-Besteuerung

Aber auch bei Soll-Besteuerung sind Zahlungen durch den Kunden, die vor Ausführung der Leistung oder einer in sich abgeschlossenen Teilleistung getätigt werden (Abschlagszahlungen, Vorauszahlungen, Anzahlungen), bereits mit Ablauf des Voranmeldungszeitraums, in dem das Entgelt vereinnahmt wurde, umsatzsteuerpflichtig.

Ist-Besteuerung

Wenn der vorjährige Gesamtumsatz eines Unternehmers ohne Umsatzsteuer 500.000,00 EUR nicht übersteigt oder der Unternehmer von der Verpflichtung, Bücher zu führen und regelmäßige Abschlüsse zu erstellen, befreit ist, dann darf der Unternehmer Antrag auf Ist-Besteuerung stellen.

Hier entsteht die Steuerschuld immer erst mit Bezahlung des Entgelts für die Leistung, also der Abschlagszahlung, der Anzahlung, der Vorauszahlung, der Schlusszahlung, der Ratenzahlung.

d) Steuersätze und Steuerbefreiungen

Umsatzsteuersätze

> Der allgemeine Umsatzsteuersatz beträgt 19 %;
> der ermäßigte Umsatzsteuersatz 7 %.

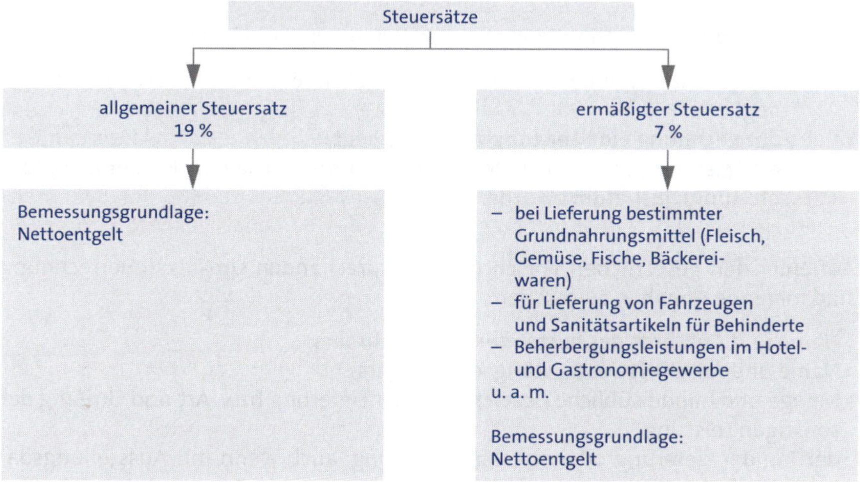

Umsatzsteuerbefreiungen

Es gibt eine Vielzahl von Leistungen, die umsatzsteuerbefreit und im Gesetz erschöpfend aufgeführt sind. Zudem gibt es auch nicht steuerbare Umsätze.

Beispiel:

Umsatzsteuerbefreit ist die ehrenamtliche Tätigkeit für juristische Personen des öffentlichen Rechts (z. B. Handwerkskammer, Kreishandwerkerschaft). Nicht steuerbar sind Mitgliedsbeiträge an die Handwerkskammer oder Innung, soweit die Beiträge der Erfüllung der satzungsgemäßen Gemeinschaftszwecke dienen. Es fehlt hier an einem Leistungsaustausch mit den einzelnen Mitgliedern.

Die Umsatzsteuerfreiheit einer innergemeinschaftlichen Lieferung wird nur dann gewährt, wenn deren Voraussetzungen erfüllt sind, insbesondere die Verbringung in einen anderen EU-Mitgliedstaat und deren Nachweis (Gelangensbestätigung).

e) Vorsteuer

Der Unternehmer ist berechtigt,

- die von einem anderen Unternehmer gesondert in Rechnung gestellte Umsatzsteuer (soweit die Leistungen für sein Unternehmen erbracht wurden),
- die entrichtete Einfuhrumsatzsteuer (soweit für sein Unternehmen eingeführt),
- die Umsatzsteuer für den innergemeinschaftlichen Erwerb von Gegenständen für sein Unternehmen (Erwerbsteuer),
- in den Fällen der Steuerschuldumkehrung („reverse-charge“ genannt) als Leistungsempfänger die geschuldete Umsatzsteuer

Steuerschuldumkehr

als Vorsteuer von seiner Umsatzsteuerschuld abzuziehen.

Die häufigste Voraussetzung für den Vorsteuerabzug ist also, dass

- eine ordnungsgemäße Rechnung mit gesondertem Vorsteuerausweis vorliegt,
- der Rechnung eine Leistung zugrunde liegt,
- die Leistung von einem anderen Unternehmer für sein Unternehmen (Zuordnung) ausgeführt wurde.

Rechnungsausstellung

Auf einer den gesetzlichen Vorschriften entsprechenden Umsatzsteuerrechnung sind folgende Angaben zu machen:

- Name und Anschrift des leistenden Unternehmers
- Name und Anschrift des Leistungsempfängers
- Menge und handelsübliche Bezeichnung der Lieferung bzw. Art und Umfang der sonstigen Leistung
- der Tag der Lieferung oder sonstigen Leistung, auch wenn mit Ausstellungsdatum identisch
- das Entgelt ohne Steuer, getrennt nach Steuersätzen und -befreiungen
- der Steuersatz und der Steuerbetrag, gesondert ausgewiesen oder Hinweis auf Steuerbefreiung
- Jeder Unternehmer, der Rechnungen mit gesondertem Umsatzsteuerausweis ausstellt, ist verpflichtet, seine Steuernummer auf der Rechnung anzugeben. Das gilt auch für Unternehmer, die die Vorsteuerpauschalierung nach Durchschnittssätzen in Anspruch nehmen. Bei Rechnungen über Kleinbeträge – sogenannte

Kassenzettelregelung – und bei Unternehmern, die den Umsatzsteuerfreibetrag in Anspruch nehmen können, ist die Angabe der Steuernummer nicht erforderlich.

- > Ausstellungsdatum
- > Rechnungsnummer (fortlaufende Nummer)
- > Steuernummer oder USt-Identifikationsnummer des leistenden Landes (und, sobald zugewiesen, die Wirtschaftsidentifikationsnummer)
- > Zeitpunkt oder Vereinnahmung des (Teil-)Entgeltes, soweit vor Ausführung der Leistung
- > im Voraus vereinbarte Entgeltminderung, sofern nicht im Entgelt berücksichtigt
- > Hinweis auf Steuerbefreiung, soweit nicht bereits beim gesonderten Steuerausweis geschehen
- > Hinweis auf Aufbewahrungspflicht bei Werklieferungen und sonstigen Leistungen in Verbindung mit Grundstücken an Nichtunternehmer
- > USt-Identifikationsnummer des Leistungsempfängers bei innergemeinschaftlichen Leistungen
- > im zutreffenden Fall die Angabe „Gutschrift"
- > im zutreffenden Fall die Angabe „Steuerschuldnerschaft des Leistungsempfängers"
- > im zutreffenden Fall die Angabe „Gebrauchtgegenstände / Sonderregelung".

Als Rechnungen gelten auch:

Elektronische Rechnung

- > eine mit genehmigter, qualifizierter Signatur nach dem Signaturgesetz versehene Abrechnung
- > eine elektronisch übermittelte Rechnung. Jeder Unternehmer kann festlegen, in welcher Weise die Echtheit der Herkunft, die Unversehrtheit des Inhalts und die Lesbarkeit der Rechnung gewährleistet werden. Bei Anwendung der bisher zulässigen Verfahren gelten die Anforderungen als gewährleistet.

Der Vorsteuerabzug ist nur bei Besitz einer den Vorschriften entsprechenden richtigen und vollständigen Rechnung möglich.

Wenn eine Rechnung inhaltlich fehlerhaft ist, können diese Fehler durch eine berichtigte Rechnung geheilt werden.

f) Ausnahmen vom gesonderten Umsatzsteuerausweis

Bei den im Gesetz erschöpfend aufgezählten Tatbeständen darf der Rechnungsbetrag brutto, also ohne gesonderten Vorsteuerausweis, ausgewiesen werden. Der Unternehmer hat trotzdem das Recht, die Vorsteuer aus dem Bruttobetrag selbst zu ermitteln. Dies kann durch Ansatz eines Umrechnungsmultiplikators erfolgen, der bei einem 19 %igen Umsatzsteuersatz 15,97 %, bei einem 7 %igen Umsatzsteuersatz 6,54 % beträgt.

Umrechnungsmultiplikator

Die im Handwerk wichtigste Ausnahmebestimmung ist die Sachbehandlung der Rechnungen über Kleinbeträge (auch Kassenzettelregelung genannt). Wenn der Rechnungsbetrag 150,00 EUR brutto (z. B. Tankquittung) nicht übersteigt, ist der

Kleinbetragsrechnungen

Unternehmer berechtigt, aus der Bruttosumme die Vorsteuer selbst herauszurechnen, wenn folgende Angaben gewährleistet sind:

Anforderungen an Rechnungen über Kleinbeträge
- Name und Anschrift des leistenden Unternehmers
- Menge und handelsübliche Bezeichnung der Lieferung oder Art und Umfang der sonstigen Leistung
- Bruttorechnungsbetrag
- Steuersatz
- Ausstellungsdatum
- Hinweis auf Steuerbefreiung
- Umsatzsteuer-Identifikationsnummer des Leistungsempfängers bei innergemeinschaftlichen Leistungen

Führt der Unternehmer eine steuerpflichtige Werklieferung oder sonstige Leistung im Zusammenhang mit einem Grundstück aus, ist er verpflichtet, innerhalb von sechs Monaten nach Ausführung der Leistung eine Rechnung auszustellen; dies gilt auch für alle Leistungen an andere Unternehmer für deren Unternehmen oder an eine juristische Person.

Umsatzsteuer-schuldumkehr

Bei Umsätzen, die unter das Grunderwerbsteuergesetz fallen, und bei Werklieferungen und sonstigen Leistungen, die der Herstellung, Instandsetzung, Instandhaltung, Änderung oder Beseitigung von Bauwerken dienen (ohne Überwachungs- und Planungsleistungen), tritt eine Umsatzsteuerschuldumkehr ein. Das Gleiche gilt bei Umsätzen aus der Reinigung von Gebäuden und Gebäudeteilen für Unternehmer, die selbst entsprechende Reinigungsleistungen erbringen, bei Umsätzen (Wertgrenze 5.000,00 EUR) aus der Lieferung von Mobilfunkgeräten und integrierten Schaltkreisen (Mikrochips), bei Lieferung von Schrott u. a. Der Leistungsempfänger (der Unternehmer sein muss) schuldet statt des leistenden Unternehmers die Steuerschuld; und zwar auch dann, wenn die Leistung für den nichtunternehmerischen Bereich bezogen wurde. Der Leistungsempfänger zieht die geschuldete Umsatzsteuer als Vorsteuer ab. Es gilt Soll-Besteuerung.

g) Vergünstigung für Kleingewerbe

Kleingewerbetreibende können zwei Vergünstigungen – nämlich die Umsatzsteuerbefreiung oder die Vorsteuerpauschale – in Anspruch nehmen.

Eine Verpflichtung hierzu besteht nicht. Sie können ihre Umsatzsteuer auch nach den allgemeinen Bestimmungen ermitteln und auf die Vergünstigung verzichten.

Inanspruchnahme der Umsatzsteuerbefreiung

- Unternehmer mit Vorjahresumsatz bis 17.500,00 EUR einschl. Umsatzsteuer bleiben umsatzsteuerfrei (Option für Besteuerung möglich).
- Voraussetzung: Im laufenden Kalenderjahr darf der Umsatz voraussichtlich 50.000,00 EUR nicht übersteigen.
- Folge: Der Unternehmer darf weder Vorsteuer aufrechnen noch Umsatzsteuer ausweisen.

Der maßgebende Umsatz ist stets nach vereinnahmten Entgelten zu ermitteln.

Inanspruchnahme von Vorsteuerpauschalen

- Unternehmer mit Vorjahresumsatz bis 61.356,00 EUR können auf Antrag die Vorsteuern mit Pauschalvorsteuersätzen geltend machen.
- Voraussetzung: Sie dürfen nicht verpflichtet sein, Bücher zu führen und Abschlüsse zu machen.
- Folge: Die Einzelerfassung der Vorsteuern entfällt; die Buchführung ist nicht aufwendig, alle Beträge werden brutto verbucht, die Vorsteuerpauschalen werden aus dem Nettoumsatz berechnet.

Pauschalvorsteuersätze

Beispiel:

Bei Bäckereien beträgt die Vorsteuerpauschale 5,4 % vom Nettoumsatz, bei Friseuren 4,5 %.

h) Voranmeldung und Zahlungsmodus

Die Umsatzsteuer ist eine Jahressteuer. Während des Jahres aber müssen Voranmeldungen getätigt und Vorauszahlungen geleistet werden, jeweils bis zum 10. des Folgemonats. Die Voranmeldungen werden grundsätzlich elektronisch übermittelt.

Vorauszahlung

Unternehmer mit einer Vorjahresumsatzsteuerschuld von mehr als 7.500,00 EUR müssen monatlich, bis 7.500,00 EUR vierteljährlich Voranmeldungen abgeben und Vorauszahlungen leisten.
Bei einer Vorjahresumsatzsteuerschuld von nicht mehr als 1.000,00 EUR kann das Finanzamt von der Verpflichtung zur Abgabe der Voranmeldungen und Entrichtung der Vorauszahlungen befreien.

Zahlungsschonfrist

Die Schonfrist für die Zahlung fälliger Steuern beträgt drei Tage. Bei Scheckzahlung gilt die Zahlung erst drei Tage nach dem Eingang des Schecks beim Finanzamt als geleistet. Es gibt dabei keine Schonfrist.

Existenzgründer

Bei Neugründung eines Unternehmens ist für das laufende und folgende Kalenderjahr die monatliche Voranmeldung und Vorauszahlung zwingend vorgeschrieben.
Für Unternehmer, die innergemeinschaftliche Warenlieferungen oder bestimmte steuerpflichtige sonstige Leistungen im übrigen Gemeinschaftsgebiet ausführen, gelten zusätzliche Regelungen.

8.6.2 Gewerbesteuer

Zur Bestreitung ihrer Aufgaben steht den Gemeinden das Aufkommen aus der Gewerbesteuer zu.

Das Finanzamt setzt zwar die Besteuerungsgrundlage (Messbetrag) im Gewerbesteuermessbescheid fest, die Gemeinden legen jedoch den Hebesatz fest und erlassen den Gewerbesteuerbescheid.

Steuerpflicht

Steuerpflichtig ist jeder stehende Gewerbebetrieb und der Reisegewerbebetrieb im Inland. Besteuerungsgrundlage ist der Gewerbeertrag. Die Gewerbesteuer tritt bei den Gewerbesteuerpflichtigen sowohl neben die Einkommensteuer als auch neben die Körperschaftsteuer.

a) Übersicht über die Grundlagen der Gewerbesteuer

Einkommensteuerlicher Gewinn (Einkünfte) aus Gewerbebetrieb zuzüglich Hinzurechnungen abzüglich Kürzungen

= berichtigter Gewerbeertrag, evtl. um Verluste gekürzt

abzurunden auf volle 100,00 EUR
abzüglich Freibetrag 24.500,00 EUR
(nur bei Einzelunternehmen und Personengesellschaften),
darauf Anwendung eines bestimmten Prozentsatzes

= Steuermessbetrag für den Gewerbeertrag

↓

Ansatz des gemeindlichen oder des gesetzlich bestimmten Hebesatzes = Gewerbesteuerschuld

Auf den einkommensteuerlichen Gewinn (Einkünfte) sind Hinzurechnungen und Kürzungen vorzunehmen, weil bei der Gewerbesteuer die objektiven Betriebsverhältnisse besteuert werden sollen.

Steuermessbetrag

Nach Abrundung des berichtigten Gewerbeertrags und Abzug des etwaigen Freibetrags wird vom Restbetrag der Steuermessbetrag mit einem Prozentsatz von 3,5 % berechnet. Bei Kapitalgesellschaften gibt es keinen Freibetrag.

Steuermessbescheid

Dieser Steuermessbetrag für den Gewerbeertrag wird vom Finanzamt ermittelt und in einem Steuermessbescheid sowohl dem Steuerpflichtigen als auch seiner Betriebssitz-Gemeinde mitgeteilt.

Ist der Steuermessbescheid fehlerhaft, dann muss er durch Rechtsmittel (Einspruch) bei der Finanzverwaltung oder bei den Finanzgerichten angefochten werden.

b) Hebesatz

Mindesthebesatz

Die Gemeinde wendet nun auf den Steuermessbetrag den Hebesatz an. Der Hebesatz ist ein durch Gemeinderatsbeschluss festgesetzter Prozentsatz, der nach oben offen ist. Der Mindesthebesatz beträgt 200 %. Das Ergebnis ist die an die Gemeinde zu zahlende Gewerbesteuer, die dem Steuerpflichtigen in einem Gewerbesteuerbescheid mitgeteilt wird. Es werden vierteljährliche Vorauszahlungen festgesetzt.

Liegt ein Fehler im Ansatz des Hebesatzes vor, dann muss der Bescheid durch Rechtsmitteleinlegung im Verwaltungsrechtsweg bei der Gemeinde durch Widerspruch angefochten werden.

Die Gewerbesteuer ist nicht mehr als Betriebsausgabe abzugsfähig.
Trotzdem ist weiterhin eine Gewerbesteuerrückstellung zu bilden. Dabei ist der volle Steuerbetrag anzusetzen, der sich ohne Berücksichtigung der Gewerbesteuer ergibt. Die Gewinnauswirkung ist jedoch außerbilanziell zu neutralisieren.

Beispiel:

Einfaches Berechnungsbeispiel:

1. **Gewerbeertrag:**

Gewinn gemäß Einkommensteuer (Einkünfte aus Gewerbebetrieb)		74.040,00 EUR
+ 25 % Dauerschuldzinsen (Hinzurechnung) (erfolgt aber wegen des Freibetrags in Höhe von 100.000,00 EUR nicht)		0,00 EUR
Gewerbeertrag:		74.040,00 EUR
abrunden auf volle 100,00 EUR		74.000,00 EUR
./. Freibetrag (nur Einzelunternehmen und Personengesellschaften)		24.500,00 EUR
ergibt		49.500,00 EUR
= Steuermessbetrag - Gewerbeertrag (vom Finanzamt ermittelt)		
49.500,00 EUR x 3,5 %	=	1.732,50 EUR

2. **Hebesatz:**

$$\frac{\text{Steuermessbetrag} \times \text{Hebesatz}}{100} = \frac{1.732{,}50 \text{ EUR} \times 400}{100}$$

zu zahlende Gewerbesteuer (von der Gemeine ermittelt) = **6.930,00 EUR**

8.6.3 Veranlagte Einkommenssteuer

a) Wesen der Einkommensteuer – Steuerpflicht

Die Einkommensteuer ist eine Personensteuer und knüpft als solche an das innerhalb eines Veranlagungszeitraums von einer Person erzielte Einkommen an.

Sozialkomponente

Durch die im Einkommensteuerrecht verankerte Sozialkomponente richtet sich die Steuerhöhe nach Familienstand, persönlichen Belastungen, Höhe des Einkommens – wie die Berücksichtigung des Existenzminimums und die progressive Steuermehrbelastung bei Besserverdienenden.

Der Einkommensteuer unterliegen die natürlichen Personen, also

- Einzelpersonen, z. B. Inhaber von Einzelfirmen, auch e. K.,
- Gesellschafter von Personengesellschaften wie OHG, KG, GbR,
- Gesellschafter einer Körperschaft wie AG und GmbH-Gesellschafter.

Rechtsgrundlagen

Die natürliche Person muss ihren Wohnsitz oder gewöhnlichen Aufenthalt in der Bundesrepublik Deutschland haben. Bei Erfüllung dieser Voraussetzungen sind diese Personen unbeschränkt einkommensteuerpflichtig.

b) Schema der Einkommensteuerermittlung

Die Einkommensteuer wird nach folgendem Schema (vereinfacht) ermittelt:

Einkünfte aus

↓

> Land- und Forstwirtschaft
> Gewerbebetrieb
> selbstständige Tätigkeit (z. B. Einkünfte der Freiberufler wie Ärzte, Steuerberater)
> nichtselbstständige Tätigkeit (Löhne und Gehälter)
> Kapitalvermögen (z. B. Zinsen, Dividenden); Abgeltungssteuer in Höhe von 25 %
> Vermietung und Verpachtung
> sonstige Einkünfte (z. B. Renten, Spekulationsgewinn).

↓

Summe der Einkünfte

↓

– Altersentlastungsbetrag
– Entlastungsbetrag für Alleinerziehende

↓

Gesamtbetrag der Einkünfte

↓

– Verlustabzug aus anderen Jahren
– Sonderausgaben
– außergewöhnliche Belastungen
– Kinderfreibeträge (Kinder bis zum 25. Lebensjahr)

↓

zu versteuerndes Einkommen

↓

hieraus tarifliche Einkommensteuer nach Splitting- oder Grundtabelle

↓

– verschiedene Steuerermäßigungen (z. B. in Höhe bis zu 1.200,00 EUR für Arbeitskosten bei Handwerkerleistungen für Renovierungs-, Erhaltungs- und Modernisierungsmaßnahmen im Privathaushalt; bis zu 4.000,00 EUR pro Jahr für haushaltsnahe Dienstleistungen und für die Inanspruchnahme von Pflege- und Betreuungsleistungen für pflegebedürftige Personen)
+ Kindergeld, soweit Freibeträge für Kinder das Einkommen mindern

↓

festzusetzende Einkommensteuer

↓

– einbehaltene Steuerbeträge (Vorauszahlungen, Lohnsteuer, einbehaltene Kapitalertragsteuern [soweit keine Abgeltungssteuer], einbehaltene und angemeldete „Bauabzugssteuer“)

↓

Einkommensteuerschuld

c) Abgeltungsteuer

Die Besteuerung privater Kapitaleinkünfte wird grundsätzlich aus der einheitlichen Besteuerung des Einkommens des Anlegers herausgelöst. Die privaten Kapitaleinkünfte werden gesondert mit einem einheitlichen Einkommensteuersatz von 25% zuzüglich Solidaritätszuschlag und ggf. Kirchensteuer belegt. Ein Sparerpauschbetrag in Höhe von 801,00 EUR kann unter Angabe der Steueridentifikationsnummer freigestellt werden.

8.6.4 Einkünfte aus Gewerbebetrieb

Die Einkünfte aus Gewerbebetrieb sind der Gewinn.

- Wenn der Gewinn 50.000,00 EUR oder der Nettoumsatz 500.000,00 EUR (im Sinne der steuerlichen Vorschriften) nicht übersteigt, darf der Gewinn als Überschuss der Betriebseinnahmen über die Betriebsausgaben (inkl. Absetzung für Abnutzung) ermittelt werden (Überschussrechnung). Diese Einnahmen-Überschussrechnung hat auf einem amtlich vorgeschriebenen Vordruck (www.elster.de) elektronisch zu erfolgen. Diese „Anlage EÜR" ist Teil der Steuererklärung. Bei Betriebseinnahmen von weniger als 17.500,00 EUR wird nicht beanstandet, wenn die Gewinnermittlung formlos beigelegt wird. Es ist ein separates Verzeichnis für alle Wirtschaftsgüter des Anlagevermögens sowie einige Wirtschaftsgüter des Umlaufvermögens laufend zu führen. Überschussrechnung
- Überschreitet der Gewinn oder der Nettoumsatz diese Grenzen oder besteht eine andere gesetzliche Verpflichtung, Bücher zu führen, dann ist der Gewinn nach dem Betriebsvermögen am Schluss des Wirtschaftsjahres abzüglich des Betriebsvermögens am Schluss des vorangegangenen Wirtschaftsjahres – zuzüglich Privatentnahmen, abzüglich Privateinlagen – zu ermitteln (Betriebsvermögensvergleich). Dann ist eine Bilanz zu erstellen. Betriebsvermögensvergleich

Das Finanzamt muss den Steuerpflichtigen grundsätzlich auf seine Buchführungspflicht für die Zukunft hinweisen.

Die Bilanzen und Gewinn- und Verlustrechnungen sind elektronisch einzureichen. Die Übermittlung der Daten hat in standardisierter Form zu erfolgen. Dies gilt auch für alle Unternehmens-Steuererklärungen sowie Einkommensteuererklärungen bei Vorliegen von Gewinneinkünften.

a) Betriebsausgaben

Alle durch den Betrieb veranlassten Aufwendungen sind grundsätzlich als Betriebsausgaben abzugsfähig.

Sie mindern den Gewinn bei den Einkünften aus Land- und Forstwirtschaft, Gewerbebetrieb und selbstständiger Arbeit. Betriebsausgaben können dabei abziehbar, nicht abziehbar und begrenzt abziehbar sein. Zu den Betriebsausgaben gehören unter anderem die Aufwendungen für Geschäftsreisen, Repräsentation, Geschenke, Ehegattenbeschäftigung, auch die wertmäßige Abnutzung der Wirtschaftsgüter. Einzelne Betriebsausgaben

Reisekosten (beruflich bedingte Auswärtstätigkeit)

Eine Geschäftsreise liegt vor, wenn der Unternehmer außerhalb seiner Wohnung und seiner ersten Tätigkeitsstätte (Werkstatt) vorübergehend für seinen Betrieb tätig wird. Abzugsfähig sind die Fahrtkosten, Übernachtungskosten in nachgewiesener Höhe, die Verpflegungskosten in Form von Pauschalen und nach Abwesenheitsdauer gestaffelt sowie die Nebenkosten wie Messeeintrittskarten, Reiseversicherungen.

Betriebliche Fahrzeuge

Bei betrieblichen Fahrzeugen, die auch privat genutzt werden, dürfen die auf die private Nutzung entfallenden Aufwendungen nicht als Betriebsausgaben abgezogen werden. Der private Nutzungswert ist grundsätzlich mit monatlich 1% des inländischen Listenpreises anzusetzen. Ein anderer Ansatz ist nur zulässig, wenn ein ordnungsgemäßer Nachweis (Fahrtenbuch) geführt wird. Die 1%-Regelung ist auf Fahrzeuge beschränkt, die nachweislich zu mehr als 50% betrieblich genutzt werden.

Repräsentationsaufwendungen

Aufwendungen für Geschäftsfreunde und Ausgaben zum Zwecke der Anknüpfung von Geschäftsverbindungen sind nur unter bestimmten Voraussetzungen als Betriebsausgabe abzugsfähig.

Geschenke

Freigrenze

Zuwendungen an Personen, die nicht Arbeitnehmer des Steuerpflichtigen sind, können pro Jahr und Empfänger bis 35,00 EUR Anschaffungs- oder Herstellungskosten als Betriebsausgaben abgesetzt werden. Übersteigen die Anschaffungs- oder Herstellungskosten eines Geschenks oder mehrerer Geschenke die 35,00-EUR-Grenze, dann entfällt der Geschenkeabzug in vollem Umfang (Freigrenze). Sie sind einzeln und getrennt aufzuzeichnen.

Bewirtung von Geschäftsfreunden

Aufwendungen für Bewirtungen dürfen nur zu 70% Gewinn mindernd angesetzt werden und müssen die betriebliche Veranlassung erkennen lassen. Es gelten strenge Formerfordernisse.

Aufzeichnungspflicht

Dies muss durch besondere Erläuterungen auf der Spesenrechnung gewährleistet sein, wie z.B. durch maschinelle Erstellung und Registrierung der Rechnung, Aufführung der Namen der Bewirteten und u.U. der Bewirtenden. Auch hier gilt die Pflicht, die Aufwendungen einzeln und getrennt von den sonstigen Betriebsausgaben aufzuzeichnen.

Ehegatten-Arbeitsverhältnisse

Es ist zulässig, den Ehegatten im Betrieb des anderen Ehegatten unter Inanspruchnahme aller steuerlichen Vorteile zu beschäftigen.

> Der an den Ehegatten gezahlte Lohn ist Betriebsausgabe und mindert damit den Gewinn.
> Die Arbeitgeberanteile zur gesetzlichen Sozialversicherung mindern ebenfalls den Gewinn.

Steuerliche Vorteile

> Auch für den Arbeitnehmer lohnsteuerfreie Zuwendungen wie Zuschüsse für die Unterbringung von nicht schulpflichtigen Kindern in Kindergärten, Fehlgeldentschädigungen, Leistungen im Rahmen der betrieblichen Gesundheitsförderung, die Überlassung typischer Berufskleidung, Fahrtkostenerstattung, Werkzeuggeld, Zuschläge für Sonntags-, Feiertags- oder Nachtarbeit sind beim Unternehmer abzugsfähige Betriebsausgaben. Auch Tantiemenzusagen sind möglich – >> siehe auch Bd. 3, Kap. 6.3.1.
> Da der Betriebsgewinn Basis für die Gewerbesteuer ist, tritt durch den Abzug der oben beispielhaft angeführten Betriebsausgaben eventuell auch eine entsprechende Gewerbesteuerersparnis ein.
> Das Gehalt (oder Teile davon) kann dem Betrieb auch als Darlehen überlassen werden.

Der Ehegatten-Arbeitsvertrag kann mündlich und schriftlich abgeschlossen werden. Es müssen folgende Kriterien erfüllt sein:

Anforderungen

- >Vorliegen eines ernsthaften Arbeitsverhältnisses, d. h. klar und eindeutig vereinbart
- >Vertragsgestaltung wie unter Fremden üblich, zivilrechtlich wirksam
- >tatsächliche Mitarbeit im Betrieb
- >Lohnzahlung zu einem festen Zeitpunkt
- >Führung eines Lohnkontos mit Festhalten von Arbeitszeit und Arbeitsstunden
- >Gesetzlicher Güterstand der Zugewinngemeinschaft oder vertraglicher Güterstand der Gütertrennung. Bei vertraglichem Güterstand der Gütergemeinschaft kann der Ehegatte nur Lohnempfänger sein, wenn der Betrieb zum Vorbehaltsgut des anderen Ehegatten gehört.

In dieser Form sind auch Arbeitsverhältnisse mit anderen Angehörigen wie Kindern, Eltern oder Enkeln möglich.

Abnutzbare Wirtschaftsgüter des Anlagevermögens

Geringwertige Wirtschaftsgüter

Bewegliche Wirtschaftsgüter des abnutzbaren Anlagevermögens, die selbstständig nutzungsfähig sind und deren Anschaffungs- oder Herstellungskosten 410,00 EUR ohne Umsatzsteuer nicht übersteigen, können im Jahr der Anschaffung sofort in voller Höhe als Betriebsaufwand verbucht werden (Sofortabschreibung); bis 150,00 EUR muss diese vorgenommen werden.

Anschaffungskosten sind alle Aufwendungen, die erforderlich sind, um ein Wirtschaftsgut betriebsbereit zu machen. Herstellungskosten liegen vor, wenn ein Wirtschaftsgut selbst hergestellt wird.

Poolabschreibung

Alternativ kann für alle Wirtschaftsgüter mit Anschaffungskosten (ohne Umsatzsteuer) über 150,00 und bis zu 1.000,00 EUR eine „Poolabschreibung“ vorgenommen werden. Es wird für jedes Wirtschaftsjahr ein gesonderter Sammelposten gebildet, der im Jahr der Bildung und den folgenden vier Wirtschaftsjahren jeweils mit 20 % aufgelöst wird. Der Pool ist nicht veränderbar. Wirtschaftsgüter, deren Wert 150,00 EUR übersteigt, sind in ein laufend zu führendes Verzeichnis aufzunehmen, es sei denn, dass diese Angaben aus der Buchführung ersichtlich sind. Die Entscheidung zwischen Sofort- und Poolabschreibung ist für alle in einem Wirtschaftsjahr angeschafften oder hergestellten Güter einheitlich auszuüben. Als Werbungskosten für Wirtschaftsgüter im Privatvermögen gilt die Grenze von 410,00 EUR plus Umsatzsteuer.

Begriff der Sacheinheit

Das Wirtschaftsgut muss eine Sacheinheit darstellen. Es ist unstatthaft, ein zusammengehörendes Anlagegut so aufzuteilen, dass die Einzelteile wertmäßig die 410,00- bzw. 150,00-EUR-Grenze nicht übersteigen.

> Wirtschaftsgüter des Anlagevermögens, deren Anschaffungs- oder Herstellungskosten je nach gewähltem Verfahren 410,00 bzw. 1.000,00 EUR übersteigen und die einer Nutzungsdauer von mehr als einem Jahr unterliegen, sind aktivierungspflichtig. Das heißt, es darf jeweils der Teil der Anschaffungs- oder Herstellungskosten als Betriebsausgabe abgesetzt werden, der bei Verteilung dieser Kosten auf die Gesamtdauer der Verwendung oder Nutzung auf ein Jahr entfällt, während der Restwert des Gegenstandes in der Bilanz ausgewiesen wird.

Steuerliche Absetzung für Abnutzung (AfA)

Abschreibungsarten

Es gibt mehrere Methoden zur Verteilung der Anschaffungs- bzw. Herstellungskosten eines Wirtschaftsgutes. Nachfolgende Methoden sind im Steuerrecht zugelassen:

- Absetzung für Abnutzung (AfA)
  - lineare AfA
  - degressive AfA
  - technische AfA
  - Sonderformen

> Die lineare AfA
  - Die lineare AfA errechnet sich nach der Formel: Anschaffungs- bzw. Herstellungskosten geteilt durch Nutzungsdauer = jährliche AfA-Quote.
  - Das Kennzeichen dieser Methode ist die gleich bleibende AfA-Quote während der Nutzungsdauer, die als Aufwand den jährlichen Gewinn mindert.
  - Die Nutzungsdauer ist allgemein in AfA-Tabellen festgelegt.

> Die degressive AfA
  - Bei der degressiven AfA handelt es sich um AfA in fallenden Jahresraten.
  - Die degressive Afa ist allerdings derzeit für neu angeschaffte Wirtschaftsgüter nicht zulässig. Ein einmaliger Wechsel zur linearen Afa ist gegebenenfalls möglich.

> Die „technische" AfA
  - Bei beweglichen Wirtschaftsgütern des Anlagevermögens, bei denen es wirtschaftlich begründet ist, die Absetzung für Abnutzung nach Maßgabe der Leistung des Wirtschaftsgutes vorzunehmen, kann dieses Verfahren statt der linearen AfA angewendet werden, wenn der Umfang der Leistung, der auf das einzelne Jahr entfällt, nachgewiesen wird. Ein Wechsel zwischen technischer AfA und linearer AfA ist möglich.

> Die AfA bei beweglichen Wirtschaftsgütern beginnt grundsätzlich mit dem Monat der Anschaffung oder Herstellung.

Im Jahr der Anschaffung oder Herstellung kann also nur die zeitanteilige AfA berücksichtigt werden. Im letzten Jahr der Nutzungsdauer ist der noch nicht abgesetzte Teil der Anschaffungs- oder Herstellungskosten in voller Höhe abzusetzen.
Neben den angeführten Grundmodellen der AfA hat der Gesetzgeber aus konjunkturellen Gründen eine Sonder-AfA für kleine und mittlere Betriebe unter bestimmten Voraussetzungen zugelassen.

Bei dieser AfA steht dem Unternehmer eine einmalige Sonder-AfA bis zu insgesamt 20 % zusätzlich zur normalen AfA – wahlweise innerhalb der ersten fünf Nutzungsjahre – zu. Sonder-AfA

Der Investitionsabzugsbetrag, auf den die frühere Ansparabschreibung umgestellt wurde, kann von Gewerbebetrieben mit einem Betriebsvermögen bis zu 235.000,00 EUR bzw. Gewinn bis zu 100.000,00 EUR bei Gewinnermittlung nach der Einnahmen-Überschuss-Rechnung in Anspruch genommen werden. Es können bis zu 200.000,00 EUR berücksichtigt werden. Bei geplanten Investitionen können sofort bis zu 40 % der voraussichtlichen Anschaffungs- oder Herstellungskosten abgesetzt werden. Dies verschafft zum Investitionszeitpunkt Liquidität. Investitionsabzugsbetrag

Auf Antrag können Handwerksbetriebe in den neuen Bundesländern und in Berlin für ihre Investitionen einen Zuschuss bis zu 25 % vom Finanzamt bekommen.

b) Sonderausgaben und außergewöhnliche Belastungen

> Vom Gesamtbetrag der Einkünfte werden die Sonderausgaben und außergewöhnlichen Belastungen abgezogen. Das sind private Aufwendungen, die keiner Einkunftsart als Betriebsausgaben oder Werbungskosten zugeordnet werden können, aber aus sozialen, religiösen, politischen Gründen und zum Erhalt der steuerlichen Gleichmäßigkeit zum Abzug zugelassen sind.

Sonderausgaben bei selbstständigen Handwerkern

Die Sonderausgaben gliedern sich in:

- Vorsorgeaufwendungen
- Altersvorsorgeaufwendungen
- sonstige Vorsorgeaufwendungen
- andere Sonderausgaben
  - gezahlte Kirchensteuer
  - bestimmte dauernde Lasten.

Sie können im Einzelnen voll abzugsfähig und beschränkt abzugsfähig sein.

Als Sonderausgaben voll abzugsfähig, aber ihrer Höhe nach limitiert, können bei Vorliegen der Voraussetzungen u. a. folgende Aufwendungen angesetzt werden:

- Spenden für kirchliche, religiöse, gemeinnützige sowie für wissenschaftliche, mildtätige, kulturelle Zwecke und Spenden an politische Parteien bis 20 % der Einkünfte
- Aufwendungen für die eigene berufliche Erstausbildung, Höchstbetrag 6.000,00 EUR Voll abzugsfähig
- Unterhaltsleistungen an den geschiedenen oder dauernd getrennt lebenden Ehegatten bis 13.805,00 EUR jährlich plus die für diesen geleisteten Beiträge zur Basiskranken- und Pflegeversicherung
- nicht ausgeglichene negative Einkünfte aus anderen Jahren
- 30 % des Entgelts für den Schulbesuch der Kinder, eventuell auch im Ausland, maximal 5.000,00 EUR
- Aufwendungen für Dienstleistungen zur Betreuung eines jeden zum Haushalt des Steuerpflichtigen gehörenden Kindes (Kinderbetreuungskosten) bis zu 4.000,00 EUR. Dies gilt für Kinder, die das 14. Lebensjahr noch nicht vollendet haben oder

aufgrund einer vor Vollendung des 25. Lebensjahres eingetretenen körperlichen oder seelischen Behinderung nicht in der Lage sind, sich selbst zu unterhalten.

Altersvorsorgeaufwendungen

Altersvorsorgeaufwendungen

- Beiträge zur gesetzlichen Rentenversicherung, eventuell mit Arbeitgeberanteil
- Beiträge zum Aufbau einer eigenen kapitalgedeckten Altersversorgung (unter bestimmten Voraussetzungen)
- Steuerpflichtige können unter bestimmten Voraussetzungen eine kapitalgedeckte Altersvorsorge mit Zulagenleistungen durch den Staat und Sonderausgabenberücksichtigungen in Anspruch nehmen (sogenannte Riester-Rente). Es wird auch die Rürup-Rente angeboten (auch Basis-Rente genannt).

Sonstige Vorsorgeaufwendungen

Sonstige Vorsorgeaufwendungen

- in vollem Umfang absetzbare Beträge
  - Beiträge für eine private Basis-Krankenversicherung (entspricht weitgehend dem Niveau der gesetzlichen Krankenversicherung; eine darüber hinausgehende Versorgung ist nicht begünstigt; es besteht die Möglichkeit, die Beiträge für Kinder, die bei ihren Eltern privat mitversichert sind, ebenfalls abzusetzen)
  - Beiträge für die gesetzliche und private Pflege-Pflichtversicherung
- bis zum Höchstbetrag sonstige Vorsorgeaufwendungen; hierzu gehören:
  - Beiträge zu Versicherungen gegen Arbeitslosigkeit, zu Erwerbs- und Berufsunfähigkeitsversicherungen, die nicht unter die Altersvorsorgeaufwendungen fallen, zu Kranken-, Pflege-, Unfall- und Haftpflichtversicherungen sowie zu Risikoversicherungen, die nur für den Todesfall eine Leistung vorsehen
  - Rentenversicherungen mit Kapitalwahlrecht und Kapitalversicherungen mit Sparanteil, wenn laufend Beiträge bezahlt werden, die Mindestlaufzeit zwölf Jahre beträgt, die Laufzeit vor dem 01.01.2005 begonnen hat und mindestens ein Versicherungsbeitrag bis zum 31.12.2004 entrichtet wurde.

Berechnung der abzugsfähigen Altersvorsorgeaufwendungen:

Altersvorsorgeaufwendungen

- Die Summe der Altersvorsorgeaufwendungen zuzüglich des steuerfreien Arbeitgeberanteils bzw. -zuschusses zur Rentenversicherung ist bis maximal 20.000,00 EUR, bei Eheleuten, die zusammen veranlagt werden, bis maximal 40.000,00 EUR zu berücksichtigen. Der Höchstbetrag gilt dabei einheitlich für alle Steuerpflichtigen. Die ermittelten Altersvorsorgeaufwendungen (maximal 20.000,00 bzw. 40.000,00 EUR) sind im Jahre 2014 nur mit 78 % zu berücksichtigen. Dieser Prozentsatz erhöht sich bis zum Jahr 2025 jährlich um 2 %. Ein Arbeitgeberanteil zur Rentenversicherung ist davon wieder abzuziehen.
- Berechnung der abzugsfähigen sonstigen Vorsorgeaufwendungen:
  Der Höchstbetrag erhöht sich auf 1.900,00 EUR, bei Selbstständigen auf 2.800,00 EUR. Bei Ehegatten verdoppeln sich diese Beträge.
- Die Versicherungsdaten werden von der Versicherung elektronisch ans Finanzamt übermittelt.

Außergewöhnliche Belastungen

> Außergewöhnliche Belastungen sind private Aufwendungen, die dem Steuerpflichtigen zwangsläufig in größerem Umfang erwachsen als der Mehrzahl vergleichbarer Steuerpflichtiger.

Man unterscheidet:

- Außergewöhnliche Belastungen gegen Einzelnachweis wie z. B. nicht ersetzte Arzt-, Krankheits-, Kur-, Medikamentenkosten (nur mit umfangreichen Nachweispflichten), Scheidungskosten, das Erbe übersteigende Bestattungsaufwendungen. Bei den außergewöhnlichen Belastungen gegen Einzelnachweis muss sich der Steuerpflichtige einen Selbstbeteiligungsbetrag als zumutbare Belastung anrechnen lassen. Es gibt dazu Sonderregelungen. Einzelnachweis
- Außergewöhnliche Belastungen in Form von Pauschalen wie z. B. der Pauschbetrag für Unterhalt und Berufsausbildung, Pflegeaufwendungen, Pauschbeträge für behinderte Menschen u. a. m. Pauschalen

c) Steuertarif

Die Höhe der Einkommensteuer bestimmt sich nach dem Einkommensteuertarif. Die Besteuerung setzt erst nach einem Grundfreibetrag ein. Der Einstiegssteuersatz beträgt 14 %, der Spitzensteuersatz 42 % bzw. bei sehr hohen Einkommen 45 %. Durch Betriebsvermögensvergleich ermittelte, nicht entnommene Gewinne aus Land- und Forstwirtschaft, Gewerbebetrieb oder selbstständiger Arbeit sind auf Antrag ganz oder teilweise mit einem Steuersatz von 28,25 % abzüglich Gewerbesteueranrechnung, zuzüglich Solidaritätszuschlag (insges. 29,80 %) und gegebenenfalls Kirchensteuer (insges. 32,35 %) zu belasten. Damit wird Steuerpflichtigen eine Vergünstigung gewährt, wenn sie auf die private Verwendung von Gewinnen verzichten und dem Betrieb erwirtschaftetes Kapital weiterhin zur Verfügung stellen, um damit dessen Eigenkapitalbasis nachhaltig zu stärken. Wird der Gewinn in späteren Jahren entnommen oder bei Betriebsaufgabe, erfolgt eine Nachversteuerung.

Thesaurierungsrücklage

Anrechnungsverfahren der Gewerbesteuer auf die Einkommensteuer

> Die tarifliche Einkommensteuer ermäßigt sich – soweit sie auf die im zu versteuernden Einkommen enthaltenen gewerblichen Einkünfte entfällt – um das 3,8-Fache des Gewerbesteuermessbetrags.

Die Vergünstigung kommt somit nur gewerbesteuerpflichtigen Unternehmern oder Mitunternehmern zugute, und auch nur dann, wenn der Unternehmer ein positives einkommensteuerpflichtiges Einkommen hat.
Die Entlastung erfolgt also nicht auf der Ebene des Unternehmens, sondern auf der des Unternehmers. Es gibt einen Ermäßigungshöchstbetrag.

Besteuerung bei Bauleistungen (Quellensteuerabzug)

Das „Gesetz zur Eindämmung illegaler Betätigung im Baugewerbe" schreibt vor, dass ein Unternehmer im weitesten Sinn (z. B. Vermieter gewerblicher Räume) bei Vergabe von gewerblichen Bauleistungen 15 % des Rechnungsbetrags direkt an das Finanzamt des Bauleistenden abführt und nur 85 % des Rechnungsbetrags dem Bauleistenden überweist. Der Steuerabzug entfällt, wenn der Bauleistende seinem Auftraggeber eine gültige Freistellungsbescheinigung vorlegt. Die Steuer ist bis zum 10. Tag nach Ablauf der Erbringung der Gegenleistung abzuführen.
Eine Zuwiderhandlung stellt eine Ordnungswidrigkeit dar, die mit einer Geldbuße in beachtlicher Höhe geahndet werden kann.

Bauleistungen

Haushaltsnahe Dienstleistungen, Handwerkerleistungen

Handwerkerleistungen

Begünstigt sind bei haushaltsnahen Dienstleistungen (insbesondere Hilfen in Haus und Garten) 20 % der begünstigten Aufwendungen, höchstens 4.000,00 EUR. Auch handwerkliche Tätigkeit im Zusammenhang mit Renovierungs-, Erhaltungs- und Modernisierungsmaßnahmen (aber nicht Tätigkeiten im Rahmen einer Neubaumaßnahme und nicht funktionsändernde Baumaßnahmen) ist begünstigt, und zwar mit 20 % der Aufwendungen, höchstens 1.200,00 EUR. Darunter fallen möglicherweise Arbeiten am Dach, an der Fassade, an Garagen, Reparatur oder Austausch von Fenstern oder Türen oder Bodenbelägen, Streich- und Lackierarbeiten, Wartung oder Austausch von Heizungsanlagen, Modernisierung des Badezimmers, Austausch der Einbauküche, Reparatur von Haushaltsgeräten, neue Gartenanlage, Gebühren des Schornsteinfegers für Kaminreinigung, auch Wach- und Schließdienst innerhalb des Grundstücks. Es werden keine Material- oder Warenkosten berücksichtigt.

> Voraussetzung für den Abzug ist, dass eine Rechnung vorliegt und die Zahlung unbar auf das Konto des Leistenden erfolgt ist.

d) Steuerveranlagung und Steuererhebung

Steuertabellen

Es gibt mehrere Einkommensteuer-Veranlagungsmöglichkeiten. Je nach Veranlagungsart wird die Steuer aus Tabellen (Grund- oder Splittingtabelle) abgelesen.

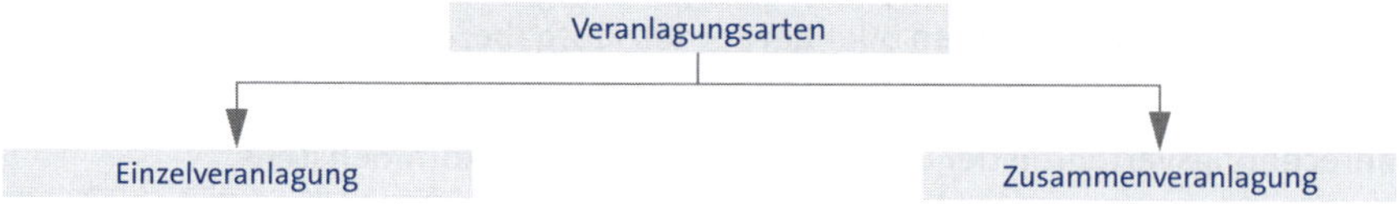

Einzelveranlagung

> Alleinstehende, aber auch Ehegatten, wenn einer der Ehepartner einen entsprechenden Antrag stellt, werden einzeln veranlagt.

Grundtabelle

Das heißt, das zu versteuernde Einkommen wird für jeden einzeln ermittelt und nach der Grundtabelle besteuert. Aus Gründen der Steuervereinfachung kann das Ehepaar insgesamt eine hälftige Zuordnung von Sonderausgaben, außergewöhnlichen Belastungen und bestimmten Steuerermäßigungen beantragen.

Zusammenveranlagung

> Bei der Zusammenveranlagung von Ehegatten werden auf Antrag beider Ehegatten die Einkünfte, die die Ehegatten erzielt haben, zusammengerechnet und den Ehegatten gemeinsam zugerechnet.

Splittingtabelle

Die Einkommensteuer wird nach der Splittingtabelle ermittelt. Die Zusammenveranlagung wird auch verwitweten Personen im Todesjahr und im darauf folgenden Jahr zugestanden, sofern die Ehegatten nicht dauernd getrennt lebten. Das Sondersplitting wird im Jahr der Trennung der Ehegatten gewährt.

Der Steuerpflichtige teilt durch entsprechenden Vermerk in seiner alljährlich einzureichenden Steuererklärung mit, welche Veranlagungsart er wünscht. Die Wahl ist bindend.

Das Finanzamt erlässt einen Einkommensteuerbescheid, der das veranlagte Einkommen in Einzelheiten, die der Tabelle entnommene Jahressteuer, die bereits verrechneten Lohnsteuern und für das Veranlagungsjahr geleistete Vorauszahlungen ausweist. Das Finanzamt hat auch von Amts wegen bestimmte Sachverhalte zu berücksichtigen, wie z. B. den Verlustrücktrag und Verlustvortrag. Einkommensteuerbescheid

Vorauszahlungsbescheid

Im Einkommensteuerbescheid sind auch die zu entrichtenden Vorauszahlungen festgelegt. Die Vorauszahlungen sind selbstständig rechtsbehelfsfähig; insoweit handelt es sich um Bescheide, denen die Verhältnisse des Veranlagungsbescheids zugrunde liegen.

> Die Vorauszahlungen sind in gleicher Höhe am 10.03., 10.06., 10.09. und 10.12. zu leisten.

8.6.5 Körperschaftsteuer

a) Juristische Personen

> Juristische Personen unterliegen der Körperschaftsteuer.

Juristische Personen sind:

- Kapitalgesellschaften wie Aktiengesellschaften, Gesellschaften mit beschränkter Haftung (GmbH)
- Genossenschaften, Vereine u. a. m.

b) Unterschied zur Einkommensteuer

Im Wesentlichen finden in der Körperschaftsteuer die einkommensteuerrechtlichen Vorschriften Anwendung bzw. sind im Körperschaftsteuergesetz die Rechtsgrundlagen der Einkommensteuer übernommen. Dies gilt auch für die Verlustverrechnung.

> Entscheidend ist, dass die Körperschaft selbstständiges Steuersubjekt ist.

Vergünstigungen

Während in der Einkommensteuer die natürliche Person – so der Gesellschafter einer Personengesellschaft wie der BGB-Gesellschaft, OHG, KG – selbst Unternehmer ist und als Unternehmer nicht gleichzeitig Arbeitnehmer im eigenen Unternehmen sein kann, ist die juristische Person selbstständig Unternehmer, und ihre Gesellschafter können bei dieser juristischen Person Gehaltsempfänger mit allen lohnsteuerrechtlichen Vergünstigungen sein. Alle Personalaufwendungen der juristischen Person an den Gesellschafter sind dann Betriebsausgaben.

Beispiel:

Eine GmbH hat einen Gewinn von 120.000,00 EUR ohne Geschäftsführergehälter. Sie zahlt an ihren Gesellschafter 70.000,00 EUR Gehalt. Der Gewinn der GmbH von 50.000,00 EUR ist körperschaftsteuerpflichtig; auch die Basis für die Gewerbesteuerberechnung ist nicht 120.000,00 EUR, sondern nur 50.000,00 EUR. Der Gesellschafter muss 70.000,00 EUR Gehalt versteuern, kann aber sämtliche Freibeträge und Vergünstigungen eines Gehaltsempfängers in Anspruch nehmen.

Einmann-GmbH

Die im Handwerk am häufigsten vorzufindende juristische Person ist die GmbH. Im Gegensatz zu den Personengesellschaften, zu deren Gründung und Betrieb mindestens zwei Gesellschafter erforderlich sind, kann die GmbH von einem Einzelnen gegründet und geführt werden (Einmann-GmbH). Er kann zugleich Gesellschafter und Geschäftsführer und damit Gehaltsempfänger bei seiner GmbH sein.
Durch das Gesetz zur Modernisierung des GmbH-Rechts und zur Bekämpfung von Missbräuchen wurde die Gründung beschleunigt und erleichtert (Unternehmergesellschaft, haftungsbeschränkt).

c) Gewinnverwendung und Körperschaftsteuersatz

Es gibt zwei Möglichkeiten der Gewinnverwendung:

Thesaurierung, Nichtausschüttung

- Der Gewinn der GmbH wird im Unternehmen stehen gelassen. Der Gewinn stockt also das Kapital der GmbH auf. Dieses Verfahren nennt man Thesaurierung (Nichtausschüttung erzielter Gewinne).
- Der Gewinn wird ganz oder teilweise auf die Anteilseigner übertragen.

Bei der Besteuerung der zufließenden Gewinne beim Anteilseigner sind folgende Möglichkeiten zu beachten:

Teileinkünfteverfahren

- Die Ausschüttungen werden für im Privatvermögen gehaltene Beteiligungen nach den Grundsätzen der Abgeltungsteuer mit Veranlagungsoption und Günstigerprüfung behandelt.
- Die Ausschüttungen für im Betriebsvermögen gehaltene Beteiligungen werden nach dem Teileinkünfteverfahren besteuert.
- Bei Ausschüttungen für im Betriebsvermögen von Kapitalgesellschaften gehaltene Kapitalgesellschaftsbeteiligungen gilt die generelle Steuerfreiheit, diese ist allerdings mit der Regelung von 5 % nicht abzugsfähigen Betriebsausgaben belastet.

Wenn die Abgeltungsteuer in Höhe von 25 % anzuwenden ist, kommt es zu keiner Veranlagung zur Einkommensteuer. Wenn sich die Beteiligung im Betriebsvermögen befindet, liegen gewerbliche Einkünfte vor. Dann ist die Abgeltungsteuer nicht anzuwenden.

Der Körperschaftsteuersatz beträgt sowohl für thesaurierte als auch für ausgeschüttete Gewinne einheitlich 15 %. Zusätzlich ist der Solidaritätszuschlag zu entrichten. Es werden vierteljährliche Vorauszahlungen festgesetzt.

d) Verdeckte Gewinnausschüttung

Wendet die juristische Person ihrem Gesellschafter über die gesellschaftsrechtliche Gewinnverteilung hinaus einen geldwerten Vorteil zu, dann liegt verdeckte Gewinnausschüttung vor.

Die Zuwendung dient also nicht betrieblichen Zwecken und würde unter Fremden so nicht vereinbart; sie hat ihre Ursache im Gesellschaftsverhältnis.

Beispiel:

- > Die Gesellschaft gibt dem Gesellschafter ein Darlehen, obwohl bereits bei Darlehenshingabe feststeht, dass das Darlehen nicht zurückgezahlt werden muss.
- > Ein Gesellschafter-Geschäftsführer erhält ein unangemessen hohes Gehalt oder neben dem Gehalt zusätzliche Umsatzvergütungen.
- > Ein Gesellschafter verkauft seinen Privat-Pkw zu einem überhöhten Kaufpreis an die Gesellschaft.

Verdeckte Gewinnausschüttung

Liegt verdeckte Gewinnausschüttung vor, erhöhen sich um diesen Betrag sowohl das körperschaftsteuerpflichtige Einkommen der juristischen Person als auch entsprechend die Einkünfte des Gesellschafters. Dabei findet eine Umqualifizierung als Einkünfte aus Kapitalvermögen statt.

8.6.6 Besteuerungsverfahren

a) Abgabenordnung

Wichtige Regelungen

Die Abgabenordnung enthält alle formellen Bestimmungen zur Abwicklung und Sicherung eines Steueranspruchs. Neben den Bestimmungen über den Aufbau der Finanzverwaltung und ihrer Zuständigkeit sind die Verfahrensvorschriften zur Durchführung der Besteuerung und der Erzwingung des Steueranspruchs in der Abgabenordnung und dem Steuerstrafrecht enthalten.
Die steuerliche Gleichbehandlung von Lebenspartnern ist umgesetzt.

b) Steuerfestsetzung, Rechtsbehelf, Rechtsmittel

Hat der Steuerpflichtige seine Steuererklärung dem Finanzamt eingereicht, dann erlässt das Finanzamt entweder einen endgültigen Steuerbescheid oder – wenn der Steuerfall noch nicht abschließend geprüft ist – eine Steuerfestsetzung unter dem Vorbehalt der Nachprüfung. Der Steuerpflichtige wird damit zur Steuer veranlagt.

Solange der Vorbehalt wirksam ist, kann die Steuerfestsetzung sowohl vom Steuerpflichtigen als auch vom Finanzamt geändert werden.
Ist der Steuerpflichtige mit dem Veranlagungsbescheid des Finanzamts nicht einverstanden, dann hat er die Möglichkeit,

> den Rechtsbehelf des Einspruchs beim Finanzamt einzureichen. Der Einspruch ist schriftlich oder zur Niederschrift beim zuständigen Finanzamt zu erklären. Der Einspruch ist kostenfrei. Der Einspruch berechtigt aber das Finanzamt zur Überprüfung des gesamten Steuerbescheids.
> Bei negativer Entscheidung über den Einspruch kann der Steuerpflichtige Klage beim Finanzgericht einreichen. Die Klage ist bei negativem Ausgang kostenpflichtig.
> Gegen das Urteil des Finanzgerichts kann bei Zulassung Revision beim Bundesfinanzhof eingereicht werden. Die Revision ist bei negativem Verfahrensausgang kostenpflichtig.

Frist

Die Frist zur Einlegung der Rechtsbehelfe beträgt einen Monat und beginnt mit dem Tag, an dem der Bescheid oder das Urteil zugestellt ist. Bei einfacher Zustellung durch die Post gilt grundsätzlich der Bescheid am dritten Tag nach Aufgabe zur Post als zugestellt. Durch das Zustellungsreformgesetz sind nun erweiterte Zustellungsformen wie Fax, E-Mail oder Zustellungsurkunde zugelassen.
Mit Einlegung des Rechtsbehelfs oder der Rechtsmittel ist keine Aufschiebung der Steuerzahlung verbunden. Es kann ein Säumniszuschlag festgesetzt werden. Bei Einlegung dieser Rechtsmittel empfiehlt es sich also, auch einen Antrag auf Aussetzung der Vollziehung zu stellen.

Elektronische Übermittlung

Soweit Erklärungen nach amtlich vorgeschriebenem Datensatz elektronisch zu übermitteln sind, sind diese zur Sicherstellung der Identität des Absenders mit einer qualifizierten elektronischen Signatur zu versehen oder durch das standardisierte EDI-Verfahren auszuführen.

c) Aussetzung der Steuerbeitreibung

Stundung

Das Finanzamt kann in begründeten Fällen von der Erhebung und Beitreibung der Steuer Abstand nehmen. Es gibt die Möglichkeit der Stundung, der Ermäßigung und des Erlasses einer Steuer, z. B. bei Schäden durch Hochwasser und höhere Gewalt, bei Gefährdung des Lebensunterhalts u. a. m. Eine Stundung schiebt die Fälligkeit von Ansprüchen für den Stundungszeitraum hinaus. Bei der Steuerermäßigung wird die Steuer im Ganzen oder teilweise niedriger festgesetzt. Ein Steuererlass kann ausnahmsweise gewährt werden, wenn die Erhebung der Steuer eine unbillige Härte für den Steuerpflichtigen bedeuten würde.
Eine Beitreibung ist auch ausgeschlossen, wenn bestimmte Fristen – sogenannte Verjährungsfristen – abgelaufen sind.

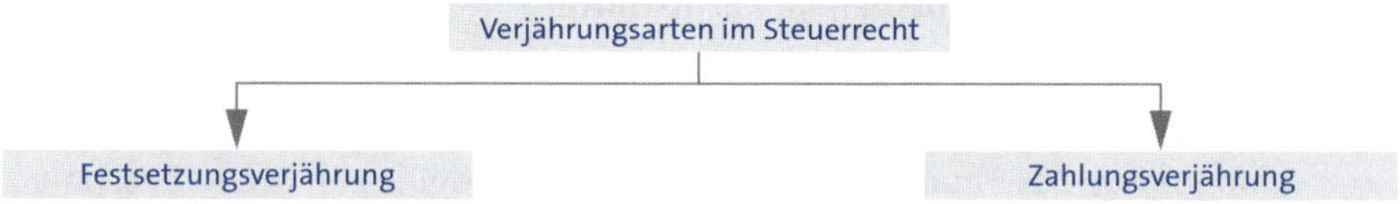

Verjährung

> Die Festsetzungsverjährung
  - Eine Steuerfestsetzung sowie ihre Aufhebung oder Änderung sind nicht mehr zulässig, wenn die Festsetzungsfrist abgelaufen ist.
  - Diese Frist beträgt bei Zöllen und Verbrauchsteuern ein Jahr, bei den übrigen Steuern vier Jahre, bei leichtfertig verkürzten Steuern fünf Jahre, bei hinterzogenen Steuern zehn Jahre.
  - Die Verjährung beginnt zu laufen:
    - bei den Steuern vom Einkommen,
    - bei der Gewerbesteuer und Umsatzsteuer

mit Ablauf des Kalenderjahres, in dem die Steuererklärung für den jeweiligen Veranlagungszeitraum abgegeben wird, spätestens jedoch mit Ablauf des dritten Kalenderjahres, das auf die Entstehung des Steueranspruchs folgt.

> Die Zahlungsverjährung
  - Ansprüche aus fälligen und veranlagten Steuerschuldverhältnissen unterliegen der Zahlungsverjährung. Die Verjährungsfrist beträgt fünf Jahre. Sie beginnt mit Ablauf des Kalenderjahres, in dem der Anspruch erstmals fällig geworden ist. Nach Ablauf der Verjährung hat das Finanzamt keine Möglichkeit, die betroffenen Steuern einzufordern.
  - Hemmung der Zahlungsverjährung tritt ein bei höherer Gewalt; d. h., die Verjährungsfrist läuft nach Wegfall der Hemmung weiter.
  - Unterbrechung der Zahlungsverjährung tritt ein bei Zahlungsaufforderung, bei Vollstreckungsmaßnahmen, bei Entrichtung eines Teilbetrags, bei Stundung.
  - Mit Ablauf der Unterbrechung beginnt die Verjährungsfrist neu zu laufen.

d) Zwangs- und Überprüfungsmöglichkeiten der Finanzverwaltung

Zur Durchführung der Steueraufsicht und der Steuerbeitreibung stehen der Finanzverwaltung eine Reihe von Zwangsmitteln zur Verfügung, so z. B.:

> die Strafvorschriften, die primär bei vorsätzlicher Steuerhinterziehung zur Anwendung kommen, wie Freiheitsstrafen, Geldstrafen;
> die Bußgeldvorschriften, die bei Ordnungswidrigkeiten wie leichtfertiger Steuerverkürzung zum Zuge kommen;
> bei der Steuerfestsetzung der Verspätungszuschlag, Verzögerungsgeld, Zwangsgelder, Ersatzzwangshaft;
> Zinsen, Säumniszuschläge, Vollstreckungsmaßnahmen;
> bei unberechtigter Weitergabe von Belegen gegen Entgelt.

Selbstanzeige

Steuerpflichtige, die vor Bekanntgabe amtlicher Ermittlungen ihre unrichtigen oder unvollständigen Angaben bei der Finanzbehörde vollständig berichtigen oder ergänzen, bleiben bei Hinterziehung von bis zu 50.000,00 Euro in der Regel straffrei (Selbstanzeige). Die Bedingungen für eine Strafbefreiung sollen wesentlich erschwert werden (nur bis zu 25.000,00 Euro, Berichtigung mindestens zehn Jahre zurück).

> Neben den Zwangsmitteln zur Beitreibung der Steuer hat die Finanzverwaltung aus Gründen der Gleichbehandlung aller Steuerzahler die Pflicht, die Angaben des Steuerpflichtigen auf ihre Richtigkeit hin zu überprüfen. Dies kann durch Anordnung einer Außenprüfung (Betriebsprüfung) erfolgen. Mittelbetriebe sollen dabei durchschnittlich alle 10–15 Jahre und Kleinbetriebe durchschnittlich alle 20 Jahre geprüft werden. Der sachliche Umfang der Prüfungsanordnung – auch bei einer routinemäßigen Prüfung – kann sich auch auf nichtbetriebliche Sachverhalte erstrecken. Daneben gibt es die Möglichkeit der unangemeldeten Nachschau.

Der Finanzbehörde sind alle für die Feststellung eines steuerlichen Tatbestands maßgeblichen Unterlagen zur Verfügung zu stellen und Auskünfte zu geben.

Die Finanzbehörde hat bei Außenprüfungen das Recht, Einsicht in gespeicherte Daten zu nehmen und das Datenverarbeitungssystem zu nutzen. Bei Auslandssachverhalten gelten zusätzliche besondere Mitwirkungs- und Nachweispflichten. Es sind Steuererklärungen abzugeben.

Mitwirkungspflicht

Das Steuergesetz kann nicht durch Missbrauch von Gestaltungsmöglichkeiten umgangen werden. Ein Missbrauch liegt vor, wenn eine unangemessene rechtliche Gestaltung gewählt wird und dies zu einem gesetzlich nicht vorgesehenen Steuervorteil führt. Der Steuerpflichtige hat den Missbrauchscharakter einer Steuergestaltung zu widerlegen. Dazu muss er beachtliche außersteuerliche Gründe nachweisen (Gegenbeweismöglichkeit).

Die allgemeine Abgabefrist für Steuererklärungen ist jeweils der 31.05. des Folgejahres. Diese Frist verlängert sich, wenn die Erklärungen von Angehörigen der steuerberatenden Berufe erstellt werden, auf den 31.12.

Aufbewahrungspflicht

Es gibt auch für Überschusseinkünfte eine Aufbewahrungspflicht. Sofern sich die Summe der positiven Überschusseinkünfte auf mehr als 500.000,00 EUR im Kalenderjahr beläuft, beträgt sie sechs Jahre. Bei Überschreiten dieser Schwelle sind zudem Außenprüfungen ohne Angabe von Gründen möglich.

Steuerfahndung

> Bei Vorliegen oder bei Verdacht des Vorliegens von Steuerverfehlungen hat die Finanzverwaltung auch die Möglichkeit der Einleitung eines Steuerfahndungsverfahrens.

Besondere Befugnisse

Die Steuerfahndung ist mit besonderen Befugnissen ausgestattet. So kann sie z. B. an eine Bank ein persönlich beschränktes Auskunftsersuchen stellen (Grenzen des Bankgeheimnisses).

Die Verfolgung von besonders schweren Steuerstraftaten verjährt in zehn Jahren. Die allgemeine strafrechtliche Verfolgungsverjährungsfrist beträgt lediglich fünf Jahre.

Wiederholungsfragen sowie handlungsorientierte, fallbezogene Übungs- und Prüfungsaufgaben

1. Nennen Sie die fünf Teile des BGB und ihre Hauptgegenstände!

>> Seite 130 |

2. Was versteht man unter Rechtsfähigkeit?

a Die Fähigkeit, Rechtsgeschäfte abschließen zu können.

b Die Fähigkeit, einen Rechtsstreit führen zu können.

c Die Fähigkeit, sich durch das Begehen von Straftaten strafbar zu machen.

d Die Fähigkeit, Träger von Rechten und Pflichten zu sein.

e Die Fähigkeit zu unterscheiden, was Recht und Unrecht ist.

>> Seite 130 |

3. Wer ist rechtsfähig?

a Nur die volljährigen Personen.

b Alle natürlichen Personen (Menschen) und die juristischen Personen.

c Nur diejenigen Personen, die im Besitz der bürgerlichen Ehrenrechte sind.

d Nur diejenigen Personen, die im Vollbesitz ihrer Geisteskräfte sind.

e Alle Menschen, die Rechte und Pflichten haben.

>> Seite 131 |

4. Was versteht man unter Geschäftsfähigkeit?

a Die Fähigkeit, Rechtsgeschäfte rechtswirksam abschließen zu können.

b Die Fähigkeit, ein Erwerbsgeschäft selbstständig führen zu können.

c Die Fähigkeit, ein Erwerbsgeschäft erfolgreich zu führen.

d Die Fähigkeit, sich durch eine verbotene Handlung strafbar zu machen.

e Die Fähigkeit, rechtsvorteilhafte Geschäfte selbst abschließen zu können.

>> Seite 131 |

5. Welche Stufen der Geschäftsfähigkeit gibt es, und welche Auswirkungen haben sie auf die Gültigkeit von Rechtsgeschäften?

>> Seiten 131 bis 133 |

6. Unter den nachstehend aufgeführten Personen sind einige, die geschäftsunfähig sind. Welche sind das?

- [ ] a Ein Kind mit sechs Jahren und ein nicht nur vorübergehend geistig Kranker.
- [ ] b Ein Kind mit zwölf Jahren und ein Erwachsener mit über 80 Jahren.
- [ ] c Ein 17-Jähriger und ein volljähriger Betreuter.
- [ ] d Ein 22-jähriger Kranker, der im Krankenhaus liegt, und ein 33-jähriger Häftling, der seine Freiheitsstrafe verbüßt.
- [ ] e Ein Volljähriger, der trunksüchtig ist, und ein Drogenabhängiger auf Entziehungskur.

>> Seite 131 |

7. Unter den nachfolgend aufgeführten Personen ist eine, die beschränkt geschäftsfähig ist. Welche ist das?

- [ ] a Ein Erwachsener, dem die bürgerlichen Ehrenrechte entzogen worden sind.
- [ ] b Ein Kind mit 12 Jahren, das bei seinen Großeltern lebt.
- [ ] c Ein Gastwirt, der laut Vertrag nur das Bier einer bestimmten Brauerei ausschenken darf.
- [ ] d Ein Gast des Gastwirts zu c), der betrunken unterm Tisch liegt.
- [ ] e Ein nicht nur vorübergehend geistig Kranker.

>> Seite 132 |

8. Wer ist der gesetzliche Vertreter eines minderjährigen ehelichen Kindes?

- [ ] a Der Vater für sich allein.
- [ ] b Die Mutter für sich allein.
- [ ] c Das Amtsgericht (Familiengericht).
- [ ] d Der Amtsvormund beim Jugendamt.
- [ ] e Beide Eltern gemeinsam.

>> Seite 132 |

9. Nennen Sie den Unterschied zwischen Einwilligung und Genehmigung!

>> Seite 132 |

10. In einem der nachfolgend aufgeführten Fälle braucht der Minderjährige nicht die Zustimmung des gesetzlichen Vertreters, sondern kann den Vertrag allein rechtswirksam abschließen.

Aufgabe: Welcher Fall ist das?

- [ ] a Wenn es sich um einen Vertrag mit einem Gegenstandswert von unter 100,00 EUR handelt.
- [ ] b Wenn der Minderjährige seinen gesetzlichen Vertreter gerade nicht erreichen kann.
- [ ] c Wenn der Minderjährige den Kaufpreis in kleinen, für ihn tragbaren Raten bezahlt.
- [ ] d Wenn der Minderjährige sich eine Skiausrüstung kaufen will, weil der Skisport seiner Gesundheit förderlich ist.
- [ ] e Wenn es sich um einen Vertrag handelt, den der Minderjährige mit Taschengeld sofort erfüllt.

>> Seite 132 bis 133 |

11. Wer ist voll geschäftsfähig?

- [ ] a Alle Menschen, die das 7. Lebensjahr vollendet haben.
- [ ] b Alle Menschen, die das 14. Lebensjahr vollendet haben.
- [ ] c Alle Menschen, die das 16. Lebensjahr vollendet haben.
- [ ] d Grundsätzlich alle Menschen, die das 20. Lebensjahr vollendet haben.
- [ ] e Alle Menschen, die wirksam Rechtsgeschäfte abschließen.

>> Seite 133 |

12. Wann wird man in Deutschland volljährig?

- [ ] a Mit Vollendung des 14. Lebensjahres.
- [ ] b Mit Vollendung des 18. Lebensjahres.
- [ ] c Mit Vollendung des 20. Lebensjahres.
- [ ] d Mit Vollendung des 21. Lebensjahres.
- [ ] e Mit Vollendung des 22. Lebensjahres.

>> Seite 133 |

13. Wie heißen die notwendigen Bestandteile jedes Rechtsgeschäfts?

>> Seiten 133 bis 134 |

14. Nennen Sie die drei grundsätzlichen Freiheiten des Vertragsrechts!

>> Seite 135 |

15. Erklären Sie, was unter allgemeinen Geschäftsbedingungen im Gegensatz zu Einzelvereinbarungen zu verstehen ist!

>> Seite 135 |

16. Ein Vertrag kommt durch zwei Willenserklärungen zustande.

Aufgabe: Wie heißen diese?

- [ ] a Auftrag und Bestätigung.
- [ ] b Angebot und Zustimmung.
- [ ] c Antrag (Angebot) und Annahme.
- [ ] d Anfrage und Genehmigung.
- [ ] e Ersuchen und Zusage.

>> Seite 137 |

17. Nennen Sie die wichtigsten Nichtigkeits- und die wichtigsten Anfechtungsgründe!

>> Seiten 138 bis 139 |

18. Manche Verträge leiden zwar auch an Mängeln, sind aber nicht sofort nichtig, sondern können vom einen oder anderen Vertragsteil angefochten und durch die Anfechtung nichtig werden.

Aufgabe: Aus welchen der nachfolgend aufgeführten Gründe kann man einen Vertrag anfechten?

- [ ] a Nur wegen Irrtum, und zwar auch wegen Motivirrtum.
- [ ] b Wegen Erklärungsirrtum, Sachirrtum oder Personenirrtum sowie wegen arglistiger Täuschung und widerrechtlicher Drohung.
- [ ] c Wegen finanzieller Schwierigkeiten, die nach Vertragsabschluss eingetreten sind, die der in Not geratene Vertragspartner aber nicht voraussehen konnte.
- [ ] d Wegen Fehlens reiflicher Überlegung beim Vertragsabschluss.
- [ ] e Wegen einer fehlerhaften Kalkulation, die zur Grundlage des Vertrages gemacht wurde.

>> Seite 139 |

19. Welches sind die wichtigsten Unterschiede zwischen dem Erfüllungs- und dem Verrichtungsgehilfen und welche haftungsrechtlichen Folgen ergeben sich hieraus?

>> Seite 140 |

20. Erklären Sie, welcher Ort als gesetzlicher Erfüllungsort gilt!

>> Seite 140 |

21. Welche Besonderheiten gelten beim Versendungskauf?

>> Seite 140 |

22. Was kann der Gläubiger tun, wenn der Schuldner nicht fristgerecht liefert?

- [ ] a Er kann dem Schuldner eine angemessene Frist setzen und nach erfolglosem Ablauf der Frist vom Vertrag zurücktreten und/oder Schadensersatz wegen Verzögerung der Lieferung verlangen.
- [ ] b Er braucht dem Schuldner keine Nachfrist zu setzen, sondern kann sofort vom Vertrag zurücktreten.
- [ ] c Er kann die Abnahme der geschuldeten Sache oder Leistung verweigern, vom Vertrag zurücktreten und Schadensersatz wegen Nichterfüllung des Vertrages verlangen, ohne dass er eine Nachfrist setzt.
- [ ] d Er kann auf Aufhebung des Vertrages bei Gericht klagen.
- [ ] e Er kann sofort einen Vertrag mit einem neuen Partner schließen und vom Schuldner Schadensersatz wegen Nichterfüllung verlangen.

>> Seite 141 bis 142 |

23. Bei Geldschulden kann der Gläubiger vom Schuldner vom Zeitpunkt des Verzugs ab Verzugszinsen verlangen, und zwar mindestens den gesetzlichen Verzugszins.

Aufgabe: Wie hoch ist dieser?

- [ ] a So hoch wie der jeweilige von der Deutschen Bundesbank bekannt gegebene Basissatz.
- [ ] b 1 % unter Basissatz.
- [ ] c 2 % über Basissatz.
- [ ] d 5 % über dem Basissatz bei Verbraucherbeteiligung, sonst 9 % darüber.
- [ ] e 6 % bei Privatschulden und 8 % bei Geschäftsschulden.

>> Seite 141 |

24. Nennen Sie den Zweck und die wesentlichen Merkmale einer Quittung!

>> Seite 142 |

25. Was ist zu beachten, wenn eine Forderung abgetreten wird?

>> Seite 142 |

26. Wie lang ist die regelmäßige Verjährungsfrist?

- a 1 Jahr.
- b 3 Jahre.
- c 5 Jahre.
- d 10 Jahre.
- e 30 Jahre.

>> Seite 143 |

27. Wann beginnt die Verjährungsfrist, die für Werklohnforderungen der Handwerker gilt, zu laufen?

- a Sofort mit der Entstehung der Schuld, das heißt, sobald der Handwerker seine Lieferung oder Leistung getätigt hat.
- b Erst dann, wenn der Handwerker dem Schuldner die Rechnung übergibt.
- c Mit dem ersten Tag des Monats, der auf die Entstehung der Forderung folgt.
- d Mit dem ersten Tag des Jahres, das auf die Rechnungsstellung folgt.
- e Mit Ende des Jahres, in dem der Anspruch entstanden ist und er die Person des Bestellers und den Anspruchsgrund kennt oder kennen muss.

>> Seite 143 |

28. Nennen Sie Möglichkeiten, wie der Ablauf einer Verjährungsfrist verhindert werden kann!

>> Seiten 143 bis 144 |

29. Wodurch trägt der Schuldner zum Neubeginn der Verjährung bei?

- a Wenn er auf eine Mahnung des Gläubigers schweigt, denn dadurch erkennt er die Forderung an.
- b Wenn er in irgendeiner Form die Forderung anerkennt, z. B. ausdrücklich oder durch Leistung einer Teilzahlung.
- c Wenn er dem Gläubiger gegenüber die Schuld bestreitet.
- d Nur wenn er bei Gericht Klage erhebt auf Feststellung, dass er dem Gläubiger dessen Forderung nicht schuldet.
- e Wenn er dem Gläubiger einen neuen Auftrag erteilt.

>> Seite 144 |

30. Ein Dachdeckermeister hat für einen Auftraggeber dessen Hausdach eingedeckt. Trotz wiederholter Mahnungen zahlt der Auftraggeber den vereinbarten Werklohn nicht. Kurz vor der Verjährung der Werklohnforderung überweist er einen geringen Betrag der Forderung an den Dachdeckermeister.

Aufgabe: Welche Auswirkungen hat dies auf die Werklohnforderung des Dachdeckermeisters?

- [ ] a Dann beginnt eine neue, und zwar eine 10-jährige Verjährungsfrist zu laufen.
- [ ] b Dann beginnt eine neue, und zwar eine 30-jährige Verjährungsfrist zu laufen.
- [ ] c Dann kann die Forderung überhaupt nicht mehr verjähren.
- [ ] d Dann beginnt eine neue 3-jährige Verjährungsfrist zu laufen.
- [ ] e Dann verlängert sich die Verjährungsfrist um die Zeit der Unterbrechung.

>> Seite 144 |

31. Erklären Sie, wie ein Kaufvertrag zustande kommt!

>> Seite 144 |

32. Wie heißen die Parteien beim Kaufvertrag, und welche Pflichten haben sie?

>> Seite 144 |

33. Unter den nachfolgend aufgeführten Pflichten des Käufers ist eine, die ihm nicht durch das Gesetz auferlegt ist.

Aufgabe: Welche ist das?

- [ ] a Er muss die Kaufsache abnehmen.
- [ ] b Er muss den vereinbarten Kaufpreis bezahlen.
- [ ] c Er muss eventuelle Mängelansprüche vor Ablauf der Verjährungsfrist geltend machen.
- [ ] d Er muss die Kaufsache schonend behandeln.
- [ ] e Er muss bei Vorliegen von Mängeln rechtzeitig Umtausch verlangen.

>> Seiten 144 bis 145 |

34. Erklären Sie, wofür der Verkäufer, wenn ein Sachmangel vorliegt, einzustehen hat!

>> Seite 146 |

35. Zählen Sie die Ansprüche auf, die der Käufer bei Vorliegen von Mängeln gegen den Verkäufer hat!

>> Seite 146 |

36. Der Käufer eines neuen Autos stellt in den folgenden Tagen im Fahrbetrieb fest, dass das Auto eine Reihe schwerwiegender Mängel an Motor und Fahrgestell hat, die er bei Kaufabschluss nicht kannte. Der Verkäufer ist bereit, auf die Mangelbeschwerden des Käufers einzugehen.

Aufgabe: Welches Recht hat der Käufer zunächst aus dem Kaufvertrag?

- [ ] a Er kann Nacherfüllung (Mängelbeseitigung oder Nachlieferung) binnen einer von ihm zu bestimmenden angemessenen Frist fordern.
- [ ] b Er kann sofort Rückgängigmachung des Kaufs oder Minderung des Kaufpreises, in manchen Fällen auch Umtausch oder Schadensersatz verlangen.
- [ ] c Er kann sofort den Vertrag wegen arglistiger Täuschung anfechten.
- [ ] d Er braucht gar nicht erst anzufechten, der Vertrag ist schon wegen der mangelhaften Lieferung nichtig.
- [ ] e Er kann den Vertrag kündigen, da der Kaufgegenstand unbrauchbar ist.

>> Seite 146 |

37. Nennen Sie die besonderen Arten des Kaufs und ihre Unterscheidungsmerkmale!

>> Seite 148 |

38. Wie heißen die Parteien beim Werkvertrag, und welche Pflichten haben sie?

>> Seiten 149 bis 151 |

39. Ist für einen Werkvertrag Schriftform vorgeschrieben?

- [ ] a Nein, der Werkvertrag kann in jeder beliebigen Form geschlossen werden.
- [ ] b Ja, er muss immer schriftlich gemacht werden.
- [ ] c Ja, aber nur, wenn es sich um Arbeiten an einem Bauwerk handelt.
- [ ] d Ja, aber nur, wenn der Werklohn verbindlich vereinbart werden soll.
- [ ] e Nein, nur der Vertrag über den Bau eines Hauses muss notariell beglaubigt werden.

>> Seite 149 |

40. Nennen Sie die Unterscheidungsmerkmale des Werkvertrages und des Vertrages zur Lieferung herzustellender oder zu erzeugender beweglicher Sachen!

>> Seiten 149 bis 150 |

41. Ein Kunde gibt dem Inhaber eines Malerbetriebes den Auftrag, sein neu gebautes Einfamilienhaus innen und außen zu streichen. Untergrundgestaltung, Farbe, Zahl der Schichten, Farbqualität und Ausführungsfristen werden von den Parteien im Detail besprochen, nicht dagegen die Kosten der Auftragsarbeit.

Aufgabe: Was kann der Handwerker in diesem Fall für seine Arbeit verlangen?

- [ ] a Überhaupt nichts.
- [ ] b Dann kann der Handwerker verlangen, was er will.
- [ ] c Eine ortsübliche Vergütung.
- [ ] d Der Werklohn des Handwerkers wird dann von der Innung festgesetzt.
- [ ] e Der Werklohn richtet sich nach den von der Handwerkskammer festgelegten Werklohnrichtsätzen.

>> Seite 150 |

42. Für welche Mängel hat der Unternehmer Gewähr zu leisten?

>> Seite 151 |

43. Wie verhält sich der Handwerksmeister, wenn der Kunde Mängelrüge erhebt?

- [ ] a Er lehnt zunächst einmal alle Mängelansprüche des Kunden ab und verlangt, dass der Kunde auf seine Kosten einen Sachverständigen hinzuzieht.
- [ ] b Er prüft die gerügten Mängel und erfüllt nach, wenn die Beanstandungen des Kunden gerechtfertigt sind.
- [ ] c Er macht auf jeden Fall alles, was der Kunde an Nachbesserungsarbeiten verlangt, und stellt diese dem Kunden dann in Rechnung.
- [ ] d Er schaltet selbst einen Sachverständigen ein und erfüllt nur das nach, was dieser als mangelhaft bezeichnet.
- [ ] e Er lehnt Nacherfüllung ab und gewährt sofort einen Preisnachlass (Minderung), weil dies wirtschaftlicher ist.

>> Seite 151 bis 152 |

44. Wie lange läuft die gesetzliche Verjährungsfrist für die Mängelansprüche des Bestellers?

- a Bei Arbeiten an beweglichen Sachen eine Woche, bei Arbeiten an einem Grundstück einen Monat, bei Arbeiten an einem Bauwerk ein Jahr.
- b Bei beweglichen Sachen einen Monat, bei Arbeiten an einem Grundstück zwei Monate und bei Arbeiten an einem Bauwerk drei Monate.
- c Bei Arbeiten an beweglichen Sachen drei Monate, bei Arbeiten an einem Grundstück sechs Monate und bei Arbeiten an einem Bauwerk neun Monate.
- d Bei Arbeiten an Sachen zwei Jahre, bei Arbeiten an einem Bauwerk fünf Jahre.
- e Bei Arbeiten an beweglichen Sachen ein Jahr, bei Arbeiten an einem Grundstück zwei Jahre, bei Arbeiten an einem Bauwerk zehn Jahre.

>> Seite 152 |

45. Nennen Sie die verschiedenen Arten von Kostenvoranschlägen und ihre jeweiligen Rechtsfolgen!

>> Seite 153 |

46. Darf ein verbindlich veranschlagter Preis überschritten werden?

- a Nein, er darf grundsätzlich nicht überschritten werden, außer wenn der Besteller damit einverstanden ist.
- b Nein, er darf grundsätzlich nicht überschritten werden, außer wenn der Unternehmer damit einverstanden ist.
- c Ja, er darf dann überschritten werden, wenn der Handwerker nachweist, dass er die Arbeit nicht zu dem veranschlagten Preis ausführen kann.
- d Ja, er darf dann überschritten werden, wenn zwischen Auftragserteilung und Auftragsbeendigung Lohnerhöhungen oder Materialpreissteigerungen eingetreten sind.
- e Ja, er darf ohne Begründung überschritten werden, weil das Verlangen des Bestellers nach einem verbindlichen Voranschlag sittenwidrig ist.

>> Seite 153 |

47. Darf ein unverbindlich veranschlagter Preis überschritten werden?

- [ ] a Ja, deshalb ist er ja unverbindlich.
- [ ] b Ja, die Überschreitung darf aber höchstens 20 % betragen und ist nur dann zulässig, wenn der Handwerksmeister mehr gemacht hat, als der Kunde in Auftrag gegeben hat.
- [ ] c Ja, wenn es sich nur um eine unwesentliche Überschreitung (allgemein 10 % bis 20 %) handelt.
- [ ] d Ja, die Überschreitung muss aber wesentlich sein (allgemein ab 20 %, bei öffentlichen Aufträgen ab 10 %).
- [ ] e Ja, wenn der Handwerker bei Rechnungsstellung nachweist, dass die Überschreitung auf Lohn- und Materialpreiserhöhungen beruht.

>> Seite 153 |

48. Unter welchen Voraussetzungen kann der Besteller den Werkvertrag kündigen, und welche Rechtsfolgen ergeben sich daraus für ihn?

>> Seite 153 |

49. Ein Kunde bringt ein beschädigtes Gerät zum Handwerksmeister zur Reparatur. Als er das fertige Gerät abholen will, hat er kein Geld dabei.

Aufgabe: Muss der Handwerksmeister ihm das Gerät ohne Bezahlung herausgeben?

- [ ] a Ja, denn das Gerät gehört ja dem Kunden.
- [ ] b Nein, denn der Handwerksmeister hat ein gesetzliches Pfandrecht und infolgedessen ein Zurückbehaltungsrecht an dem Gerät.
- [ ] c Nein, denn durch die Ausführung der Reparatur ist der Handwerker Miteigentümer des Geräts geworden.
- [ ] d Ja, er muss es trotz seines Pfandrechts herausgeben, wenn der Kunde das Gerät unbedingt benötigt.
- [ ] e Ja, denn der Handwerker behält den Anspruch auf seinen Werklohn, den er bei Gericht einklagen kann.

>> Seite 154 |

50. Nennen Sie Möglichkeiten, wie der Unternehmer seine Werklohnforderung sichern kann!

>> Seiten 154 bis 155 |

51. Dem Handwerker, der ein Bauwerk errichtet hat, gibt der Gesetzgeber ein besonderes Recht zur Sicherung seiner Werklohnforderung.

Aufgabe: Welchen Anspruch hat der Bauhandwerker?

- a Anspruch auf Eintragung einer Bauhandwerkersicherungshypothek im Grundbuch.
- b Anspruch auf Eintragung einer Bauhandwerker-Grundschuld im Grundbuch.
- c Anspruch auf Stellung eines Bürgen für die ganze Werklohnforderung.
- d Anspruch auf Vorauszahlung des gesamten vereinbarten Werklohns.
- e Anspruch auf Einzahlung des Werklohns auf ein Sperrkonto.

>> Seite 154 |

52. Welches Recht hat der Mieter aufgrund des Mietvertrages?

- a Er darf die Mietsache zu jedem beliebigen Zweck benutzen.
- b Er darf die Mietsache zu dem Zweck benutzen, zu dem er sie gemietet hat.
- c Er darf die Mietsache zu dem Zweck benutzen, zu dem er sie gemietet hat, muss sich dabei aber an die Weisungen des Vermieters halten.
- d Er darf die Mietsache sowohl selbst benutzen als auch (selbst ohne Genehmigung des Vermieters) einem anderen zur Benutzung überlassen (untervermieten).
- e Er darf die Mietsache wie der Eigentümer benutzen, da sie ihm für die Mietdauer gehört.

>> Seite 155 |

53. Nennen Sie die Parteien des Miet- bzw. des Pachtvertrages sowie ihre jeweiligen vertraglichen Pflichten!

>> Seiten 155 bis 157 |

54. Welche Pflichten hat der Mieter bezüglich der Mieträume?

- a Er muss die Mieträume schonend behandeln, soweit vereinbart die notwendigen Schönheitsreparaturen machen lassen und den vereinbarten Mietzins pünktlich bezahlen.
- b Er muss alle notwendig werdenden Reparaturen auf seine Kosten machen lassen und den vereinbarten Mietzins bezahlen.
- c Er muss den vereinbarten Mietzins bezahlen und die Mieträume bei Beendigung des Mietverhältnisses in dem Zustand zurückgeben, in dem sie sich dann befinden.
- d Er muss eine Haftpflichtversicherung bezüglich der Mieträume abschließen.
- e Er muss den Mietzins bezahlen, Schönheitsreparaturen ausführen lassen und eine Brand- und Hausratversicherung abschließen.

>> Seite 155 |

55. Nennen Sie die verschiedenen Möglichkeiten zur Beendigung eines Mietverhältnisses!

>> Seite 156 |

56. Welche gesetzliche Kündigungsfrist gilt für Wohnungen und Geschäftsräume bei monatlicher Mietzinszahlung?

>> Seite 156 |

57. Damit der Vermieter auch bestimmt zu seinem Mietzins kommt, gibt ihm das Gesetz ein Sicherungsrecht.

Aufgabe: Welches ist das?

- a Er kann den gesamten Besitz des Mieters, wenn dieser unter Hinterlassung von Mietschulden ausziehen möchte, so lange in die Mieträume einsperren, bis er bezahlt hat.
- b Er hat ein gesetzliches Pfandrecht an den vom Mieter in die Mieträume eingebrachten beweglichen Sachen, soweit sie pfändbar sind, und kann diese öffentlich versteigern lassen.
- c Er ist dadurch, dass der Mieter bewegliche Sachen in die Mieträume eingebracht hat, Miteigentümer an diesen Sachen geworden und kann sie deshalb zurückbehalten.
- d Er muss, um zu seinem Geld zu kommen, den Mieter verklagen und die Zwangsvollstreckung gegen ihn betreiben.
- e Er kann die vom Mieter geleistete Kaution mit allen Forderungen gegen den Mieter aufrechnen.

>> Seite 157 |

58. Wie ist die gesetzliche Kündigungsfrist bei Pachtverhältnissen über Gewerbebetriebe geregelt?

- a Sie beträgt einen Monat zum Ende eines Kalendervierteljahres.
- b Sie beträgt ebenso wie bei Mietverhältnissen drei Monate zum Ende eines Kalendervierteljahres.
- c Sie beträgt ein halbes Jahr zum Ende eines Pachtjahres.
- d Sie beträgt ein Jahr zum Ende eines Kalenderjahres.
- e Sie beträgt ein Jahr zum Ende eines Pachtjahres.

>> Seite 157 |

59. Bedarf die Bürgschaftserklärung zu ihrer Gültigkeit einer bestimmten Form?

>> Seite 158 |

60. Wenn der Schuldner bei Fälligkeit einer durch Bürgschaft abgesicherten Geldforderung den Gläubiger nicht befriedigt, kann der Gläubiger dann sofort vom Bürgen Zahlung erzwingen?

- a Ja, dann muss der Bürge sofort zahlen.
- b Ja, dann muss der Bürge sofort zahlen, wenn der Gläubiger nachweist, dass er den Schuldner mindestens dreimal erfolglos gemahnt hat.
- c Ja, denn jede Bürgschaft ist selbstschuldnerisch, das heißt der Bürge haftet wie der Schuldner selbst.
- d Nein, der Gläubiger muss in jedem Fall – das heißt, auch ohne Einwand des Bürgen – zuerst den Schuldner verklagen und gegen ihn die Zwangsvollstreckung betreiben.
- e Nein, der Bürge kann dem Gläubiger die Einrede der Vorausklage entgegenhalten, dann muss der Gläubiger zuerst den Schuldner verklagen.

>> Seite 158 |

61. Welcher Unterschied besteht zwischen Besitz und Eigentum an einer Sache?

- a Da ist überhaupt kein Unterschied, z. B. ist der Hausbesitzer auch der Hauseigentümer.
- b Besitzer ist, wer die Sache in seiner tatsächlichen Gewalt hat; Eigentümer ist, wem die Sache gehört.
- c Wenn jemand eine Sache gekauft und bezahlt hat, so ist er Eigentümer, auch wenn diese ihm noch nicht vom Verkäufer übergeben wurde. Besitzer ist bis zur Übergabe noch der Verkäufer.
- d Besitzer ist derjenige, dem die Sache gehört; Eigentümer ist, wer die Sache in Gewahrsam hat.
- e Der Eigentümer einer Sache hat alle Rechte, der Besitzer einer Sache hat alle Pflichten.

>> Seite 159 |

62. Was sind bewegliche Sachen?

- [ ] a Das sind solche Gegenstände, die sich selbst bewegen, z. B. Auto, Schiff, Flugzeug, Eisenbahn usw.
- [ ] b Das sind solche Gegenstände, die man leicht bewegen kann und die nicht zu schwer sind, z. B. ist eine schwere Maschine, die mehrere Tonnen wiegt, keine bewegliche Sache.
- [ ] c Das sind alle Gegenstände, die keine Grundstücke oder grundstücksgleiche Rechte (unbewegliche Sachen) sind.
- [ ] d Das sind alle Gegenstände, die dazu dienen, um andere Gegenstände zu bewegen, insbesondere Motoren aller Art.
- [ ] e Das sind alle Gegenstände, ausgenommen Häuser und Hausteile.

>> Seite 159 |

63. Wie wird das Eigentum an unbeweglichen Sachen übertragen, und welche Form müssen Sie dabei beachten?

>> Seite 159 |

64. Was versteht man unter Nießbrauch, und welche Bedeutung hat er für den Handwerker?

>> Seite 160 |

65. Sicherheiten zur Absicherung einer vertraglichen Forderung unterscheiden sich nach der Art und der Entstehungsform. Nennen Sie die wichtigsten Sicherungsrechte nach ihrer Art und nach ihrer rechtlichen Entstehungsform!

>> Seite 161 |

66. Ein Kunde will bei einem Handwerksunternehmer eine Bohrmaschine kaufen und sofort mitnehmen. Der Kunde versichert, die Maschine in zehn Tagen von seinem Gehalt zu bezahlen, und verweist den Handwerksunternehmer auf die Möglichkeit des Eigentumsvorbehalts zur Sicherung seiner Forderung.

Aufgabe: Nennen Sie die Voraussetzungen, die der Handwerksunternehmer beachten muss, damit der Eigentumsvorbehalt wirksam vereinbart wird!

>> Seite 162 |

67. Wenn ein Tischlermeister seinem Kunden (Bauherrn) Türen und Fensterstöcke unter Eigentumsvorbehalt liefert, wann gehen diese Sachen in das Eigentum des Bauherrn über?

- [ ] a Sofort mit dem Abschluss des Werkvertrags.
- [ ] b Sofort mit der Ablieferung beim Bauherrn.
- [ ] c In dem Augenblick, in dem sie die Werkstatt verlassen.
- [ ] d Erst dann, wenn der Bauherr die Rechnung bezahlt.
- [ ] e In dem Augenblick, in dem sie auf dem Baugrundstück eingelagert werden.

>> Seite 162 |

68. Kann ein Handwerksmeister seine Maschinen, die im Betrieb unentbehrlich sind, verpfänden?

- [ ] a Nein, weil Maschinen generell unpfändbar sind.
- [ ] b Nein, er braucht sie in seinem Betrieb und kann sie deshalb nicht dem Gläubiger übergeben. Das aber müsste er tun, weil das Pfandrecht an beweglichen Sachen ein sogenanntes Faustpfandrecht ist.
- [ ] c Ja, er kann seine Maschinen verpfänden und mit dem Gläubiger ausmachen, dass dieser ihm die Maschinen für die Dauer des Pfandrechts leihweise überlässt.
- [ ] d Ja, er kann seine Maschinen verpfänden, kann sie aber auch ohne Vereinbarung einer Leihe weiterbenutzen, weil sie ihm nach wie vor gehören.
- [ ] e Nein, Maschinen sind Gebrauchsgegenstände, die nur gepfändet, nicht verpfändet werden können.

>> Seite 163 |

69. Nennen Sie den wichtigsten Unterschied zwischen dem Pfandrecht an beweglichen Sachen und der Sicherungsübereignung!

>> Seite 163 |

70. Erklären Sie den Zweck und die rechtlichen Auswirkungen des Eigentumsvorbehalts, des Pfandrechts an beweglichen Sachen und der Sicherungsübereignung!

>> Seiten 162 bis 163 |

71. Zur Sicherung seiner künftigen Werklohnforderung für die Errichtung eines Rohbaus auf dem Grundstück des Bauherrn beabsichtigt der Bauhandwerker eine Hypothek (Sicherungshypothek) auf dem Baugrundstück des Bauherrn eintragen zu lassen. Der Bauherr ist damit einverstanden.

Aufgabe: Wie muss die Hypothekenbestellung erfolgen, damit sie rechtswirksam ist?

- a Mündlich.
- b Schriftlich.
- c In öffentlich beglaubigter Form.
- d In notariell beurkundeter Form.
- e Beide Parteien müssen persönlich einen Rechtsanwalt aufsuchen.

>> Seite 164 |

72. Wie funktioniert das Umsatzsteuersystem?

- a Die Einkaufsbeträge dürfen von den Verkaufserlösen abgezogen werden.
- b Die Umsatzsteuer, die vom Kunden in Rechnung gestellt wird, ist an das Finanzamt abzuführen.
- c Der Unternehmer ist berechtigt, die Vorsteuer, die er von seinem Lieferanten (im weitesten Sinne) in Rechnung gestellt bekommt, von der Umsatzsteuer, die er seinem Kunden in Rechnung stellt, abzuziehen. Der Differenzbetrag ist die an das Finanzamt zu zahlende Umsatzsteuerzahllast.
- d Die Vorleistungseinsätze bleiben umsatzsteuerfrei, und die Leistungen an den privaten Endverbraucher werden vom Endlieferanten mit Umsatzsteuer belegt.
- e Der Unternehmer ist verpflichtet, die Vorsteuer dem Finanzamt abzuführen und dem Kunden dafür eine um die Vorsteuer geminderte Rechnung auszustellen.

>> Seiten 169 bis 170 |

73. Ein Handwerksmeister erzielt einen Umsatz von 410.750,00 EUR und führt seine Umsatzsteuer an das Finanzamt ab, sobald er vom Kunden das Entgelt erhalten hat. Im darauf folgenden Jahr schafft er einen Umsatz von 628.960,00 EUR.

Aufgabe: Erläutern Sie die durch die Umsatzsteigerung eingetretenen Konsequenzen. Gehen Sie anhand der nachfolgenden Leitfragen vor!

a) Welche Arten der Fälligkeit der Umsatzsteuer kennen Sie?

b) Worin besteht der Unterschied zwischen den einzelnen Umsatzsteuerfälligkeiten?

c) Welche Voraussetzungen müssen erfüllt sein?

d) Wie wirken sich die unterschiedlichen Fälligkeitsmöglichkeiten auf die Sachbehandlung der Vorsteuer aus?

>> Seiten 172 bis 173 |

74. Ein Betriebsinhaber kauft im Großhandel eine Bohrmaschine für brutto 130,00 EUR und einen dazugehörenden Bohrersatz für brutto 25,00 EUR. Er erhält einen Zahlungsbeleg über 155,00 EUR, versehen mit dem Vermerk, dass in dem Betrag 19 % Umsatzsteuer enthalten sind.

Aufgabe: Welche Folgen hat dieser Zahlungsbeleg hinsichtlich der Vorsteuer?

☐ a Der Betriebsinhaber darf aus dem Beleg einschließlich Umsatzsteuer die Vorsteuer ohne weitere Hinweise errechnen, weil ein Großhandel immer umsatzsteuerpflichtig ist.

☐ b Der Betriebsinhaber darf aus dem Betrag die Vorsteuer errechnen, weil der Steuersatzhinweis angebracht ist.

☐ c Der Betriebsinhaber darf aus dem Betrag die Vorsteuer nur dann errechnen, wenn sein Umsatz 50.000,00 EUR nicht übersteigt.

☐ d Der Betriebsinhaber kann keine Vorsteuer geltend machen, weil Bohrmaschine und Bohrersatz insgesamt die 150,00-EUR-Grenze überschreiten und die Vorsteuer nicht betragsmäßig ausgewiesen ist.

☐ e Er darf aus dem Bruttobetrag die Vorsteuer errechnen und geltend machen, weil der Steuersatz vermerkt ist und weder Bohrmaschine noch Bohrersatz die 150,00-EUR-Grenze überschreiten.

>> Seiten 175 bis 176 |

75. Welche Erfordernisse müssen erfüllt sein, damit ein Kleinunternehmer die Vorsteuerpauschalen in Anspruch nehmen kann?

- a Er muss die Umsätze brutto verbuchen und die Vorsteuern auf einem eigenen Konto erfassen.
- b Er darf nicht verpflichtet sein, Bücher zu führen und Abschlüsse zu machen.
- c Wie b), zusätzlich ist die Vorjahresumsatzsteuer maßgebend; diese darf 6.135,00 EUR nicht übersteigen.
- d Wie c), aber anstelle der Vorjahresumsatzsteuer ist der Vorjahresumsatz entscheidend; dieser darf 61.356,00 EUR nicht übersteigen.
- e Vorsteuerpauschalen sind nur für selbstständige Tätigkeiten vorgesehen, nicht für Gewerbebetriebe.

>> Seite 177 |

76. Wer muss monatliche Umsatzsteuer-Voranmeldungen und -Vorauszahlungen tätigen?

- a Unternehmer, deren Vorjahresumsatzsteuerschuld 7.500,00 EUR überschritten hat, sowie Existenzgründer im Gründungs- und darauf folgenden Jahr.
- b Unternehmer, deren Vorjahresumsatz 7.500,00 EUR überschritten hat.
- c Unternehmer, deren Vorsteuer im Vorjahr 1.500,00 EUR überschritten hat.
- d Umsatzsteuerfreie Kleingewerbetreibende.
- e Unternehmer mit Ist-Besteuerung.

>> Seite 177 |

77. Ein Betriebsinhaber erhält einen Gewerbesteuerbescheid zugestellt. Dabei stellt er fest, dass die Gewerbesteuer durch Ansatz eines falschen Hebesatzes zu hoch ausgewiesen ist.

Aufgabe: Was muss der Betriebsinhaber tun, um den überhöhten Gewerbesteuerbescheid zu berichtigen?

- a Er muss Rechtsmittel bei der Finanzverwaltung gegen den Gewerbesteuerbescheid einlegen.
- b Er muss Rechtsmittel bei der Gemeinde gegen den Gewerbesteuerbescheid einlegen.
- c Er muss sowohl bei der Finanzverwaltung, die den einheitlichen Gewerbesteuermessbescheid festgesetzt hat, als auch bei der Gemeinde, die den Hebesatz auf den einheitlichen Gewerbesteuermessbescheid angesetzt hat, Rechtsmittel einlegen.
- d Für Gewerbesteuerberichtigungen sind ausschließlich die Finanzgerichte zuständig; der Gewerbesteuerbescheid muss durch das Rechtsmittel der Berufung angefochten werden.
- e Für Gewerbesteuerberichtigungen sind ausschließlich die Zivilgerichte zuständig; der Gewerbesteuerbescheid muss mittels einer zivilrechtlichen Klage angefochten werden.

>> Seite 178 |

78. Ein Betriebsinhaber erzielt einen Jahresgewinn in Höhe von 54.260,00 EUR und macht einen Nettoumsatz von 245.420,00 EUR.

Aufgabe: Welche Gewinnermittlungsmethode muss der Betriebsinhaber anwenden, und was sind die steuerrechtlichen Voraussetzungen?

- a Da der Gewinn über 50.000,00 EUR liegt, ist er zum Betriebsvermögensvergleich verpflichtet.
- b Da der Umsatz unter 500.000,00 EUR liegt, darf er den Gewinn nach der Überschussrechnungsmethode ermitteln.
- c Gewinn- und Umsatzgrenzen sind unerheblich. Entscheidend ist, ob das Finanzamt den Handwerksmeister zur Buchführung mit Betriebsvermögensvergleich angewiesen hat.
- d Für die Gewinnermittlung nach Betriebsvermögensvergleich muss sowohl der Gewinn 50.000,00 EUR als auch der Umsatz 500.000,000 EUR überschreiten. Nur dann ist der Unternehmer ohne Anweisung durch das Finanzamt zum Betriebsvermögensvergleich verpflichtet. Werden beide Grenzwerte nicht überschritten, darf die Überschussrechnungsmethode angewendet werden.
- e Überschreitet der Gewinn die 50.000,00-EUR-Grenze oder der Netto-Umsatz die 500.000,00-EUR-Grenze, dann ist der Betriebsinhaber zur Gewinnermittlung nach Betriebsvermögensvergleich verpflichtet. Voraussetzung ist, dass das Finanzamt den Betriebsinhaber zur Buchführung mit Betriebsvermögensvergleich angewiesen hat.

>> Seite 181 |

79. Ein Betriebsinhaber macht einem Architekten, von dem er sich Aufträge erhofft, ein Geschenk. Das Geschenk hat einen Wert von 46,00 EUR; erstanden hat er das Geschenk aufgrund von Beziehungen für 34,00 EUR. Er verbucht das Geschenk als Betriebsausgabe auf ein Sammelkonto „Repräsentationsausgaben", auf dem er auch seine Bewirtungsaufwendungen und Aufmerksamkeiten festhält. Eine Pauschalierung der Einkommensteuer hat er nicht vorgenommen.

Aufgabe: Wie ist dieses Geschenk einkommensteuerlich zu behandeln?

a Das Geschenk ist als Betriebsausgabe abzugsfähig, weil die 410,00-EUR-Grenze für geringwertige Wirtschaftsgüter nicht überschritten wird.

b Für den Abzug von Geschenken ist nicht die Grenze für geringwertige Wirtschaftsgüter maßgebend; vielmehr sind die Anschaffungs- oder Herstellungskosten, die 35,00 EUR pro Jahr und Empfänger nicht überschreiten dürfen, entscheidend. Somit sind die Anschaffungskosten für das Geschenk in Höhe von 34,00 EUR abzugsfähige Betriebsausgaben.

c Entscheidend sind nicht die Anschaffungs- oder Herstellungskosten, sondern der Teilwert des Geschenks. Da der Teilwert bei 46,00 EUR liegt, sind die Geschenkkosten nicht abzugsfähig.

d Das Geschenk kann nicht als Betriebsausgabe berücksichtigt werden, weil es auf ein Sammelkonto verbucht wurde. Geschenke müssen in der Buchführung einzeln und getrennt von den sonstigen Betriebsausgaben aufgezeichnet werden.

e Wie d), außerdem fehlt der dauernde, leicht erkennbare Werbeeffekt auf dem Geschenk.

>> Seite 182 |

80. Der Ehegattenarbeitsvertrag setzt zu seiner steuerlichen Wirksamkeit voraus:

a Den Güterstand der Gütertrennung oder der Zugewinngemeinschaft oder der Gütergemeinschaft, wenn der Gewerbebetrieb nicht zum Gesamtgut gehört.

b Den Güterstand der Gütergemeinschaft, wobei der Gewerbebetrieb zum Gesamtgut von Mann und Frau gehören muss.

c Wie bei b), wobei der Ehegattenarbeitsvertrag – wie der Güterstand der Gütergemeinschaft – notariell vereinbart sein muss.

d Der Güterstand spielt keine Rolle.

e Die Begründung einer Personengesellschaft zwischen Mann und Frau.

>> Seite 183 |

81. Der Inhaber eines Betriebes hat für seinen Betrieb mehrere Geräte eingekauft, deren Anschaffungskosten jeweils 1.000,00 EUR einschließlich Nebenkosten übersteigen. Er hat bisher die Geräte technisch abgesetzt und möchte nun auf die lineare AfA wechseln.

Aufgabe: Ist dies zulässig?

- a Es darf von der technischen auf die lineare AfA gewechselt werden.
- b Einmaliger Wechsel von technisch auf linear ist nach Genehmigung durch das Finanzamt zulässig.
- c Es darf wiederholt zwischen linear und technisch nach Genehmigung durch das Finanzamt gewechselt werden.
- d Es darf von einer zur anderen Methode gewechselt werden, wenn dies für das betreffende Wirtschaftsgut in der AfA-Tabelle vorgesehen ist.
- e Es darf nicht gewechselt werden.

>> Seite 184 |

82. Sonderausgaben sind private Aufwendungen, die der Gesetzgeber insbesondere wegen ihres sozialen Charakters zum Abzug vom Gesamtbetrag der Einkünfte zugelassen hat. Ein verheirateter Betriebsinhaber hat für seinen privaten Bereich Altersvorsorgeaufwendungen, er hat auch eine Hausrat-, Einbruch-, Haftpflicht-, Glas-, Unfall-, Kranken- und Pflegeversicherung abgeschlossen. Er möchte wissen, ob die Prämienzahlungen für diese Versicherungen abzugsfähig sind.

- a Alle obigen Versicherungen haben sozialen Charakter und sind als Sonderausgabe unbeschränkt berücksichtigungsfähig.
- b Obige Versicherungen sind nur beschränkt abzugsfähig, und zwar in Höhe des Grundhöchstbetrags.
- c Sozialen Charakter haben nur die Altersvorsorge, Haftpflicht-, Unfall-, Kranken- und Pflegeversicherung. Nur sie sind im Rahmen des Grundhöchstbetrags berücksichtigungsfähig.
- d Wie bei c), doch darf vor Ansatz des Grundhöchstbetrags noch ein Vorwegabzug bei Verheirateten geltend gemacht werden.
- e Altersvorsorgeaufwendungen dürfen bis zu einem Höchstbetrag angesetzt werden. Die Hausrat-, Einbruch- und Glasversicherungen sind nicht absetzbar. Die Kranken- und Pflegeversicherung als Basisversicherung kann voll berücksichtigt werden. Die restlichen Versicherungen dürfen, wenn der Höchstbetrag noch nicht ausgeschöpft ist, bis zu diesem berücksichtigt werden.

>> Seite 186 |

83. Welches Erfordernis muss bei den außergewöhnlichen Belastungen gegen Einzelnachweis berücksichtigt werden?

a Nur Prüfung der Angemessenheit.

b Übernahme eines Selbstbeteiligungsbetrages.

c Begrenzung der Aufwendungen entsprechend den Einkünften aus Gewerbebetrieb.

d Keine Kostenbegrenzung, aber Prüfung der Angemessenheit der Aufwendungen.

e Begrenzung der Kosten entsprechend dem Grundhöchstbetrag bei den Sonderausgaben.

>> Seite 187 |

84. Der Gesellschafter-Geschäftsführer einer Ein-Mann-GmbH ist sich unschlüssig, ob er den Gewinn der GmbH ausschütten oder nicht ausschütten soll.

Aufgabe: Wie wirken sich diese unterschiedlichen Verfahrensweisen auf die Körperschaftsteuer aus?

a Der Körperschaftsteuersatz beträgt für Ausschüttungen und Nichtausschüttungen einheitlich 15 %.

b Der Körperschaftsteuersatz beträgt für Ausschüttungen und Nichtausschüttungen einheitlich 30 %.

c Der Körperschaftsteuersatz beträgt bei Ausschüttungen 25 %, wenn die Ausschüttung beim Empfänger voll einkommensteuerpflichtig ist. Bei Nichtausschüttungen beträgt der Steuersatz 30 %.

d Bei einem Gesellschafter-Geschäftsführer einer Ein-Mann-GmbH sind nur die Ausschüttungen körperschaftsteuerpflichtig, und zwar mit 25 %.

e Bei einem Gesellschafter-Geschäftsführer einer Ein-Mann-GmbH spielt die Ausschüttung keine Rolle, weil er wie ein Einzelunternehmer besteuert wird.

>> Seite 190 |

85. Eine juristische Person zahlt ihrem angestellten Gesellschafter besondere Umsatzvergütungen neben einem angemessenen Gehalt.

Aufgabe: Welche Aussage ist richtig?

- a Die Umsatzvergütungen sind immer private Aufwendungen.
- b Umsatzvergütungen können von juristischen Personen überhaupt nicht zugesagt werden.
- c Besondere Umsatzvergütungen neben einem angemessenen Gehalt sind verdeckte Gewinnausschüttungen und müssen dem Gewinn der juristischen Person wieder zugerechnet werden.
- d Umsatzvergütungen sind immer verdeckte Gewinnausschüttungen.
- e Umsatzvergütungen sind nur für Gesellschafter von Personengesellschaften zugelassen.

>> Seite 191 |

86. Ein Betriebsinhaber erhält einen Einkommensteuerbescheid, bei dem mehrere, nach seiner Ansicht zu Recht geltend gemachte Steuervergünstigungen nicht anerkannt wurden. Er möchte nun diesen Bescheid anfechten, weiß aber nicht, welches Rechtsmittel einzulegen ist.

Aufgabe: Wie muss er vorgehen?

- a Er kann auf dem Verwaltungsrechtsweg das Rechtsmittel der Einrede einlegen.
- b Er kann beim zuständigen Finanzamt das Rechtsmittel der Revision und bei negativem Verfahrensausgang Einspruch beim Finanzgericht einlegen.
- c Gegen einen Einkommensteuerbescheid hat er das Rechtsmittel des Einspruchs beim zuständigen Finanzamt.
- d Steuerverfahren werden vor den Zivilgerichten verhandelt. Es stehen ihm daher die Rechtsmittel der Zivilprozessordnung zu.
- e Es kommt auf die Steuerbelastungsgrenze an. Wenn die Steuerveranlagung durch die Nichtanerkennung der geltend gemachten Steuervergünstigung eine Mehrbelastung von unter 2.556,00 EUR erbringt, ist das Rechtsmittel des Einspruchs beim Finanzamt, bei einer Mehrbelastung von 2.556,00 EUR und darüber hinaus Klage beim Finanzgericht einzulegen.

>> Seite 191 |

87. Wird bei Einlegung eines Rechtsmittels die Steuerzahlung aufgeschoben?

- [ ] a Ja, bis zum Entscheid über das Rechtsmittel.
- [ ] b Ja, durch Leistung eines Hinterlegungsbetrags.
- [ ] c Das Finanzamt entscheidet von Amts wegen.
- [ ] d Mit Einlegung des Rechtsmittels ist die Steuerschuld automatisch ausgesetzt.
- [ ] e Nein.

>> Seite 192 |

88. Ein Betriebsinhaber erhält vom Finanzamt einen Nachzahlungsbescheid für eine vor vier Jahren veranlagte Einkommensteuer. Er ist der Ansicht, dass dieser Nachzahlungsbescheid wegen Verjährung ungültig ist, und verweigert die Zahlung.

Aufgabe: Erläutern Sie die Arten der Steuerverjährung, die Folgen der einzelnen Verjährungsarten und den Eintritt der Verjährung!

>> Seiten 192 bis 193 |

9. Notwendigkeit privater Risiko- und Altersvorsorge begründen, Möglichkeiten aufzeigen

Kompetenzen

- Lücke bei der Altersvorsorge abschätzen und alternative private Vorsorgeinstrumente vergleichen und bewerten.
- Schutz vor wirtschaftlichen Folgen unternehmerischer Probleme planen.
- Soziale Absicherung bei Unfällen, Krankheit und Erwerbsminderung planen.

Mit der Selbstständigmachung verlässt der Existenzgründer das soziale Netz als Arbeitnehmer, das ihn für verschiedene Lebensrisiken abgesichert hat. Diese muss er nun selbst durch Abschluss geeigneter Versicherungen abdecken. Hinzu kommen betriebliche Risiken, die abzusichern sind.

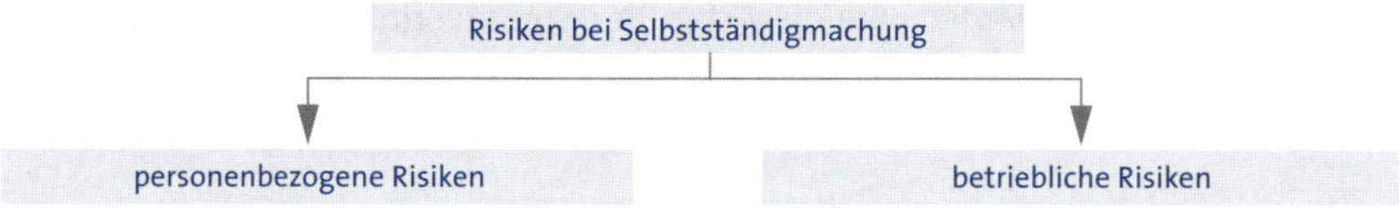

Risikoabwägung

Dabei ist jedem Existenzgründer dringend zu empfehlen, sich mit den Versicherungsfragen intensiv und vor der Aufnahme des Geschäftsbetriebes auseinanderzusetzen. Die persönlichen und betrieblichen Risiken sind eingehend aufzulisten und abzuwägen, wofür dringend und wofür weniger dringend ein Schutz benötigt wird. Dazu eignen sich Checklisten. Es ist ferner ratsam, sich dann Angebote mehrerer Versicherer einzuholen, um die Konditionen vergleichen zu können. Ansprechpartner sind beispielsweise in das Versicherungsmaklerregister eingetragene Versicherungsmakler.

9.1 Soziale Sicherungssysteme

Wie schon erwähnt, haben die meisten Existenzgründer vorher den Status eines Arbeitnehmers, bei dem die soziale Absicherung in der Regel über gesetzliche Systeme erfolgt, deren Aufgabe die Sicherung gegen die vielfältigen Risiken des Lebens wie z. B.

Abgedeckte Risiken

- Alter
- Invalidität
- Krankheit
- Unfall
- Arbeitslosigkeit
- Pflegebedürftigkeit

auf der Grundlage einer Pflichtversicherung ist.

> In einigen Zweigen der Sozialversicherung erstreckt sich dieser Solidargedanke auch auf selbstständig Erwerbstätige und ermöglicht ihnen, diesen Schutz weiter zu behalten. Welche Entscheidung dabei empfehlenswert ist, hängt unter anderem stark von der persönlichen Lebenssituation des Gründers ab.

Wichtig ist zu bedenken, dass Selbstständige ihre Beiträge voll selbst aufbringen müssen, während bei Arbeitnehmern ja meistens die jeweils hälftige Beitragszahlung durch Arbeitnehmer und Arbeitgeber der Fall ist. Bei Fragen rund um die soziale Absicherung empfiehlt es sich deshalb, den Rat von Sachkundigen einzuholen. Die Handwerkskammern beraten dazu ebenfalls.
Das System der Sozialversicherung gliedert sich im Wesentlichen in die folgenden Versicherungszweige:

Versicherungszweige des Systems der Sozialversicherung

- Krankenversicherung
- Pflegeversicherung
- Rentenversicherung
- Unfallversicherung
- Arbeitslosenversicherung
- Grundsicherung für Arbeitsuchende

Die jeweiligen Leistungen der einzelnen Bereiche werden in >> Band 3, Lernsituation 6, näher dargestellt.
Für selbstständig Erwerbstätige gelten für einzelne Sozialversicherungssysteme folgende Regelungen (die Rentenversicherung wird im Abschnitt 9.3 abgehandelt):

9.1.1 Krankenversicherung

Grundsätzlich gilt in Deutschland die Pflicht, Mitglied einer Krankenversicherung zu sein – je nach berechtigtem Personenkreis in der gesetzlichen Krankenversicherung oder in einer privaten Krankenversicherung. Arbeiter, Angestellte und zu ihrer Berufsausbildung Beschäftigte, die gegen Arbeitsentgelt beschäftigt sind, unterliegen bis zu einer bestimmten Jahresentgeltgröße der Versicherungspflicht in der gesetzlichen Krankenversicherung.

> Existenzgründer, die als Arbeitnehmer in den letzten fünf Jahren vor dem Ausscheiden mindestens vierundzwanzig Monate oder unmittelbar vor dem Ausscheiden ununterbrochen mindestens zwölf Monate versichert waren, haben die Möglichkeit der freiwilligen Weiterversicherung.

Der Beitritt ist der Krankenkasse innerhalb von drei Monaten anzuzeigen. Bei der Abwägung für die freiwillige Versicherung kann auch eine Rolle spielen, dass die beitragsfreie Mitversicherung für Kinder und – unter bestimmten Voraussetzungen – für Ehepartner weiter möglich ist. Versicherungsberechtigte sind wie Versicherungspflichtige an die Wahl der Krankenkasse mindestens 18 Monate gebunden. Eine Kündigung der Mitgliedschaft ist zum Ablauf des übernächsten Kalendermonats möglich, gerechnet von dem Monat, in dem das Mitglied die Kün- Beitritt

Beitragsberechnung für Selbstständige

digung erklärt. Für hauptberuflich Selbstständige haben sich die gesetzlichen Krankenversicherungen auf ein einheitliches Verfahren der Beitragsberechnung geeinigt. Wird ein niedrigeres Einkommen nachgewiesen, kann ein geringerer Betrag zugrunde gelegt werden. Grundsätzlich berechnet sich der Beitrag nach der jeweils gültigen Beitragsbemessungsgrenze. Je nach Fall reicht der monatliche Beitrag – Stand 2014 – so von mindestens 205,99 Euro bis maximal 603,45 Euro. Die gesetzlichen Krankenkassen können den Selbstständigen auch Krankengeldleistungen als Wahltarif anbieten, um während einer Arbeitsunfähigkeit das Einkommen zu sichern. Im Einzelnen empfiehlt sich zu all diesen Fragen die Kontaktaufnahme mit der Krankenversicherung.

9.1.2 Pflegeversicherung

Freiwillige Mitglieder der gesetzlichen Krankenversicherung sind versicherungspflichtig in der sozialen Pflegeversicherung. Sie können aber auf Antrag von der Versicherungspflicht befreit werden, wenn sie nachweisen, dass sie bei einem privaten Versicherungsunternehmen gegen Pflegebedürftigkeit versichert sind.

Auch bei dieser Abwägung ist gegebenenfalls mit zu berücksichtigen, dass die gesetzliche Pflegeversicherung die Familienversicherung beinhaltet. Beim allgemeinen Beitragssatz beträgt der Beitrag zur Pflegeversicherung für Existenzgründer – Stand 2014 – mindestens 28,34 Euro und maximal 83,03 Euro.

9.1.3 Arbeitslosenversicherung

Auch Selbstständige haben die Möglichkeit, bei der Bundesagentur für Arbeit versichert zu bleiben. Dies kann dann von Vorteil sein, wenn die Betriebsgründung nicht so erfolgreich verläuft wie erwartet und erhofft. Dann hat der Unternehmer eventuell die Möglichkeit, nach Aufgabe des Betriebes Arbeitslosengeld zu beziehen.

Ein Versicherungspflichtverhältnis auf Antrag können Personen begründen, die eine selbstständige Tätigkeit mit einem Umfang von mindestens 15 Stunden wöchentlich aufnehmen und ausüben.

Voraussetzungen

Die Antragspflichtversicherung setzt insbesondere voraus, dass der Antragsteller innerhalb der letzten 24 Monate vor Aufnahme der Tätigkeit mindestens 12 Monate in einem Versicherungspflichtverhältnis gestanden hat. Der Antrag auf das Versicherungspflichtverhältnis ist spätestens innerhalb von drei Monaten nach Aufnahme der Tätigkeit zu stellen.
Selbstständige zahlen in der freiwilligen Arbeitslosenversicherung – Stand 2014 – monatlich in den alten Bundesländern 82,95 Euro und in den neuen Bundesländern 70,35 Euro.

Für Existenzgründer gilt eine Sonderregelung: Sie zahlen im Jahr der Existenzgründung und im darauf folgenden Kalenderjahr nur 50 % des monatlichen Beitrages.

9.1.4 Unfallversicherung

Träger der gesetzlichen Unfallversicherung sind im gewerblichen Bereich die Berufsgenossenschaften. Sie sind bundesweit organisiert.

Versicherungspflicht

Versicherungspflicht gilt insbesondere für

- alle Arbeitnehmer, auch geringfügig Beschäftigte
- zu ihrer Berufsausbildung Beschäftigte (Auszubildende)
- die bei ihrem Ehegatten oder im elterlichen Betrieb gegen Entgelt Beschäftigten.

Kraft Satzung können die Berufsgenossenschaften die Versicherungspflicht auch auf Unternehmer und ihre im Unternehmen unentgeltlich mitarbeitenden Ehegatten ausdehnen. Besteht keine Versicherungspflicht, kann auf Antrag von der freiwilligen Versicherung Gebrauch gemacht werden.

Beitragsberechnung

Berechnungsgrundlage des Beitrages für die kraft Satzung pflichtversicherten Selbstständigen und mitarbeitenden Ehegatten sowie die freiwillig Versicherten ist die nach Satzung der jeweiligen Berufsgenossenschaft bestimmte Versicherungssumme.

9.2 Private Personen- und Sachversicherungen

Ergänzend oder im Verbund mit der gesetzlichen Sozialversicherung bzw. als Alleinstellungsmerkmal bieten die Privatversicherungen die Gelegenheit, sich gegen die vielfältigen Risiken des täglichen Lebens sowohl im privaten als auch im betrieblichen Bereich zu sichern.

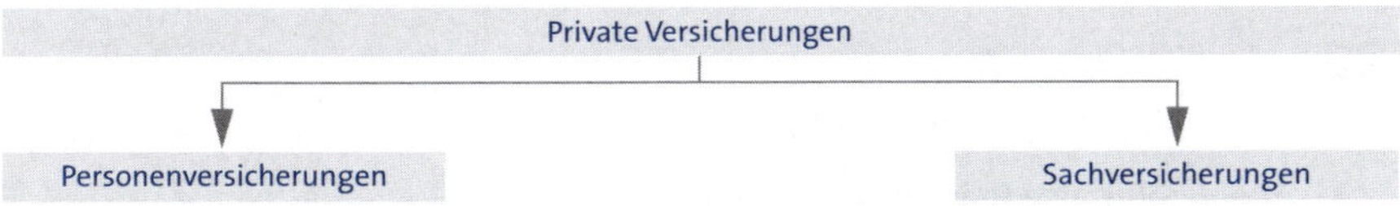

Gerade der selbstständige Handwerker bedarf dieses Schutzes in besonderer Weise.

Eine Privatversicherung kommt zustande durch Abschluss eines Vertrages zwischen Versicherer und Versicherungsnehmer.

Dem Abschluss geht in der Regel eine genaue Prüfung des Sachverhalts voraus.

Beispiel:

Untersuchung des Gesundheitszustandes des Versicherungsnehmers oder Prüfung der Gefahrenquellen für das Versicherungsobjekt.

Pflichten des Versicherers

Der Versicherer ist verpflichtet, den Versicherungsnehmer vor Vertragsschluss umfassend sowie klar und verständlich zu beraten und zu informieren. Zu den Informationen, die der Versicherer vor Vertragsschluss überreichen muss, gehört auch das sogenannte Produktinformationsblatt. Die Beratungsgespräche sind zu dokumentieren. Der Versicherungsnehmer hat vor Vertragsschluss grundsätzlich nur solche Umstände anzuzeigen, nach denen der Versicherer in Textform gefragt hat. Verstöße gegen die Anzeigepflicht berechtigen den Versicherer zum Rücktritt vom Vertrag, wenn der Versicherungsnehmer vorsätzlich falsche Angaben gemacht hat. Verschweigt dieser einen Umstand grob fahrlässig, kann der Versicherer nur zurücktreten, wenn er bei Kenntnis dieses Umstandes den Vertrag gar nicht geschlossen hätte. In den anderen Fällen kann der Versicherer den Vertrag lediglich unter bestimmten Voraussetzungen mit Wirkung für die Zukunft kündigen oder die Fortsetzung zu anderen Bedingungen verlangen. Der Versicherer muss diese Rechte innerhalb eines Monats seit Kenntnis von der Anzeigepflichtverletzung geltend machen. Außerdem stehen dem Versicherer diese Rechte nur zu, wenn er den Versicherungsnehmer durch gesonderte Mitteilung in Textform auf die möglichen Folgen einer Anzeigepflichtverletzung hingewiesen hat.

Versicherungsvertrag

Der Versicherungsnehmer erhält vom Versicherer eine Urkunde über den Versicherungsvertrag. Wichtigste Dokumente sind der Versicherungsschein, auch Police genannt, und die Allgemeinen Versicherungsbedingungen.

Bei der Schadenversicherung ist der Versicherer verpflichtet, nach Eintritt des Versicherungsfalls dem Versicherungsnehmer oder Geschädigten den erlittenen Schaden nach Maßgabe des Vertrages zu erstatten.

Fahrlässigkeit

Einfache fahrlässige Verstöße gegen die vertraglichen Pflichten aus dem Versicherungsvertrag bleiben für den Versicherungsnehmer folgenlos. Bei grob fahrlässigen Verstößen des Versicherungsnehmers kann die Leistung entsprechend der Schwere des Verschuldens gekürzt, jedoch nicht vollständig versagt werden. Bei Vorsatz ist der Versicherer leistungsfrei.

Bei Personenversicherungen sind die vereinbarten Geldleistungen wie z. B. Kapital, Rente oder Tagegeld zu zahlen.

Der Versicherungsnehmer ist verpflichtet,

- die vereinbarte Prämie zu zahlen und
- bei Eintritt des Versicherungsfalls unverzüglich eine Schadensanzeige zu erstatten.

Schlichtungsstelle

Die Ansprüche aus dem Versicherungsvertrag verjähren in drei Jahren. Für Meinungsverschiedenheiten haben die privaten Versicherer eine Schlichtungsstelle, den sog. Versicherungsombudsmann e. V., eingerichtet. Diese Stelle ist unabhängig, für den Verbraucher kostenfrei und erarbeitet im Streitfall Vorschläge für eine einvernehmliche Lösung. Das Recht, die Gerichte anzurufen, wird durch die Einschaltung dieser Schlichtungsstelle insbesondere für den Verbraucher nicht beeinträchtigt. Für den Bereich der privaten Kranken- und Pflegeversicherung besteht eine eigene Schlichtungsstelle.

9.2.1 Private Personenversicherungen

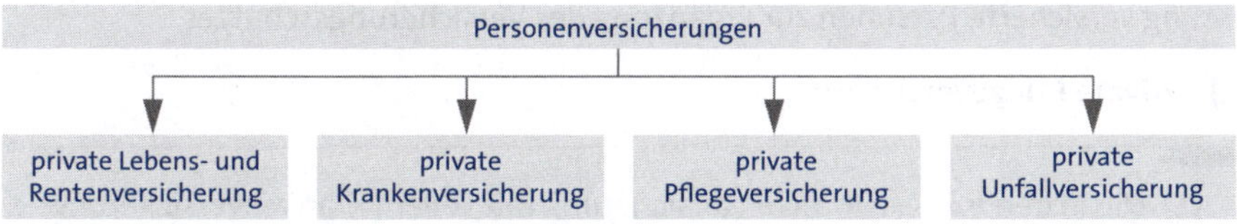

a) Private Lebens- und Rentenversicherung

Die Lebensversicherung garantiert eine Kapitalleistung, die

- > beim Ableben des Versicherten sofort oder
- > nach Ablauf der vereinbarten Versicherungsdauer

fällig wird. Rentenwahlrecht kann vereinbart werden.

Beim Tode des Versicherten wird die Versicherungssumme an die Erbberechtigten oder an den Bezugsberechtigten, den der Versicherte benannt hat, gezahlt.
Auf Lebensversicherungen räumen Versicherungsunternehmen erststellige Hypothekendarlehen zu günstigen Bedingungen ein.
Die wichtigsten Versicherungsarten sind: Versicherungsarten

- > Risiko-Lebensversicherung: Sie bietet Absicherung für die Hinterbliebenen. Bei Existenzgründern ermöglicht sie es, die Angehörigen von Risiken und Verpflichtungen aus dem gerade gegründeten Unternehmen zu entlasten.
- > Kapitalbildende Lebensversicherung: Sie bietet Hinterbliebenenschutz und Vorsorge für das eigene Alter.
- > Private Rentenversicherung: Sie ermöglicht dem Versicherten eine lebenslange Leibrente. Hinterbliebenenrenten für Witwen und Waisen können mitversichert werden.
- > Berufsunfähigkeitsversicherung: Sie wird gelegentlich mit einer kapitalbildenden Lebensversicherung kombiniert, ist jedoch auch als eigenständige Versicherung möglich.

b) Private Krankenversicherung

Die private Krankenversicherung gibt materielle Sicherheit bei Krankheit.
Wichtigste Versicherungsarten sind: Versicherungsarten

- > Krankheitskostenvollversicherung für ambulante und stationäre Heilbehandlung sowie zahnärztliche und zahntechnische Leistungen. Wenn der Existenzgründer sich dafür entscheidet, muss ihm bewusst sein, dass eine Rückkehr in die gesetzliche Krankenversicherung nur schwer möglich ist. Die privaten Krankenversicherungen müssen auch einen sogenannten Basistarif anbieten, für den es (Basistarif) keine Risikozuschläge oder -ausschlüsse geben darf. Dieser Basistarif muss in seinem Leistungsumfang dem der gesetzlichen Versicherung vergleichbar sein und darf deren Höchstbeitrag nicht überschreiten.

- Krankentagegeldversicherung zum Ausgleich eines Verdienstausfalls bei Arbeitsunfähigkeit
- Krankenhaustagegeldversicherung
- Krankheitskosten-Zusatzversicherung für in der gesetzlichen Krankenversicherung versicherte Personen zur Ergänzung des Versicherungsschutzes.

c) Private Pflegeversicherung

Die in der privaten Krankenversicherung mit vollem Krankenversicherungsschutz versicherten Personen unterliegen der Pflichtversicherung in der privaten Pflegeversicherung.

Sie haben bei einem Versicherungsunternehmen einen Pflegeversicherungsvertrag abzuschließen. Der Beitrag ist vorwiegend abhängig vom Alter des Versicherten.

Zusatzangebote

Daneben werden auch noch Pflegezusatzversicherungen (seit Jahresbeginn 2013 unter bestimmten Voraussetzungen mit staatlichem Zuschuss) und Pflegerentenversicherungen angeboten.

d) Private Unfallversicherung

Die private Unfallversicherung ermöglicht Vorsorge gegen die wirtschaftlichen Folgen eines Unfalls. Im Gegensatz zur gesetzlichen Unfallversicherung (Berufsgenossenschaft) beschränkt sie sich nicht nur auf den Schutz bei Arbeitsunfällen.

Versicherungsarten

Wichtigste Versicherungsarten sind:

- Invaliditäts-Unfallversicherung mit Kapital- oder Rentenzahlung
- Kapitalversicherung bei Unfalltod
- Unfalltagegeld- bzw. Unfall-Krankenhaustagegeldversicherung.

Personenversicherungen können auch im Rahmen von Gruppen- und Kollektivversicherungsverträgen abgeschlossen werden. Die Vorteile liegen in ermäßigten Prämien, vielfach auch im Entfallen oder in der Erleichterung einer Gesundheitsprüfung.

Beispiel:

Betriebe schließen zugunsten ihrer Arbeitnehmer (einschließlich der Betriebsinhaber und ihrer Familienangehörigen) über die im Handwerk errichteten Versorgungswerke Gruppen- und Kollektivverträge ab.

9.2.2 Sachversicherungen

Einzelne Sachversicherungen

Wichtige Sachversicherungen sind:

- Feuerversicherung
- Einbruchsdiebstahlversicherung
- Leitungswasserschäden- und Sturmversicherung
- Glasbruchversicherung
- Hausratversicherung
- Wohngebäudeversicherung
- Kraftfahrzeugversicherung (Haftpflicht, Kasko, Insassenunfall)
- Haftpflichtversicherung (Privat-, Haus- und Grundbesitz-, Tierhalter-, Berufs- und Betriebshaftpflicht sowie Gewässer-, Umwelt- und Produkthaftungsschädenversicherung)
- Maschinen-, Schwachstrom-, Transport- und Betriebsunterbrechungsversicherung
- Rechtsschutzversicherung.

Bei diesen privaten Versicherungen unterscheidet man

- Schadenversicherungen und
- Summenversicherungen.

Schadenversicherungen

Bei Schadenversicherungen erfolgt die Regulierung, also die Zahlung der Versicherungsleistung nach dem Versicherungswert bzw. der konkreten Schadenshöhe, wobei eine Höchstgrenze der Versicherungssumme festgelegt sein kann. Dies gilt in der Regel für alle Sachversicherungen.

Summenversicherungen

Bei Summenversicherungen wird eine vereinbarte Leistung ausbezahlt. Lebensversicherungen und Unfallversicherungen sind hierfür Beispiele.

Geschäftsversicherung

Betriebsinhaber haben auch die Möglichkeit, über eine Geschäftsversicherung Risiken wie u. a. Feuer, Leitungswasser, Einbruchsdiebstahl, Sturm, Hagel sowie Betriebsunterbrechung gebündelt abzusichern. Bei derartigen Bündelangeboten sollte allerdings geprüft, ob man für den eigenen Betrieb tatsächlich alle Bestandteile des Gesamtpakets benötigt.

Weiter zu erwähnen sind:

- Kreditversicherung, Versicherung gegen Forderungsausfälle.

9.3 Altersversorgung des selbstständigen Handwerkers

9.3.1 Gesetzliche Rentenversicherung

> Hier gibt es die Sondersituation, dass bestimmte Existenzgründer im Handwerk der Versicherungspflicht in der gesetzlichen Rentenversicherung unterliegen (sogenannte Handwerkerversicherung).

Dies sind

Anlage-A-Berufe

- selbstständig tätige Handwerker, die in die Handwerksrolle (Anlage A der Handwerksordnung) eingetragen sind und die erforderlichen handwerksrechtlichen Voraussetzungen erfüllen (in der Regel die Meisterprüfung)

> die Gesellschafter einer in die Handwerksrolle eingetragenen Personengesellschaft, wenn sie die für die Eintragung in die Handwerksrolle erforderlichen Voraussetzungen erfüllen (in der Regel die Meisterprüfung).

Anlage-B-Berufe

Für Gründer in Berufen der Anlage B1 (zulassungsfreie Handwerke) und der Anlage B2 (handwerksähnliche Gewerbe) gilt keine Versicherungspflicht. Sie haben aber die Möglichkeit,

> sich freiwillig in der gesetzlichen Rentenversicherung zu versichern oder
> von der Versicherungspflicht auf Antrag Gebrauch zu machen.

Eine Ausnahme besteht für sogenannte „arbeitnehmerähnliche Selbstständige" – wenn kein zusätzlicher Arbeitnehmer beschäftigt wird und die Tätigkeit sich auf einen Auftraggeber beschränkt. Auch sie unterliegen dann der Rentenversicherungspflicht.

Nicht-Versicherungspflichtigen ist zum weiteren Vorgehen des Verbleibs oder Ausscheidens aus der gesetzlichen Rentenversicherung und zu den damit verbundenen Vor- und Nachteilen eine eingehende Beratung zu empfehlen.

Beginn der Versicherungspflicht

Bei Versicherungspflichtigen beginnt die Versicherungspflicht mit dem Tag der Eintragung in die Handwerksrolle, sofern die selbstständige Tätigkeit zu diesem Zeitpunkt bereits ausgeübt wird; bei späterer Aufnahme der Tätigkeit erst mit diesem Zeitpunkt.

Beispiel:

Eintragung in die Handwerksrolle: 02.02.2015
Aufnahme der selbstständigen Tätigkeit: 09.03.2015
Beginn der Versicherungspflicht: 09.03.2015.

Diese Versicherungspflicht endet kraft Gesetzes mit

> Einstellung der selbstständigen Tätigkeit,
> Löschung in der Handwerksrolle bzw. im Verzeichnis der zulassungsfreien Handwerke (hier nur bei Eintragungen vor dem 01.01.2004),
> Bezug der Vollrente wegen Alters.

Personen, die neben einer versicherungspflichtigen selbstständigen Tätigkeit als Handwerker eine versicherungspflichtige Beschäftigung als Arbeitnehmer ausüben, sind in beiden Tätigkeiten rentenversicherungspflichtig.

Mindestversicherungspflicht

Auf Antrag von der Versicherungspflicht befreit werden Handwerker, wenn sie für mindestens 18 Jahre (= 216 Kalendermonate) Pflichtbeiträge zur gesetzlichen Rentenversicherung nachweisen können. Angerechnet werden auch die vor der Selbstständigmachung entrichteten Pflichtbeiträge während der Ausbildungs- und Beschäftigungszeiten sowie die Wehr- oder Zivildienstzeiten und Kindererziehungszeiten.

Regelbeitrag

Pflichtversicherte Handwerker entrichten ohne Rücksicht auf die Höhe ihres Einkommens einen Regelbeitrag, der dem Durchschnittsentgelt aller Versicherten in der gesetzlichen Rentenversicherung entspricht. Anstelle des Regelbeitrags kann ein niedrigerer oder höherer Beitrag gezahlt werden, wenn das im letzten Einkommensteuerbescheid ausgewiesene Arbeitseinkommen unter oder über dem Durchschnittsentgelt der gesetzlichen Rentenversicherung liegt. Dabei kann ein bestimmter Mindestbeitrag nicht unterschritten werden.

Für Existenzgründer gilt folgende Sonderregelung: Bis zum Ablauf von drei Kalenderjahren nach dem Jahr der Selbstständigmachung ist nur der halbe Regelbeitrag zu entrichten. Liegt das (gegebenenfalls auch geschätzte) Einkommen unter der Hälfte des Durchschnittsentgelts, ist eine weitere Beitragsanpassung möglich. Auf Antrag kann der volle Regelbeitrag bezahlt werden.

Der Mindestbeitrag zur Handwerkerversicherung wie zur freiwilligen Versicherung beträgt – Stand 2014 – 85,05 Euro monatlich, der Höchstbeitrag 1.124,55 Euro.

9.3.2 Zusätzliche kapitalgedeckte Altersvorsorge

Rürup-Rente

Auch für Selbstständige wurde die Möglichkeit eröffnet, staatlich gefördert eine Altersvorsorge aufzubauen (sogenannte „Basis"- oder „Rürup"-Rente). Eine solche Rentenversicherung wird bei einem privaten Versicherungsunternehmen oder einer Investmentgesellschaft abgeschlossen.

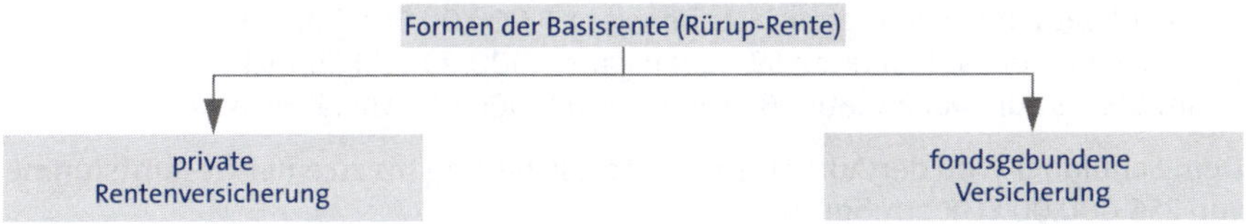

Der Gesetzgeber hat die steuerliche Begünstigung insbesondere an folgende Bedingungen geknüpft:

Steuerliche Begünstigung

> Die monatliche Rente darf frühestens ab Vollendung des 60. Lebensjahrs ausgezahlt werden.
> Die erworbenen Rentenanwartschaften dürfen weder übertragbar, beleihbar, veräußerbar, vererblich noch kapitalisierbar sein.
> Die Versicherten dürfen sich das angesparte Vorsorgekapital nicht in einem Betrag – auch nicht in Teilbeträgen – auszahlen lassen können. Sie müssen stattdessen eine monatliche, lebenslange Rente bekommen.
> Die Versicherungsansprüche dürfen zwar nicht vererbt werden, können aber mit einer zusätzlichen Hinterbliebenenabsicherung kombiniert werden. Auf diese Weise können auch der Ehegatte und die kindergeldberechtigten Kinder des Anlegers abgesichert werden.
> Neben der Alters- und Hinterbliebenenabsicherung kann die Basis-/Rürup-Rente – wenn dies vertraglich vereinbart wird – in einem gewissen Umfang auch die ergänzende Absicherung für den Fall des Eintritts einer Berufs- oder Erwerbsunfähigkeit vorsehen.

Die Beiträge werden in den kommenden Jahren schrittweise steuerfrei gestellt. Gleichzeitig steigt die Besteuerung der Renten aus einer Basis-/Rürup-Rente in den nächsten Jahren an.

9.3.3 Sonstige Formen der Altersversorgung

Auf die Formen der kapitalbildenden Lebensversicherung und der privaten Rentenversicherung wurde bereits unter >> Abschnitt 9.2.1 a) eingegangen.

9.3.4 Pfändungsschutz der privaten Altersvorsorge Selbstständiger

Selbstständige haben hinsichtlich ihrer privaten Alterssicherung einen Pfändungsschutz. Geschützt werden Altersvorsorgeverträge, insbesondere Lebensversicherungen und private Rentenversicherungen, aber auch Fonds- und Banksparpläne. In den Pfändungsschutz werden auch die Renten aus steuerlich geförderten Altersvorsorgevermögen, wie etwa die Basis-/Rürup-Rente, einbezogen. Die Höhe des pfändungsgeschützten Vorsorgekapitals ist dabei abhängig vom Lebensalter progressiv ausgestaltet, d.h. mit zunehmendem Alter erhöht sich der unpfändbare Betrag

Staffelung

- vom 18. bis zum vollendeten 29. Lebensjahr 2.000,00 EUR jährlich
- vom 30. bis zum vollendeten 39. Lebensjahr 4.000,00 EUR jährlich
- vom 40. bis zum vollendeten 47. Lebensjahr 4.500,00 EUR jährlich
- vom 48. bis zum vollendeten 53. Lebensjahr 6.000,00 EUR jährlich
- vom 54. bis zum vollendeten 59. Lebensjahr 8.000,00 EUR jährlich
- vom 60. bis zum vollendeten 67. Lebensjahr 9.000,00 EUR jährlich.

Dem Schuldner wird der Aufbau einer Alterssicherung bis zu einer Gesamtsumme von 256.000,00 EUR ermöglicht.
Der Altersvorsorgevertrag muss aber bestimmte Voraussetzungen erfüllen, damit die genannten Pfändungsfreigrenzen Anwendung finden:

Voraussetzungen

- Die Leistung muss in regelmäßigen Zeitabständen lebenslang und darf nicht vor Vollendung des 60. Lebensjahres oder nur bei Eintritt der Berufsunfähigkeit gewährt werden.
- Über die Ansprüche aus dem Vertrag darf nicht (vorzeitig) verfügt werden.
- Die Bestimmung von Dritten mit Ausnahme von Hinterbliebenen als Berechtigte muss ausgeschlossen sein, und die Zahlung einer Kapitalleistung, ausgenommen eine Zahlung für den Todesfall, darf nicht vereinbart sein.

Für Existenzgründer ist wichtig zu wissen, dass z.B. Lebensversicherungen, die zur Kreditsicherung eingesetzt werden, diesen Anforderungen nicht genügen und deshalb keinen Pfändungsschutz genießen.

> Existenzgründer sollten Fragen der Alterssicherung nicht auf die lange Bank schieben. Vor allem wäre es verkehrt, sich darauf zu verlassen, dass bei späterer Übergabe des aufgebauten Unternehmens damit die Altersversorgung sichergestellt werden kann.

Wiederholungsfragen sowie handlungsorientierte, fallbezogene Übungs- und Prüfungsaufgaben

1. Mit der Selbstständigmachung verlassen Sie als Existenzgründer das soziale Netz, das Sie bisher für verschiedene personenbezogene Lebensrisiken abgesichert hat. Ferner müssen Sie für eine Reihe von Risiken des betrieblichen Bereichs Vorsorge treffen.

   Aufgabe:

   a) Stellen Sie die wichtigsten Versicherungsarten zusammen, die für die Risikoabsicherung in Ihrem privaten Bereich zweckmäßig sind!

   b) Stellen Sie wichtige Versicherungsarten, die für die Abdeckung betrieblicher Risiken in Frage kommen, dar!

   >> Seiten 221 bis 231 |

2. Existenzgründer haben die Möglichkeit, auch nach Ausscheiden aus einem Arbeitnehmerverhältnis in bestimmten Sozialversicherungen versichert zu bleiben.

   Aufgabe:

   a) Nennen Sie die Sozialversicherungszweige, in denen dies möglich ist!

   b) Beschreiben Sie die Voraussetzungen, unter denen Existenzgründer diese Möglichkeiten nutzen können!

   >> Seiten 221 bis 223 |

3. Wenn der Existenzgründer freiwilliges Mitglied der gesetzlichen Krankenversicherung ist, was gilt dann für seine Pflegeversicherung?

☐ a Unternehmer brauchen grundsätzlich keine Pflegeversicherung.

☐ b Auch wer nur freiwillig der gesetzlichen Krankenversicherung angehört, gehört dann zwangsweise zur gesetzlichen Pflegeversicherung.

☐ c Unternehmer können sich gegen das Pflegefallrisiko grundsätzlich nur privat absichern.

☐ d Freiwillige Mitglieder der gesetzlichen Krankenversicherung können bei Nachweis, dass sie privat gegen Pflegebedürftigkeit versichert sind, von der Versicherungspflicht in der gesetzlichen Pflegeversicherung befreit werden.

☐ e Existenzgründer brauchen in den ersten drei Jahren ihrer Tätigkeit keine Pflegeversicherung.

>> Seite 222 |

4. Ist der selbstständige Unternehmer (Handwerker) für seine eigene Person unfallversicherungspflichtig bei der Berufsgenossenschaft?

a Ja, aufgrund der gesetzlichen Unternehmerversicherungspflicht.

b Wenn die Satzung der Berufsgenossenschaft die Unternehmerpflichtversicherung vorschreibt.

c Wenn er mündlich einen Antrag stellt.

d Wenn er Mitglied einer Arbeitgeberorganisation ist.

e Wenn er keine Arbeitskräfte im Betrieb beschäftigt.

>> Seite 223 |

5. Nennen Sie die privaten Versicherungszweige und einige Versicherungsarten, mit denen sich ein Existenzgründer auseinandersetzen sollte!

>> Seite 223 bis 226 |

6. Für Sie als Betriebsinhaber bieten Privatversicherungen zahlreiche Möglichkeiten, sich auf freiwilliger Basis gegen die vielfältigen Risiken im privaten und betrieblichen Bereich abzusichern.

Aufgabe: Der Versicherungsschutz in der Privatversicherung kommt zustande durch

a einseitige Verpflichtung des Versicherungsnehmers.

b einseitige Verpflichtung des Versicherers.

c Erhebung des Anspruchs seitens des Versicherungsnehmers.

d Abschluss eines Versicherungsvertrages zwischen Versicherer und Versicherungsnehmer.

e Verfügung einer Behörde.

>> Seite 223 |

7. Mit Abschluss des privaten Versicherungsvertrages und bei Vorliegen der Anspruchsvoraussetzungen ergibt sich für den Versicherungsnehmer

a ein Anspruch in einer von ihm zu bestimmenden Höhe.

b ein Rechtsanspruch auf Leistungen entsprechend der vertraglichen Regelung.

c ein Leistungsanspruch nach freiem Ermessen des Versicherers.

d ein Anspruch nach billigem Ermessen des Versicherers.

e ein Anspruch nach dem Grad der Bedürftigkeit.

>> Seite 224 |

8. Für Sie als Betriebsinhaber bieten Privatversicherungen zahlreiche Möglichkeiten, sich auf freiwilliger Basis gegen die vielfältigen Risiken im privaten und betrieblichen Bereich abzusichern.

   Aufgabe:

   a) Beschreiben Sie die wichtigsten Arten von Personenversicherungen in der Privatversicherung!

   b) Beschreiben Sie die wichtigsten Arten von Sachversicherungen, die die Privatversicherung anbietet!

   >> Seiten 225 bis 227 |

9. Wer ist in der privaten Pflegeversicherung pflichtversichert?

- [ ] a Jeder, der in einem Arbeitsverhältnis steht.
- [ ] b Jeder selbstständige Handwerker.
- [ ] c Nur selbstständige Handwerker, die nicht mehr als fünf Arbeitnehmer beschäftigen.
- [ ] d Jeder in der privaten Krankenversicherung Versicherte mit vollem Krankenversicherungsschutz.
- [ ] e Alle Personen ab dem 60. Lebensjahr.

   >> Seite 226 |

10. Nennen Sie einige Risiken, die im Rahmen privater Schadenversicherungen versichert werden können!

   >> Seite 227 |

11. Durch welche Versicherung deckt der selbstständige Handwerker Schäden ab, die er in Ausübung seines Berufes Dritten zufügt?

- [ ] a Lebensversicherung
- [ ] b Sachversicherung
- [ ] c Unfallversicherung
- [ ] d Invaliditätsversicherung
- [ ] e Haftpflichtversicherung.

   >> Seite 227 |

12. Ordnen Sie die nachgenannten privaten Versicherungsarten den Bereichen Personenversicherung (A) und Sachversicherung (B) zu:

- [ ] a Pflegeversicherung
- [ ] b Einbruchdiebstahlversicherung
- [ ] c Unfallversicherung
- [ ] d Versicherung gegen Forderungsausfälle
- [ ] e Betriebsunterbrechungsversicherung
- [ ] f Feuerversicherung.

>> Seiten 225 bis 227 |

13. Nach Ihrer Selbstständigmachung befassen Sie sich eingehend damit, wie Sie für sich eine ausreichende Altersvorsorge sicherstellen können.

Aufgabe:

a) Unterliegen selbstständige Handwerker der Versicherungspflicht in der gesetzlichen Rentenversicherung?

b) Wenn ja: Gibt es hier Unterschiede zwischen Gewerbetreibenden, die in die Handwerksrolle, solchen, die im Verzeichnis der zulassungsfreien Handwerke, und solchen, die im Verzeichnis der handwerksähnlichen Gewerbe eingetragen sind?

>> Seiten 227 bis 228 |

14. Als selbstständig tätiger Handwerker, der ein zulassungspflichtiges Handwerk ausübt und die erforderlichen handwerksrechtlichen Voraussetzungen erfüllt, unterliegen Sie der Versicherungspflicht in der Rentenversicherung.

Aufgabe: Welche Einzelbestimmungen gelten hierbei für die Beitragsentrichtung?

>> Seiten 228 bis 229 |

15. Staatlich geförderte Altersvorsorge für Selbstständige in Form der sog. Rürup-Rente kann abgeschlossen werden als (zwei Antworten sind richtig!)

- [ ] a private Rentenversicherung.
- [ ] b Risikolebensversicherung.
- [ ] c fondsgebundene Versicherung.
- [ ] d private Unfallversicherung mit Hinterbliebenenschutz.
- [ ] e kapitalbildende Lebensversicherung.

>> Seite 229 |

16. Welche Möglichkeit besteht für Selbstständige, eine zusätzliche kapitalgedeckte Altersvorsorge aufzubauen und dafür steuerliche Vergünstigungen in Anspruch zu nehmen?

>> Seite 229 |

10. Bedeutung persönlicher Aspekte sowie betriebswirtschaftlicher und rechtlicher Bestandteile eines Unternehmenskonzeptes im Zusammenhang darstellen und begründen

Kompetenzen

- Analysen und Planungen zur Vorbereitung eines Unternehmenskonzepts auf Konsistenz prüfen und anpassen.
- Ergebnisse in einem Businessplan zusammenfassen und darstellen.
- Unter Berücksichtigung der Rahmenbedingungen Konzepte für Gründung und Übernahme entwickeln.
- Zweck und Aufbau eines Unternehmensleitbildes verstehen.
- Gestaltungsmöglichkeiten eines Übernahmevertrags abwägen.
- Gesetzliche Pflichten bei Übernahmen kennen.
- Wichtige Einflussgrößen auf den Kaufpreis kennen.

10.1 Unternehmenskonzept

Grundsätzlich wird – wie schon dargestellt – das Unternehmenskonzept in Form eines Businessplans (Geschäftsplan) dargestellt. Seine Erstellung ist die zentrale Aufgabe in der Vorbereitung einer Betriebsgründung.

Stimmigkeit

In den vorausgehenden Lernsituationen wurden schon wesentliche Inhalte eines Unternehmenskonzepts behandelt. Einige weitere werden nachfolgend noch dargestellt, ehe ein Schema für einen Businessplan erstellt wird. Dabei ist das gesamte Unternehmenskonzept immer wieder auch auf seine Konsistenz (Stimmigkeit) zu prüfen. Wenn sich herausstellt, dass sich einzelne Bausteine widersprechen oder nicht zusammenpassen, so sind Anpassungen beziehungsweise Korrekturen vorzunehmen.

10.1.1 Leitbild

Grundsätzliche Fragen

Der Existenzgründer sollte sich auch mit folgenden grundsätzlichen Fragen auseinandersetzen:

- Wer bin ich mit meinem Unternehmen, und worin sehe ich meine Aufgabe (Mission)?
- Was will ich mit meinem Unternehmen erreichen (Vision)?
- Wie will ich dies erreichen (Werte)?

  Im Einzelnen kann er dies noch mit folgenden Fragen ergänzen und präzisieren:
- Wer sind wir?
- Was sind wir?
- Wer sind unsere Partner und unsere Zielgruppen?
- Wer sind unsere Konkurrenten?
- Von wem wollen wir uns positiv abheben?

> Worin bestehen die besonderen Leistungen unseres Betriebes?
> Wo liegen unsere Stärken und Schwächen?
> Welches Image haben / wollen wir am Markt?
> Welche Ziele verfolgen wir, und was müssen wir dafür tun?

Leitbild

Das so definierte Leitbild bezieht sich damit auf die Unternehmensplanung, die Unternehmensgrundsätze und die Unternehmensphilosophie. Wenn der Betrieb bereits Mitarbeiter hat, so erstrecken sich die genannten Fragen auch auf diese. Ein Unternehmensleitbild sollte in jedem Fall gemeinsam von Betriebsinhaber und Mitarbeitern entwickelt werden, sodass sich auch jeder damit identifizieren kann. Es ist sowohl nach innen als auch nach außen gerichtet.

Interne Ausrichtung

> Die interne Ausrichtung bezieht sich in erster Linie auf den Umgang mit den Mitarbeitern und hat ein Zusammengehörigkeitsgefühl, eine Identifizierung mit dem Betrieb und eine hohe Motivationsfunktion zum Ziel.

Externe Ausrichtung

> Nach außen betrachtet muss das Leitbild des Betriebes auf ein positives Erscheinungsbild ausgerichtet sein, wobei das tatsächliche Handeln auch dem entsprechen muss, was vorgegeben wird. Im Handwerksbetrieb wird die Leistung in erster Linie von Menschen bestimmt. Deshalb kommt es entscheidend auf die Persönlichkeitsprofile des Betriebsinhabers und seiner Mitarbeiter an.

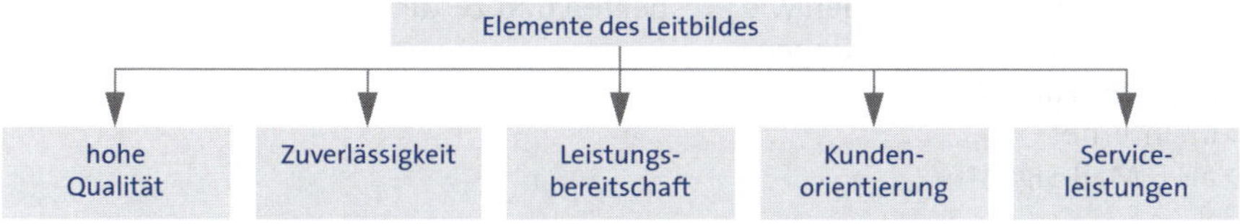

Unternehmenskultur

Das Leitbild mündet dann in die Betriebs-/Unternehmenskultur. Dieser Begriff kennzeichnet grundlegende Annahmen und Überzeugungen darüber, wie ein Betrieb sich selbst und sein Umfeld sieht. Diese Annahmen werden von den Betriebsangehörigen erlernt, von ihnen geteilt und im Lauf der Zeit dann zur Selbstverständlichkeit im gelebten Verhalten und Handeln.

Corporate Identity

Nach außen wird die Unternehmenskultur durch die Corporate Identity sichtbar. Diese äußert sich insbesondere durch

> ein einheitliches Erscheinungsbild mit einprägsamen Symbolen, Bildern oder Farben
> Regeln für ein einheitliches Auftreten
> ein entsprechendes Kommunikationsverhalten.

Für ein attraktives Image des Betriebes ist dessen Erscheinungsbild eine wichtige Voraussetzung. Dabei kommt es nicht nur auf das Äußere des Betriebes an. Sein Erscheinungsbild ist umfassender zu verstehen und bezieht sich sowohl auf den Betrieb wie auch auf die Produkte, Leistungen und Mitarbeiter. In der Außendarstellung ist vor allem die Kundenorientierung von großer Bedeutung.

Eine wichtige Rolle für die Corporate Identity spielt das Firmenzeichen (Logo). Es sollte aus einem für Verbraucher und Kunden einprägsamen und unverwechselbaren Firmensymbol mit firmentypischem Schriftzug bestehen. Für die Gestaltung und optische Linie kommt es insbesondere auf Schriftart, Farben, Farbkombinationen und Raumaufteilung an.

Besondere Anforderungen an ein Firmenzeichen
- Signaleffekt
- Erkennungseffekt
- Qualitätseffekt
- Erinnerungseffekt

Firmenzeichen

Zur raschen Durchsetzung und Bekanntmachung wird das Firmenzeichen möglichst überall eingesetzt, insbesondere:

- am Betrieb und Geschäft sowie im Schaufenster
- auf der Kleidung der Beschäftigten
- auf Visitenkarten, Briefbogen, Briefumschlägen und Rechnungsformularen sowie Firmenstempeln
- auf Firmenfahrzeugen
- als Aufkleber auf den Produkten
- auf Verpackungen
- auf allen Werbematerialien wie Prospekten und Zeitungsanzeigen
- bei Messen und Ausstellungen
- auf Werbeartikeln
- im Internet
- als E-Mail-Signatur.

Imagekampagne

Im Zuge der Imagekampagne des deutschen Handwerks gehen die Bestrebungen dahin, für das gesamte Handwerk ein einheitliches Gestaltungsmerkmal durchzusetzen, das von der Öffentlichkeit unverwechselbar mit dieser Wirtschafts- und Gesellschaftsgruppe verbunden wird. Ein solches Zeichen für das Handwerk – für jeden Handwerksbetrieb, jede Handwerksorganisation, für Handwerksprodukte und -dienstleistungen – ist z. B. die Wort-Bild-Marke der Imagekampagne „Das Handwerk. Die Wirtschaftsmacht von nebenan".
Aus diesen theoretischen Grundlagen lassen sich Empfehlungen für das konkrete Handeln und Vorgehen eines Existenzgründers ableiten.
Der Existenzgründer mit Meisterprüfung sollte sich von folgenden Grundsätzen des Meisterstatus bzw. modernen Meistersymbols leiten lassen:

- Qualität
- handwerkliche Leistungsvielfalt
- Fach- und Problemlösungskompetenz
- effiziente Unternehmensführung.

Meisterbetrieb

Die Bezeichnung „Meisterbetrieb", gegebenenfalls auch noch verbunden mit der Eigenschaft „Innungsbetrieb", sollte Symbol für Qualität, handwerkliche Leistungsvielfalt, Fach- und Problemlösungskompetenz, qualifizierte, moderne, wirtschaftliche und effiziente Unternehmensführung sein. Diese Stärken muss der Betriebsinhaber zielgruppengerecht bei seinen potenziellen Privat- und Gewerbekunden sowie den öffentlichen Auftraggebern überzeugend zum Tragen bringen. Dann werden die Kunden bewusst Wert darauf legen, Produkte und Dienstleistungen von einem Meisterbetrieb zu erhalten.

Kundenorientierung muss für jeden Existenzgründer und seine Mitarbeiter oberste Richtschnur sein, um sich erfolgreich am Markt zu behaupten.

Kunden-orientierung

Ausprägungen der Kundenorientierung sind insbesondere:
> Freundlichkeit
> Pünktlichkeit
> Termintreue
> Zuverlässigkeit
> Fachwissen
> Qualität der Produkte und Leistungen
> Service, kompetente Beratung und Problemlösung, Nachbetreuung
> Kostenverbindlichkeit
> bestmögliches Preis-Leistungs-Verhältnis.

10.1.2 Produkt- und Leistungsprogramm

Die betrieblichen Tätigkeitsbereiche beziehen sich im Handwerksbetrieb auf Gewerbe, die als zulassungspflichtige, zulassungsfreie Handwerke oder handwerksähnliche Gewerbe bzw. deren Teilbereiche im Rahmen der Bestimmungen der Handwerksordnung betrieben werden können. Anhand der Berufsbilder bzw. Gewerbebeschreibungen können die vorgesehenen Arbeitsgebiete zusammengestellt werden.

Zusatz- und Nebenleistungen

Dabei ist zu beachten, dass auch Zusatz- bzw. Nebenleistungen zu den Produkten oder Hauptleistungen Bestandteile des gesamten Leistungsprogramms sind. Es geht dabei um Leistungen, die der Verkäufer seinem Abnehmer während und nach dem Kauf oder der Hauptleistung anbietet, um den Erwerb, Einsatz und Gebrauch des Produktes oder einer Leistung zu ermöglichen, zu erleichtern und zu gewährleisten. In nahezu allen Handwerkszweigen sind Kundendienstleistungen von hohem Stellenwert. Anhand folgender Übersicht soll der Existenzgründer die Ergänzung seines geplantes Produkt- und Leistungsprogramms konzipieren.

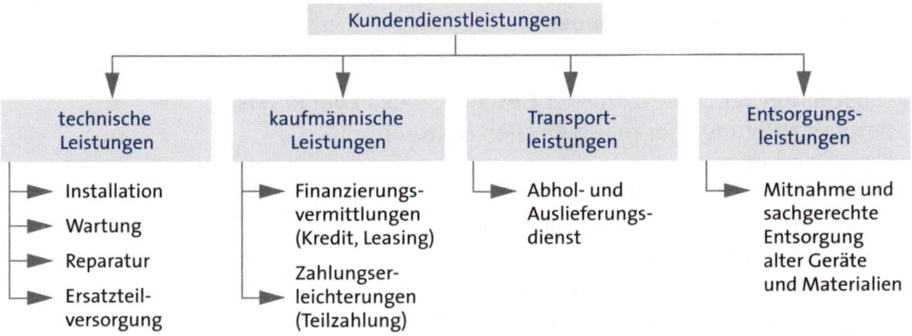

Komplette Problemlösung

Kundendienstleistungen steigern die Kundenzufriedenheit, fördern die Marken- und Herstellertreue und helfen mit, einen engen und intensiven Kontakt zum Kunden aufzubauen und ihn zum Stammkunden zu machen. Sie sind eine wichtige

Voraussetzung für eine insgesamt erfolgreiche Produkt- und Leistungsgestaltung im weitesten Sinne. Vermehrt will der Kunde nicht nur das Produkt kaufen, sondern er verlangt eine komplette Problemlösung und besten Service.

10.1.3 Zielgruppen

Zielgruppe 1

Ein Businessplan wird in der Regel für mehrere Zielgruppen erstellt. Zielgruppe Nummer 1 ist der Existenzgründer selbst. Mit der Erstellung des Businessplans soll es ihm insbesondere gelingen,

> seine Ideen und Planungen selbst darzustellen und zu vertreten
  sowie
> seine Erfolgsaussichten, aber auch seine Risiken realistisch einschätzen zu können.

Zielgruppe 2

Zielgruppe Nummer 2 sind Stellen wie die Berater von Handwerkskammern und Fachorganisationen des Handwerks, damit diese

> noch auf Fehler und Widersprüche hinweisen können
  und
> Stellungnahmen für Banken und Förderinstitute vorbereiten können.

Zielgruppe 3

Zielgruppe Nummer 3 sind dann schließlich die Kreditinstitute, die die Existenzgründung mit finanzieren sollen.

10.1.4 Beispiel eines Businessplans

Durch die Aufstellung eines Businessplans erhält der zukünftige Unternehmer Klarheit über sein Vorhaben. Bei der Erstellung setzt sich der Gründer intensiv mit den verschiedenen Bereichen seines zukünftigen Betriebes auseinander und beleuchtet die wichtigsten Aspekte auf dem Weg in die Selbstständigkeit.

Im Businessplan wird auch festgelegt, wie die Geschäftsidee erfolgreich umgesetzt werden kann. Je durchdachter das festgelegte Konzept ist, desto größer sind die Erfolgschancen des Vorhabens.

Allgemeine Bedingungen

Folgende allgemeine Bedingungen sollte der Businessplan in jedem Fall erfüllen:

> Darstellung der Umsetzung der Geschäftsidee in der Praxis
> Berücksichtigung aller maßgeblichen Faktoren
> klare Gliederung
> verständlicher Schreibstil
> prägnante Darstellung der Informationen
> übersichtlicher Umfang
> nachvollziehbare Aussagen und Informationen
> ansprechendes äußeres Erscheinungsbild
> sorgfältige Wortwahl.

Der Businessplan kann dann wie folgt gegliedert sein (die hier gewählte Darstellung lehnt sich in Teilen an Veröffentlichungen des Bundesministeriums für Wirtschaft und Energie an):

1.	**Kurzzusammenfassung der wichtigsten Inhalte und Argumente**
2.	**Geschäftsidee/Gründerperson**
2.1	Zweck des Vorhabens
2.2	Besonderheit der Geschäftsidee
2.3	Unternehmensleitbild und Unternehmensziele
2.4	Qualifikation des Gründers (Aus- und Weiterbildung, Berufserfahrungen, Branchenkenntnisse, kaufmännische Kenntnisse)
2.5	Motiv und Eignung für die selbstständige Tätigkeit
2.6	Voraussetzungen für die Gewerbeausübungsberechtigung
3.	**Produkt- und Dienstleistungsplanung**
3.1	Produktbeschreibung
3.2	Beschreibung der Dienstleistungen, Kundendienste
3.3	Besonderheiten des Produkt- und Leistungsprogramms
3.4	Vorteile und Nutzen für den Kunden
3.5	Vorteile gegenüber der Konkurrenz
3.6	Ideenschutz (Patente, Gebrauchsmusterschutzrechte, technische Zulassungen)
3.7	Künftige Entwicklungsmöglichkeiten der Produkte/Dienstleistungen
4.	**Marktübersicht/Branche**
4.1	Kundensegmente (Referenzkunden, Privat-/Geschäftskunden, Einkaufsverhalten)
4.2	Marktvolumen
4.3	Wachstumsraten des Marktes
4.4	Grundlagen von Wachstumsprognosen
4.5	Zukunftsaussichten der Branche
4.6	Analyse der Konkurrenten
4.7	Angebots- und Preisvergleich mit den Konkurrenten
4.8	Stärken und Schwächen der Konkurrenz
4.9	Innovationsvorsprung zur Konkurrenz
4.10	Begründung der Standortwahl, Standortfaktoren
4.11	Künftige Entwicklungschancen des Standortes

5.	**Marketing/Vertrieb**
5.1	Produkt- und Leistungsstrategie, Kundennutzen
5.2	Preisstrategie und Konditionenpolitik, Instrumente der Preisgestaltung
5.3	Vertriebsstrategie (Absatzgrößen, Zielgebiete, Vertriebspartner, Vertriebskosten)
5.4	Werbestrategie (Arten der Werbung, Werbewege, Werbemittel, Werbebudget)
6.	**Unternehmensorganisation/Personal**
6.1	Regelungen über Zuständigkeiten und Verantwortlichkeiten, Organisationsform, Unternehmensführung
6.2	Rechtsform (Gründe, Gesellschafterstruktur, Gesellschaftsanteile)
6.3	Betriebsstätte, Betriebs- und Geschäftsausstattung
6.4	Aufbau- und Ablauforganisation
6.5	Qualitätssicherung und Qualitätsmanagement
6.6	Organisation des Rechnungswesens und Controllings
6.7	Personalorganisation, Qualifikation und Weiterbildung der Mitarbeiter, Lohnformen, Arbeitszeitmodell
7.	**Finanzierung**
7.1	Investitionsplan (Bauten, Maschinen und Fahrzeuge, Betriebs- und Geschäftsausstattung)
7.2	Kapitalbedarfsrechnung (lang- und kurzfristiger Kapitalbedarf)
7.3	Finanzierungsplan (Eigenkapital, Fremdkapital, Sicherheiten, Beteiligungen, Kapitaldienstberechnung für Fremdkapital)
7.4	Finanz- und Liquiditätsplan (Einnahmen, Ausgaben, Liquiditätsreserve)
7.5	Kosten-, Umsatz- und Gewinnplan, Rentabilitätsvorschau
7.6	Persönliche Lebenshaltung (inkl. Reserve für Krankheit/Unfall etc.)
8.	**Chancen und Risiken**
8.1	Chancen
8.2	Bestehende Risiken
8.3	Maßnahmen zur Risikovermeidung
9.	**Lebenslauf und Unterlagen** (z. B. Gesellschaftsvertrag, Pachtvertrag, Kooperationsvertrag, Leasingvertrag, Marktanalysen, Branchenkennzahlen, Gutachten, Schutzrechte, Übersicht der Sicherheiten)

10.2 Betriebsübernahme bzw. -beteiligung

In den nächsten Jahren stehen in Deutschland aus Altersgründen der Betriebsinhaber sehr viele Handwerksbetriebe zur Übergabe an. Aus volkswirtschaftlichen und arbeitsmarktpolitischen Gründen sollten die Betriebe und ihre Arbeitsplätze nach Möglichkeit erhalten werden. Dieses Ziel lässt sich aber nur erreichen, wenn möglichst viele Handwerker, die selbstständig werden wollen, sich auch damit auseinandersetzen, einen bestehenden Handwerksbetrieb gleich zu übernehmen bzw. zunächst eine Beteiligung oder Partnerschaft anzustreben.

Die Fachverbände und die Handwerkskammern unterhalten Betriebsvermittlungsbörsen, in denen Betriebe, die einen Nachfolger suchen, registriert sind.

Betriebsvermittlungsbörsen

> Bei der Übergabe bzw. Übernahme eines Handwerksbetriebes bestehen in finanzieller Hinsicht unterschiedliche Interessenlagen zwischen Übergebern und Übernehmern. Der Übergeber versucht ein Optimum an finanziellen Einnahmen zu erzielen, um aus dem Erlös der Betriebsübergabe beispielsweise seine Altersversorgung sicherzustellen, während der Übernehmer darauf zu achten hat, dass die finanziellen Übernahmebedingungen für ihn betriebswirtschaftlich tragbar sind und der zu übernehmende Betrieb auf lange Sicht eine tragfähige und sichere Existenz bieten wird.

10.2.1 Betriebsübergabe aus der Sicht des Übergebers

Jeder Betriebsinhaber sollte grundsätzlich für den Fall des plötzlichen Todes die Nachfolge des Betriebes durch Testament oder Erbvertrag sichern.

Die Übergabe des Betriebes sollte mehrere Jahre vor dem beabsichtigten Zeitpunkt geplant werden. Dabei steht die zentrale Frage im Vordergrund, ob der Betrieb an einen Familienangehörigen, an einen Mitarbeiter oder an einen außenstehenden Nachfolger übergeben werden soll.

Unabhängig davon gilt es eine Reihe wichtiger Fragen zu lösen, so unter anderem:

Wichtige Fragen

- Form der Übergabe – Vertragsgestaltungen
- erbrechtliche Fragen (bei Weitergabe innerhalb der Familie) bzw. Schenkungsrecht
- Einbindung des Nachfolgers durch Beteiligung
- Verkaufspreis (Angemessenheit)
- Verkauf auf Raten
- Verkauf auf Rentenbasis
- Angemessenheit des Pachtzinses (evtl. Wertsicherungsklausel), Vertragslaufzeit bei Verpachtung
- optimale steuerliche Gestaltung
- Absicherung der Altersversorgung
- Freistellung von betrieblichen Verpflichtungen.

10.2.2 Vor- und Nachteile der Selbstständigmachung durch Betriebsübernahme

Ein Handwerker sollte sich bei einem Angebot zur Übernahme eines bestehenden Betriebes in jedem Falle sehr kritisch mit allen Einzelheiten auseinandersetzen. Nicht jeder angebotene Betrieb ist wettbewerbsfähig und das Geld wert, das dafür verlangt wird. Eine sehr eingehende Beratung ist dringend zu empfehlen.
Grundsätzlich bietet eine Betriebsübernahme Vor- und Nachteile gegenüber der Neugründung.

Vorteile einer Betriebsübernahme

> Vorteile:
- Betriebsgebäude und Betriebseinrichtung sind vorhanden.
- Kundenstamm ist gegeben.
- Qualifizierte und eingearbeitete Mitarbeiter sind vorhanden.
- Der Betrieb ist am Markt platziert.
- Die Risiken der Anlaufperiode fallen weg.
- Der Vorgänger hilft bei der Einführung bei den Kunden.

Nachteile einer Betriebsübernahme

> Nachteile:
- Maschinen und Geschäftseinrichtung sind möglicherweise veraltet.
- Erweiterungsmöglichkeiten des Betriebes sind beschränkt.
- Kaufpreis, Miete oder Pacht sind überhöht.
- Bestehende Arbeitsverhältnisse müssen übernommen werden.
- Kunden können Geschäftsbeziehung abbrechen.
- Haftungsrisiken für Steuern und eventuell für Verbindlichkeiten des Vorgängers.
- Gefahr, in alten Arbeitsweisen und Geschäftspraktiken zu verharren.

10.2.3 Formen der Betriebsübernahme

Grundformen

Es gibt folgende Grundformen der Betriebsübernahme:

- Kauf gegen einmalige Zahlung des gesamten Kaufpreises
- Kauf auf der Basis von Ratenzahlung
- Kauf auf Rentenbasis
- Übernahme auf der Basis eines Pachtvertrages
- Übernahme innerhalb der Familie im Wege der Erbfolge mit oder ohne Auflagen
- Übernahme auf der Grundlage der Schenkung ohne Gegenleistung
- Übernahme durch Schenkung unter Auflagen (z. B. Rentenzahlung an Eltern, Ausgleichszahlungen an Geschwister)
- Übernahme auf der Basis der Beteiligung.

Welche Form im Einzelfall zur Anwendung kommt, hängt von den jeweiligen Gegebenheiten ab. Für jeden Fall der Betriebsübernahme gibt es aber unterschiedliche Formen und Gestaltungsmöglichkeiten, die sorgfältig geprüft, argumentativ abgewogen und unter Einschaltung von Beratungsleistungen entschieden werden müssen. Die dafür wichtigen Kriterien ergeben sich aus den nachstehenden Ausführungen.

a) Analyse des Standes und der künftigen Entwicklung des Betriebes

Der Erwerber eines Betriebes sollte möglichst viele und umfassende Informationen über die Entwicklung des Betriebes in den vergangenen Jahren und über den aktuellen Zustand der betrieblichen Gegebenheiten einholen. Daran hat sich eine Analyse der künftigen Entwicklungsmöglichkeiten anzuschließen.

Aktueller Zustand des Betriebes

Folgende Beurteilungskriterien sind für den aktuellen Zustand eines Betriebes wichtig:

Beurteilungskriterien

- Gründe für die Abgabe des Betriebes: Hier ist sorgfältig zu ermitteln, ob Alters-, Gesundheits- oder sonstige persönliche Beweggründe wirklich auch zutreffen oder ob wirtschaftliche Probleme des Betriebes die tatsächlichen Gründe für die Abgabe des Betriebes sind.
- Vorhandene Bausubstanz der Betriebsräume: Die Betriebsräume sollten in funktionsfähigem, ordentlichem Bauzustand sein und eine langfristige Entwicklung des Betriebes ermöglichen.
- Technischer Stand der Betriebseinrichtung: Funktionsfähigkeit und technischer Stand sind unter dem Aspekt des Leistungsprogramms zu prüfen.
- Qualifikation und Sicherung der Mitarbeiter: Die Qualifikation der Mitarbeiter sollte den gegenwärtigen und künftigen Anforderungsprofilen entsprechen. Werden die Mitarbeiter auch nach der Betriebsübernahme bleiben?
- Ökologische Altlasten: Es ist zu prüfen, ob das Betriebsgrundstück mit Schadstoffen oder anderen Altlasten belastet ist.
- Standort und Standortsicherung: Hier stehen folgende Fragen im Mittelpunkt: Ist der Standort für die kommenden Jahre optimal, und kann er langfristig gesichert und eventuell auch erweitert werden? Stimmen die Infrastruktur, die Verkehrsanbindung, die Parkmöglichkeiten usw.? Hat sich die Bedeutung des Standortes verändert (z.B. durch Bau einer Umgehungsstraße oder eines neuen Einkaufszentrums etc.)?
- Stellung des Betriebes am Markt: Hier ist festzustellen, welche Stellung der Betrieb am regionalen und ggf. sektoralen Markt hat und wie wettbewerbsfähig er ist.
- Zusammensetzung der Kundenstruktur: Wie setzt sich der vorhandene Kundenstamm aus regionaler Sicht, nach Kaufkraft, Alter usw. zusammen? Welche Möglichkeiten bestehen, den vorhandenen Kundenstamm zu erhalten und auszubauen?
- Leistungsprogramm des Betriebes: Ist das Leistungsprogramm marktgerecht und wettbewerbsfähig? Entspricht es den Marketingstrategien des Übernehmers?
- Aktuelle Ertragslage des Betriebes: Zu prüfen ist, ob die Ertragskraft des Betriebes im, über oder unter dem Branchendurchschnitt liegt.

Zurückliegende Entwicklung des Betriebes

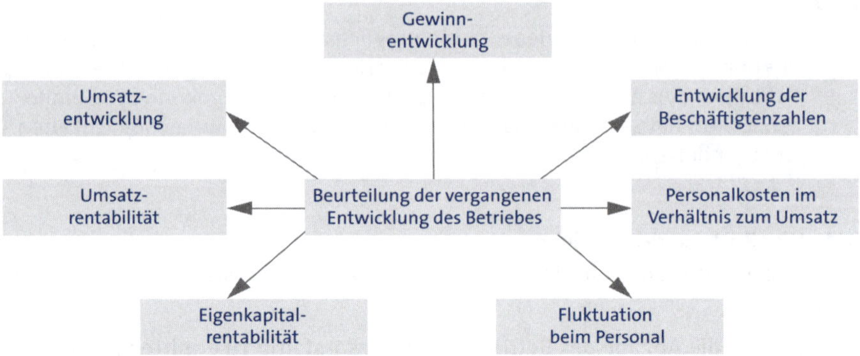

Für die Beurteilung der aufgezeigten Entwicklungskriterien hat sich der Betriebsübernehmer die Jahresabschlüsse (Bilanzen, Gewinn- und Verlustrechnungen usw.) des Betriebes mindestens der letzten drei Jahre vorlegen zu lassen. Dadurch kann er sich ein Bild über die betriebswirtschaftlichen Fakten und Entwicklungstendenzen machen. Wenn diese Zahlen noch mit Zahlen aus Betriebsvergleichen des betreffenden Handwerkszweiges verglichen werden, erhält man zusätzliche Aufschlüsse darüber, wie der Betrieb im Vergleich zum Durchschnitt der Branche liegt.

Künftige Entwicklung des Betriebes

Entscheidend für die Betriebsübernahme ist nicht allein die bisherige Umsatz- und Gewinnentwicklung, sondern sind die künftig zu erwartenden Umsätze und Gewinne. Es ist daher die Frage zu stellen, ob aufgrund der künftigen Umsatz- und Kostenentwicklung und deren Veränderungen die Ertragslage konstant bleibt, sich verbessert oder sich verschlechtert.

Auf Basis des Zahlenmaterials des Betriebes aus der bisherigen Entwicklung müssen die voraussichtlichen künftigen Entwicklungslinien erarbeitet werden. Dabei sind je nach Art und Form der Betriebsübernahme zu erwartende Veränderungen zu berechnen bzw. zu schätzen.

Zu klärende Faktoren

Folgende Abklärungen sind im Wesentlichen erforderlich:

- Welche Kostensteigerungen ergeben sich künftig aufgrund vorzunehmender zusätzlicher Investitionen (höhere Abschreibungen)?
- Welche zusätzlichen Kosten ergeben sich, wenn im Gegensatz zu bisher künftig Mieten für Geschäftsräume anfallen?
- Welche Aufwendungen fallen an, wenn der Betrieb auf Pachtbasis übernommen wird?
- Welche Personalkosten fallen zusätzlich an?
- Welche Kosten verursacht eine eventuelle Fluktuation im Personalbestand?
- Fallen zusätzliche Kosten für die Einhaltung gesetzlicher Auflagen an?
- Welche Zinsaufwendungen fallen künftig zusätzlich für die anteilige Fremdfinanzierung des Kaufpreises des Betriebes und für zusätzliche Investitionen an?

- > Welche Kosten fallen zusätzlich für besondere Marketing- und Werbeaktionen im Zusammenhang mit der Betriebsübernahme und später an?
- > Welche Kostenerhöhungen treten durch Änderung des Produktions- bzw. Leistungsprogramms ein?
- > Welche Umsatzrückgänge sind durch das „Abspringen" von Kunden des bisherigen Betriebes zu erwarten?
- > Sind Umsatzrückgänge durch Ausscheiden von Teilen des Personals zu befürchten?
- > Welche Umsatzsteigerungen werden voraussichtlich durch Änderung des Leistungsprogramms, durch veränderte Marketingstrategien, stärkere Kundenorientierung und Gewinnung neuer Kunden eintreten?

Anhand der durch die Prüfung und Beantwortung der gestellten Fragen gewonnenen Zahlen ist nun die Gewinn- und Verlustrechnung des Betriebsübergebers zu korrigieren. Die so entstehende Zahlenübersicht (Planzahlen) ergibt die Rentabilitätsvorschau bzw. Gewinnplanung für den Betriebsübernehmer, die die wichtigste Grundlage für seine Entscheidungen zur Übernahme des Betriebes darstellt.

Bei der Berechnung kann man nach folgendem Schema, das je nach der Zahl der notwendigen Korrekturen entsprechend den gestellten Fragen untergliedert werden kann, vorgehen. Die „Korrekturen" können ggf. auch in Nebenrechnungen erfolgen.

Schema:
Gewinnplanung bzw. Rentabilitätsvorschau für den Betriebsübernehmer

	Durchschnittszahlen des zu übernehmenden Betriebes der letzten drei Jahre	**Geplante Zahlen für das erste Geschäftsjahr des Betriebsübernehmers**
	EUR	EUR
Umsatz ./. Materialverbrauch	____ ____	____ ____
= Rohgewinn I ./. Personalkosten	____ ____	____ ____
= Rohgewinn II ./. Sachkosten	____ ____	____ ____
= erweiterter Cashflow ./. Zinsen	____ ____	____ ____
= Cashflow ./. Abschreibungen	____ ____	____ ____
= Gewinn (Betriebsergebnis)	____	____

10.2.4 Betrieblicher Bestandsschutz

> In der Regel haben bestehende Betriebe Bestandsschutz, wenn sie mit rechtskräftiger Genehmigung auf Basis der damals geltenden Bau- und Immissionsschutzgesetze errichtet wurden. Der Bestandsschutz eines bestehenden Betriebes geht aber nicht immer automatisch auf den Erwerber über. Es gibt Fälle, bei denen der bisherige Betrieb über den Bestandsschutz nur noch geduldet wurde. Auch können notwendige Veränderungen und Erweiterungen am gegebenen Standort des Betriebes nach dem aktuell geltenden Baurecht nicht mehr genehmigungsfähig sein.

Bauordnungsrecht

Beim Erwerb eines Betriebes sollte im Vorfeld aber genau geprüft und geklärt werden, ob ein Bestandsschutz vorliegt. Im Bauordnungsrecht unterscheidet man zwischen

- aktivem Bestandsschutz: Ein Gebäude darf auch nach Änderung der Rechtslage weiter entsprechend der bisherigen Nutzungsart genutzt werden.
  und
- passivem Bestandsschutz: Reparaturen, Instandsetzungs- und Modernisierungsmaßnahmen sind erlaubt, soweit sie mit der genehmigten Nutzung vereinbar sind.

Im letzten Fall besteht allerdings sehr schnell die Gefahr, dass es sich um genehmigungspflichtige Änderungen handeln könnte. Außerdem ist immer genau zu prüfen, ob gegebenenfalls genehmigungspflichtige Nutzungsänderungen bezüglich der Art des Unternehmens vorliegen. Hier empfiehlt sich auf jeden Fall die Inanspruchnahme von Beratung.

Nutzungsänderung

Wenn Neu-, An- oder Umbauten am Betriebsgebäude beabsichtigt sind, so muss dies vorher mit der Baubehörde der Gemeinde abgeklärt werden. Dort kann man die Genehmigungsfähigkeit, die Auflagen und Beschränkungen in Erfahrung bringen. Eine Nutzungsänderung muss ebenfalls baurechtlich genehmigt werden, wenn für die neue Nutzung andere Anforderungen gelten.

Werden Erweiterungsmöglichkeiten in der Zukunft ins Auge gefasst, sind Flächennutzungs- und Bebauungsplan zu beachten.

Nach zugestellter Baugenehmigung sind erteilte Auflagen sorgfältig zu prüfen und, falls notwendig, durch die Einlegung von Rechtsmitteln anzufechten.

10.2.5 Kriterien der Kaufpreisermittlung

Wertermittlung

Bei den unentgeltlichen Betriebsübergabeformen spielt der Wert des Unternehmens nur eine untergeordnete Rolle (Ausnahme: Steuer). Dagegen ist beim Erwerb eines Betriebes durch Kauf oder pachtweise Übernahme der Unternehmens- bzw. Betriebswert eine entscheidende Größe. Zur Wertermittlung gibt es kein Verfahren, das betriebswirtschaftlich völlig problemlos und unumstritten ist. Hinzu kommt, dass die Interessenlage von Übergeber und Übernehmer hinsichtlich der Wert- und Preisvorstellungen sehr unterschiedlich ist. Der Übergeber hat im Hinblick auf seine „Lebenssituation und sein Lebenswerk" meist überhöhte Wertvorstellungen und will mit dem Verkaufserlös oder den Pacht- bzw. Rentenzahlungen in der Regel seine Altersversorgung sichern. Der Nachfolger dagegen wird sich nüchtern an den tatsächlichen Werten der Betriebsräume, Maschinen und Einrichtungsgegenstände orientieren; ferner an seinen Finanzierungsmöglichkeiten, an der Tragbarkeit der finanziellen Belastungen und an der Möglichkeit, eine sichere und langfristige Existenzgrundlage für sich und seine Familie auf der Grundlage erzielbarer und ausreichender Gewinne schaffen zu können.

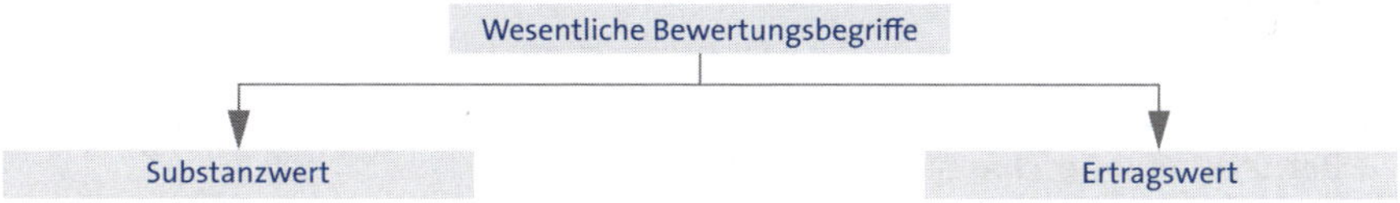

Substanzwert

> Der Substanzwert stellt den Zeitwert (nicht Buchwert!) des betriebsnotwendigen Anlage- und Umlaufvermögens dar.

Er beinhaltet insbesondere die Maschinen, Werkzeuge, Betriebsfahrzeuge, Betriebs- und Geschäftsausstattung sowie den erforderlichen Material- und Warenbestand. Bei seiner Ermittlung kann beispielsweise ein technischer Berater des Landesinnungsverbandes oder der Handwerkskammer behilflich sein. Sollten Betriebsgrundstücke und -gebäude übertragen werden, ist im Regelfall eine Verkehrswertschätzung durch Sachverständige erforderlich. Es geht bei diesem Verfahren also um den Verkauf aller Vermögenswerte zu aktuellen Marktpreisen. Es kann als Grundlage am ehesten dann genommen werden, wenn Immobilien und Anlagen den überwiegenden Teil des betrieblichen Vermögens bilden.

Ertragswert

> Der Ertragswert errechnet sich auf Basis der künftig zu erwartenden Erträge, die – aufgrund der unsicheren Prognose – aus den betriebswirtschaftlichen Gewinnen der vergangenen vier Jahre abgeleitet werden.

Sie berücksichtigen die Tatsache, dass das Interesse eines Firmenerwerbers nicht einem Gebrauchtmaschinenpark, sondern den daraus erzielbaren Gewinnchancen gilt.
Der Substanzwert stellt heute im Allgemeinen lediglich einen Mindestwert übergabefähiger Betriebe dar. Aus dem betrieblichen Umsatz abgeleitete Preisvorstellungen (x Euro pro 100.000,00 Euro Umsatz) sollte der Kaufinteressent keinesfalls ungeprüft akzeptieren. Aus aktuellen Umsätzen ist die künftige Gewinnerwartung nicht ohne Weiteres abzuleiten. Auch bei Eintritt in laufende Verträge (z. B. Wartungsverträge) können nur die im Umsatz enthaltenen Plangewinne als Auftragswert abgegolten werden.

a) Ermittlung des Substanzwertes

Zur Ermittlung des Substanzwertes werden alle Vermögensgegenstände zusammengestellt.

	Euro
Betriebsgrundstück (soweit Erwerb)	
+ Betriebsgebäude	
+ Maschinen, Werkzeuge	
+ Betriebsfahrzeuge	
+ Betriebs- und Geschäftsausstattung	
+ Material- und Warenbestand	
= Substanzwert	

b) Ermittlung des Ertragswertes

AWH-Standard

Die Betriebsberater der Handwerkskammern verwenden ein softwaregestütztes, standardisiertes Ertragswertverfahren, das auf die Besonderheiten von Handwerksbetrieben abgestimmt ist. Dieses Verfahren wird als AWH-Standard bezeichnet. Es findet bundesweit in Expertenkreisen Anerkennung. Der AWH-Standard sieht elf Schritte vor, um den Unternehmenswert zu berechnen:

11 Schritte

1. Bewertungsauftrag
2. Informationen zum Unternehmen und Beurteilung der wirtschaftlichen und betrieblichen Verhältnisse
3. Beschreibung der Bewertungsverfahren und der Bewertungsmethodik
4. Aktiva: Erfassung der Buchwerte, Verkehrswerte und der Restnutzungsdauer aller Vermögensgegenstände
5. Passiva: Erfassung der Buchwerte und eventuell abweichende Bewertung der Verbindlichkeiten (z. B. Rückstellungen)
6. Erfassung der Gewinn- und Verlustrechnungen der letzten vier Geschäftsjahre
7. Berechnung der kalkulatorischen Kosten (Unternehmerlohn, Abschreibungen, Miete, Zinsen)
8. Erfolgsprognose sowie Korrektur der steuerlichen Werte um betriebswirtschaftlich und kalkulatorisch richtige Ansätze, Erfassung eindeutig erkennbarer und feststellbarer Veränderungen der zukünftigen Umsatz- und Kostenstruktur
9. Ermittlung des Kapitalisierungszinssatzes
10. Berechnung des Ertragswertes/Vergleich mit Substanzwert
11. Ergebnis

Der Kapitalisierungszinssatz beinhaltet die entscheidenden Erfolgs- und Risikofaktoren. Hierdurch erhält die Bewertung einen Zukunftsbezug sowie eine Korrektur der vom Veräußerer geprägten Ertrags- und Kostenstruktur.
Elemente des Kapitalisierungszinssatzes sind:

Elemente

> Basiszinssatz
> Risikozuschläge für
  - Personenabhängigkeit
  - Branchenkonjunktur
  - Produkt- und Leistungsangebot
  - Kundenstruktur

  - Standort und Wettbewerb
  - Personalstruktur
  - Betriebsausstattung
  - sonstige Risiken.
- > Inhaberabhängigkeit – beurteilt nach
  - wichtigen Kunden
  - Hauptlieferanten
  - Bankbeziehungen
  - technischem Know-how
  - kaufmännischem Know-how
  - Produkt-/Sortimentsgestaltung
  - Arbeitsablauf/Arbeitssteuerung
  - produktiver Mitarbeit
  - Vorhandensein einer Stellvertreterregelung bzw. einer zweiten Führungsebene
  - Stellung im Umfeld.

Der Ertragswert berechnet sich dann wie folgt:

$$\text{Ertragswert} = \frac{\text{zu erwartender betriebswirtschaftlicher Gewinn} \times 100}{\text{Kapitalisierungszinssatz}}$$

Beispiel:

Die betriebswirtschaftliche Gewinnerwartung beträgt 30.000,00 EUR, der Kapitalisierungszinssatz wird auf 25 % veranschlagt.

$$\text{Ertragswert} = \frac{30.000{,}00 \times 100}{25} = 120.000{,}00 \text{ EUR}$$

Firmenwert

Steht diesem Ertragswert ein Substanzwert von beispielsweise 80.000,00 EUR gegenüber, so ergibt sich ein sog. Firmenwert (good will), den ein Erwerber zusätzlich zum Substanzwert bereit wäre zu zahlen; z. B. für

- > Ruf, Bekanntheitsgrad, Image,
- > Standortqualität,
- > bestehende Lieferantenbeziehungen,
- > bestehende Bankbeziehungen,
- > Kundenstamm,
- > Mitarbeiterstamm,
- > vorhandenes handwerkliches Know-how usw.

Ertragswert 120.000,00 EUR	Firmenwert 40.000,00 EUR	• immaterielle Wirtschaftsgüter
	Substanzwert 80.000,00 EUR	• materielle Wirtschaftsgüter

Gewährleistungsrisiken

Bei der Vereinbarung des Kaufpreises sind ggf. rückständige Urlaubsansprüche der zu übernehmenden Mitarbeiter oder übernommene Gewährleistungsrisiken zu berücksichtigen. Die Übernahme von Bank- und Lieferantenkrediten ist aufgrund der Haftungsverflechtung von Privat- und Betriebsvermögen in Handwerksbetrieben seltener zu beobachten.

Zusammenfassend kann festgehalten werden:

> Mithilfe eines bundesweit standardisierten Bewertungsverfahrens nach dem AWH-Standard wird auf Basis des Ertragswertverfahrens ein realistischer Wert für das Unternehmen errechnet, der eine geeignete Basis beispielsweise für Verkaufsverhandlungen bietet.

Das Verfahren basiert auf dem umfassenden Erfahrungswissen der auf das Handwerk spezialisierten organisationseigenen Betriebsberater der Handwerkskammern und Fachverbände des Handwerks. Der AWH-Standard stellt sicher, dass bei der Berechnung die besonderen Anforderungen für Handwerksunternehmen ausreichend berücksichtigt werden und sich die zukünftigen Ertragsaussichten des Unternehmens in dem errechneten Wert widerspiegeln.

10.2.6 Gestaltung des Übernahme- bzw. Gesellschaftsvertrages (Kauf, Pacht, Rente etc.)

a) Kauf

Der Kauf des Betriebes schafft klare Eigentumsverhältnisse und bringt in der Regel für die Folgezeit die geringsten Probleme. Wenn Einigung über den angemessenen Kaufpreis erzielt ist, muss im Kaufvertrag die Zahlungsweise geregelt werden.

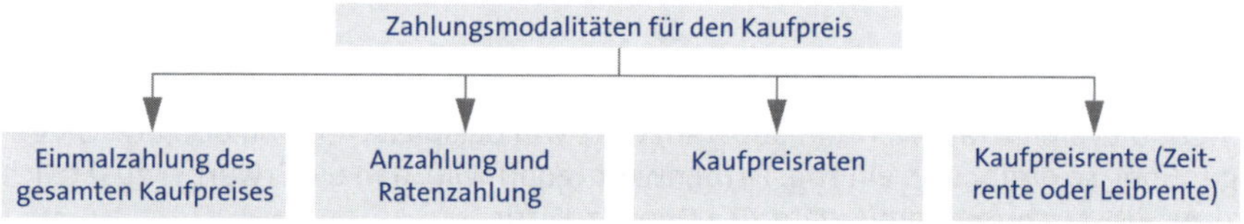

Leibrente

Zeitrenten laufen für eine im Kaufvertrag festgelegte Zeitdauer, Leibrenten bis zum Tod des Rentenberechtigten.

b) Pacht

> Der Vorteil für den Betriebsübernehmer liegt vor allem darin, dass er einen geringeren Kapitalbedarf hat und der Pachtzins steuerlich als Betriebsausgabe abzugsfähig ist.

Um das bei der Pacht gegebene Konfliktpotenzial zwischen Verpächter und Pächter in vertretbaren Grenzen zu halten, kommt es wesentlich auf klare Regelungen im Pachtvertrag an.

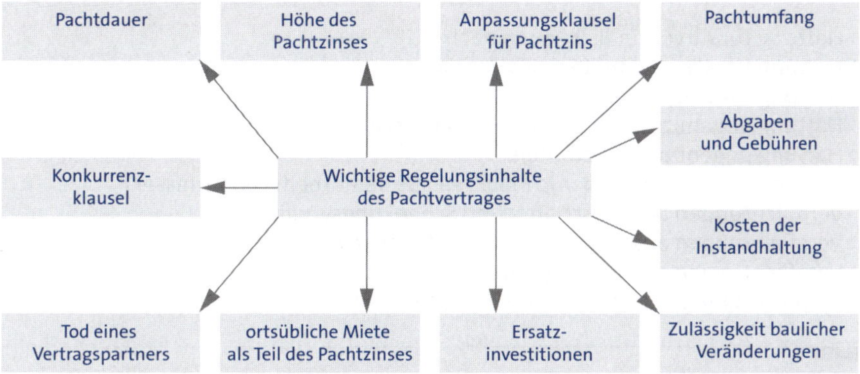

c) Kauf und Miete kombiniert

Eine weitere denkbare Form der Betriebsübernahme ist der Kauf der Maschinen, Einrichtungsgegenstände und des Materiallagers bei gleichzeitiger Anmietung der Betriebsräume beim bisherigen Betriebsinhaber. Die Freiheit des Übernehmers in seinen betrieblichen Entscheidungen ist in diesem Falle nur durch die Abhängigkeit im Rahmen des Mietvertrages eingeschränkt.

d) Erbfolge, Schenkung

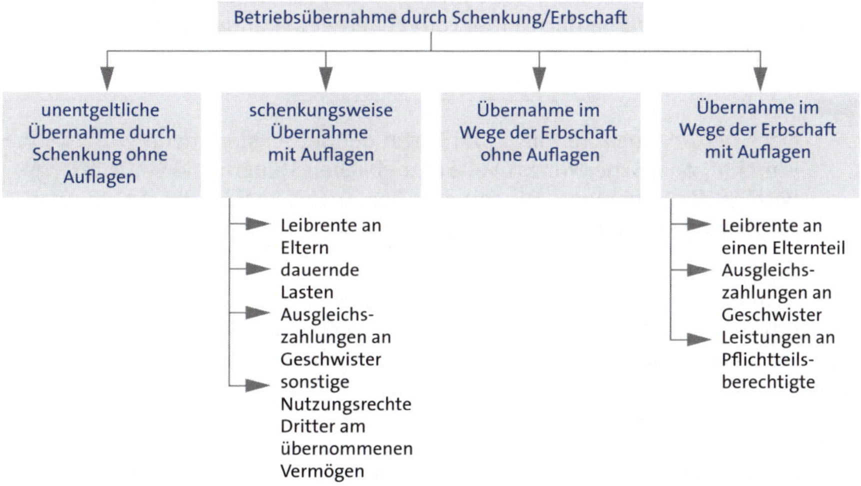

Bei diesen Betriebsübernahmen handelt es sich fast ausschließlich um Vorgänge innerhalb der Familie (z. B. Vater/Sohn, Vater/Tochter).

Bei Betriebsübernahmen im Wege der Schenkung und der Erbschaft sind vor allem die steuerlichen Fragen vorher zu klären. Steuerliche Fragen

10.2.7 Gesetzliche und vertragliche Pflichten

Haftungsrisiken

Im Zusammenhang mit der Betriebsübernahme ergeben sich vielfältige gesetzliche und vertragliche Pflichten sowie mögliche Haftungsrisiken des Übernehmers.

> Haftung für Altverbindlichkeiten nach HGB
> Haftung für Steuerschulden des Vorgängers
> Haftung für Umweltschäden des Vorgängers
> Haftung gegenüber Kunden (z. B. Gewährleistungen)
> Haftung gegenüber Lieferanten
> Übernahme von Rechten und Pflichten aus den Arbeitsverhältnissen
> Verpflichtungen aus Erbschafts- und Schenkungsvorgängen
> Verpflichtungen aus Kauf-, Pacht- oder Mietverträgen
> Verpflichtungen aus Versicherungsverträgen
> Verpflichtungen aus dem ehelichen Güterrecht.

Ist das übernommene Unternehmen im Handelsregister eingetragen und wird der Firmenname vom Erwerber fortgeführt, haftet er für alle im Betrieb begründeten Verbindlichkeiten des Vorgängers.

Haftungsausschluss

Ein Haftungsausschluss kann in diesem Falle vertraglich vereinbart werden. Er ist jedoch nur wirksam, wenn der Haftungsausschluss im Handelsregister eingetragen und bekannt gemacht oder den einzelnen Gläubigern ausdrücklich mitgeteilt wurde.
Ist das übernommene Unternehmen unter neuem Namen (also ohne Fortführung des alten Firmennamens) im Handelsregister eingetragen, haftet der Nachfolger für frühere Schulden nur, wenn die Haftung vertraglich besonders vereinbart und die Übernahme der Verbindlichkeiten vom Erwerber in handelsüblicher Weise bekannt gemacht worden ist.

Nach der Abgabenordnung (§ 75) haftet der Betriebsübernehmer bei Kauf, Erbschaft oder Schenkung für alle betrieblichen Steuern und Steuerabzugsbeträge des Vorgängers, die seit dem Beginn des letzten, vor der Übernahme liegenden Kalenderjahres entstanden sind.

Die Haftung bezieht sich z. B. auf Gewerbesteuer, Umsatzsteuer, Lohnsteuer, Kfz-Steuer, nicht jedoch auf Personensteuern (z. B. Einkommensteuer). Die Haftung für Steuern kann vertraglich nicht ausgeschlossen werden. Sie beschränkt sich auf das übernommene Betriebsvermögen.

Beim Betriebsübergang tritt der Erwerber in alle bestehenden Rechte und Pflichten aus den Arbeitsverhältnissen der bisher im Betrieb beschäftigten Arbeitnehmer ein (§ 613a BGB).

Arbeitnehmer

Das bedeutet in der Praxis, dass die Arbeitnehmer ihre bisher erworbenen Rechte wie z. B. übertarifliche Entlohnung, Sonderzahlungen, eventuell zusätzlichen Urlaub behalten. Kündigungen von Arbeitsverhältnissen anlässlich des Betriebsübergangs sind unwirksam (Kündigungsschutz).
Diese Regelung ist zwingend und kann nicht durch Vereinbarung zwischen Veräußerer und Erwerber ausgeschlossen oder eingeschränkt werden.
Der bisherige Arbeitgeber oder der neue Inhaber hat die von einem Betriebsübergang betroffenen Arbeitnehmer vor dem Übergang in Textform zu unterrichten über

Unterrichtungspflicht

- den Zeitpunkt des Übergangs,
- den Grund für den Übergang,
- die rechtlichen, wirtschaftlichen und sozialen Folgen des Übergangs für die Arbeitnehmer und
- die hinsichtlich der Arbeitnehmer in Aussicht genommenen Maßnahmen.

Der Arbeitnehmer kann dem Übergang des Arbeitsverhältnisses innerhalb eines Monats nach Zugang der Unterrichtung schriftlich widersprechen. Der Widerspruch kann gegenüber dem bisherigen Arbeitgeber oder dem neuen Inhaber erklärt werden. Die Folge des Widerspruchs ist, dass der Arbeitsvertrag mit dem bisherigen Arbeitgeber bestehen bleibt, der wiederum betriebsbedingt kündigen kann, wenn er kein Unternehmen mehr betreibt, in dem der widersprechende Arbeitnehmer beschäftigt werden könnte.

10.2.8 Finanzierung der Betriebsübernahme

In Bezug auf alle grundsätzlichen Fragen der Investitionsplanung, Kapitalbedarfsrechnung, zu Finanzierungsplan und Kapitaldienstermittlung, zum Finanz- und Liquiditätsplan wird auf die Ausführungen vorausgehender Abschnitte verwiesen. Die dort dargestellten Grundsätze gelten, soweit hier keine übernahmespezifischen Besonderheiten behandelt wurden, entsprechend.

a) Förderungsmaßnahmen zur Betriebsübernahme

> Die zahlreichen Förderungsprogramme und Förderungsmöglichkeiten für Existenzgründungen (>> siehe Lernsituation 3) gelten grundsätzlich auch für die Finanzierung von Betriebsübernahmen.

Familie

Erfolgt eine Betriebsübernahme innerhalb der Familie, kann die Förderfähigkeit eingeschränkt sein, wenn finanzielle Leistungen im Zuge der Übernahme an Eltern oder Schwiegereltern geleistet werden. Ausgleichszahlungen an Geschwister und Neuinvestitionen für Maschinen usw., die im Zuge der Betriebsübernahme anfallen, können in der Regel gefördert werden. Da die Förderkonditionen bei den Landesprogrammen unterschiedlich sein können, empfiehlt sich eine Information bzw. Beratung beim Betriebsberater der Handwerkskammer, und zwar vor Beginn des Vorhabens. Außerdem werden die Förderkonditionen immer wieder geändert.

10.2.9 Formalitäten bei der Betriebsübernahme

Wie bei der Neugründung sind auch bei der Betriebsübernahme eine Reihe von Formalitäten zu beachten und Änderungsmeldungen vorzunehmen:

Änderungsmeldungen

- Gewerbeamt (Änderungsmeldung)
- Agentur für Arbeit (Änderungsmeldung)
- Finanzamt (neue Steuernummer)
- Gewerbeaufsichtsamt (Ummeldung)
- gesetzliche Krankenkasse (Mitteilung)
- deutsche Rentenversicherung, Berufsgenossenschaft (Mitteilung)
- Versicherungen (Ummeldung bzw. Änderung)
- Telefon (Änderung)
- Versorgungsunternehmen (Mitteilung)
- Banken (Konten, Daueraufträge ändern)
- Notar, wenn beurkundungspflichtige Verträge abgeschlossen wurden
- Handwerkskammer (Ummeldung)
- u. U. Handelsregister (Ummeldung).

10.2.10 Betriebsbeteiligung

Der Weg in die berufliche Selbstständigkeit im Handwerk kann im Wesentlichen – wie teilweise schon dargestellt – in folgenden Formen beschritten werden:

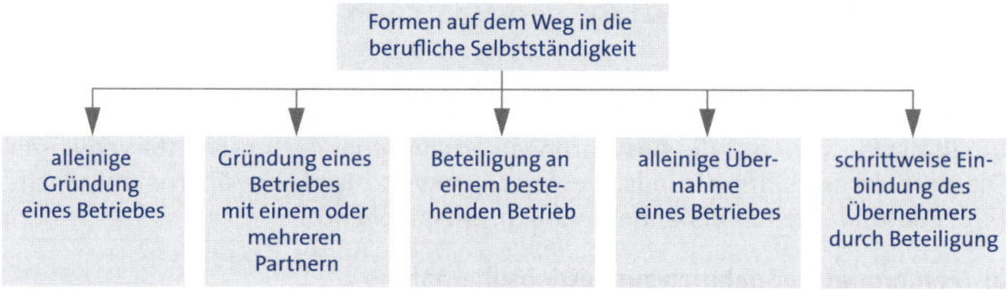

Partner

Für alle aufgeführten Formen gilt es, die wichtigen Fragen zu klären und die dargestellten Grundsätze und Handlungsweisen zu beachten, die in den genannten Ausführungen zur Gründung bzw. zur Betriebsübernahme dargestellt wurden. In Bezug auf die Gründung eines Betriebes mit einem oder mehreren Partnern, die Beteiligung an einem bestehenden Betrieb sowie hinsichtlich der schrittweisen Betriebsübergabe auf Basis einer übergangsweisen Betriebsbeteiligung gibt es weitere Gesichtspunkte zu beachten. Die am häufigsten angewandten Beteiligungsformen werden kurz dargestellt.

10.2.11 Berufliche Selbstständigkeit auf Basis der Partnerschaft

Bei der Entscheidung, ob die berufliche Selbstständigkeit allein als Einzelunternehmer oder in Partnerschaft angestrebt wird, sind verschiedene Vor- und Nachteile abzuwägen.

Für eine alleinige Betriebsgründung als Einzelunternehmer spricht u. a.:

Pro Einzelunternehmer

> Freiheit in allen Entscheidungen
> eigenverantwortliches Handeln
> alleinige Führungskompetenz
> alleiniges Vertretungsrecht
> Gewinn steht ausschließlich dem Inhaber zu
> keine Abhängigkeit von Partnern
> kein Risiko aus der Partnerschaft mit Gesellschaftern.

Demgegenüber trägt der Einzelunternehmer auch allein das volle Risiko für die gesamte selbstständige Tätigkeit; die Entwicklung des Betriebes hängt von seinem persönlichen Einsatz an Arbeit und Kapital ab. Er ist für alle Leitungsfunktionen allein zuständig.
Vorteile der partnerschaftlichen betrieblichen Tätigkeit:

Pro Partnerschaft

> Risikoverteilung
> Arbeitsteilung (z. B. technisch, betriebswirtschaftlich, fachlich)
> Aufteilung in Innen- und Außendienst
> Zuordnung bei mehreren Betriebsstätten
> Kenntnisse der Partner ergänzen sich
> gegenseitige Vertretungsmöglichkeit
> gemeinsame Finanzierung
> geteilte Verantwortung.

Von der sorgfältigen Prüfung und Auswahl des oder der Partner hängt es entscheidend ab, ob der gemeinsame Betrieb erfolgreich sein wird oder in einem Misserfolg endet.

Folgende wichtige Fragen sind u. a. zu stellen und kritisch zu beantworten:

Wichtige Fragen

> Passen die Partner von ihrer menschlichen Grundstruktur zusammen?
> Stimmen die „Chemie“ und die „Wellenlänge“?
> Haben sie den uneingeschränkten Willen zur sachlichen Zusammenarbeit?
> Ist das notwendige gegenseitige Vertrauen vorhanden?
> Haben sie ähnliche Strukturen in ihrem Lebensstil?
> Verfügen sie in etwa über die gleiche berufliche Einsatzbereitschaft?
> Welche gemeinsamen strategischen Ziele verfolgen die Partner mit dem gemeinsamen Betrieb?
> Stimmen ihre Vorstellungen für eine langfristige Entwicklung und gegenseitige Bindung überein?
> Welche Leistungen bringen die Partner in den Betrieb ein (Arbeitsleistung, Erfahrungen, Beziehungen, Eigenkapital)?
> Welche Aufgaben werden von den einzelnen Partnern im Betrieb übernommen?
> Welche Arbeitsteilung ist vorgesehen?
> Wie soll die Arbeitszeit der Partner geregelt sein?
> Kann oder will ein Partner auch in anderen Bereichen (z. B. Nebentätigkeit) arbeiten?
> Wie sind die Kompetenzen der Partner zu regeln?
> Wie erfolgen die Gewinnverteilung und die Privatentnahmen?

> Sollen die Ehefrauen der Partner im Betrieb mitarbeiten und passen diese auch persönlich und menschlich zusammen?
> Welche Regelungen sind für den Krankheitsfall eines Partners vorgesehen?
> Welche Regelungen sollen Platz greifen im Falle des Todes oder Ausscheidens eines Partners aus dem Betrieb?
> Sind durch Ehevertrag oder Testament die Risiken für das Weiterbestehen des Betriebs eingegrenzt?
> Welche Rechtsform ist für den gemeinsamen Betrieb vorgesehen, und welche Regelungen soll der Gesellschaftsvertrag vorsehen?

Formen der Beteiligung, Rechtsformen

Die Beteiligung an einem Betrieb kann unabhängig davon, ob es sich um eine Neugründung von Partnern, die Beteiligung an einem bestehenden Unternehmen oder um eine schrittweise Einbindung des Nachfolgers im Zuge der Übernahme handelt, in unterschiedlichen Rechtsformen erfolgen.

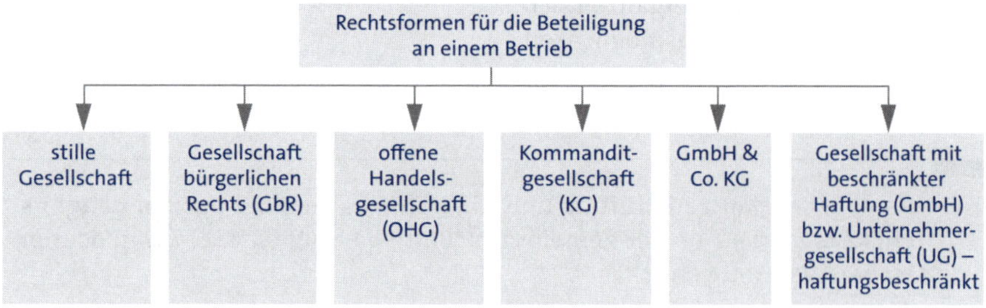

Die zentralen Fragen, die bei der Wahl der Rechtsform im Zusammenhang mit einer Beteiligung zu stellen sind, sind in >> Lernsituation 7 dargestellt.
Bei der Wahl der Rechtsform ist dringend eine besondere steuerliche Beratung zu empfehlen.

Beteiligung auf Zeit

Wie bereits erwähnt, kann die Betriebsübernahme auch in Form einer Beteiligung auf Zeit erfolgen, um einen schrittweisen Übergang vom Übergeber zum Übernehmer zu erreichen.

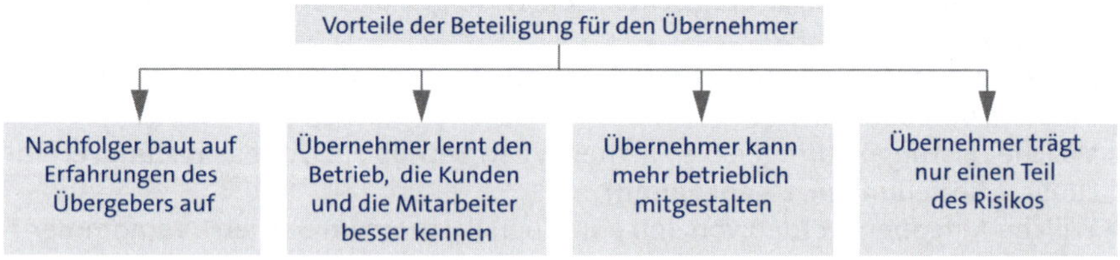

Betriebsaufspaltung

Grundsätzlich können im Zuge einer schrittweisen Betriebsübernahme alle aufgeführten Rechtsformen infrage kommen. Eine Sonderform der Beteiligung des Übernehmers stellt die Betriebsaufspaltung dar. Der Betrieb des Übergebers (Besitzunternehmen) verpachtet alle oder einen Teil der Wirtschaftsgüter (z. B. Grundstücke, Gebäude, Maschinen) an eine zu gründende Betriebs-GmbH, an der der Übernehmer beteiligt ist. Diese Betriebs-GmbH führt die eigentliche Tätigkeit des Betriebes aus. Bei dieser Lösung werden also zwei Unternehmensformen miteinander kombiniert. Je nach Einzelfall können in der Zeitabfolge unterschiedliche Beteiligungsverhältnisse an beiden Unternehmensformen praktiziert und am Ende der Übergabephase dann alle Anteile sowohl an dem Besitzunternehmen als auch an der Betriebs-GmbH an den Übernehmer übertragen werden.

Wiederholungsfragen sowie handlungsorientierte, fallbezogene Übungs- und Prüfungsaufgaben

1. Als Existenzgründer machen Sie sich Gedanken über Ihr Unternehmensleitbild.

   Aufgabe: Stellen Sie wichtige Elemente dar, die Sie bei Ihrem Betrieb dabei berücksichtigen sollten!

   >> Seite 237 |

2. Sie sind Inhaber eines Handwerksbetriebes und haben die Erfahrung gemacht, dass das äußere Erscheinungsbild des Betriebes im Sinne einer kundenorientierten Außendarstellung und das Unternehmensleitbild im Sinne einer Unternehmenskultur für den geschäftlichen Erfolg sehr wichtig sind.

   Aufgabe:

   a) An welchen Fragen werden Sie Ihre betrieblichen Leitgrundsätze orientieren?

   b) Warum ist der Meisterstatus ein wesentlicher Bestandteil des Erscheinungsbildes Ihres Betriebes?

   >> Seiten 236 bis 237, 238 |

3. Sie wollen sich als junger Handwerksmeister demnächst selbstständig machen. Um sich Verbrauchern und Kunden bestmöglich und unverwechselbar einzuprägen, gestalten Sie ein Firmenzeichen und setzen es entsprechend ein.

   Aufgabe:

   a) Auf welche Effekte richten Sie Ihr Firmenzeichen aus?

   b) In welchen Bereichen werden Sie das Firmenzeichen einsetzen, damit dessen Bekanntmachung und Durchsetzung möglichst rasch erfolgt?

   >> Seite 238 |

4. Sie legen bei der Planung Ihrer Betriebsgründung in Ihrem Beruf das Produkt- und Leistungsprogramm fest. Im Zuge der zunehmenden Kundenorientierung in allen Bereichen der Wirtschaft und im Hinblick auf ein beabsichtigtes Höchstmaß an Kundenzufriedenheit wollen Sie die wichtigsten Kundendienstleistungen auflisten.

   Aufgabe: Stellen Sie Ihre geplanten Leistungen für diesen Bereich dar!

   >> Seite 239 |

5. Welche allgemeinen Bedingungen sollte ein Businessplan in jedem Fall erfüllen?

   >> Seite 240 |

6. Welche wichtigen Gliederungspunkte sollte ein Businessplan enthalten?

>> Seiten 241 bis 242 |

7. Ein Inhaber eines Handwerksbetriebes will in absehbarer Zeit seinen Betrieb aus Altersgründen an einen geeigneten Nachfolger übergeben.

   Aufgabe: Welche Punkte hat er dabei zu beachten?

>> Seite 243 |

8. Sie sind ein Handwerker, der sich selbstständig machen will. Dabei haben Sie grundsätzlich die Möglichkeit, entweder einen Handwerksbetrieb neu zu gründen oder einen schon bestehenden Betrieb zu übernehmen. Um Ihre Entscheidung für den einen oder anderen Fall zu treffen, ist es notwendig, die Vor- und Nachteile einer Betriebsübernahme gegeneinander abzuwägen.

   Aufgabe: Stellen Sie für Ihre Entscheidung die Vor- und Nachteile zusammen und wägen Sie diese gegeneinander ab!

>> Seite 245 |

9. Als junger Handwerksmeister haben Sie für sich die Entscheidung getroffen, das Ziel der beruflichen Selbstständigkeit auf dem Weg einer Betriebsübernahme zu verwirklichen.

   Aufgabe: Geben Sie an, welche Grundformen es hierfür gibt!

>> Seite 244 |

10. Der Inhaber eines Handwerksbetriebes will seinen Betrieb aus Altersgründen abgeben. Er bietet Ihnen den Betrieb zur Übernahme an. Sie wollen sich möglichst umfassend über die vergangene Entwicklung, den aktuellen Zustand sowie die künftigen Entwicklungsmöglichkeiten des Betriebes informieren.

    Aufgabe:

    a) Beschreiben Sie die Kriterien, nach denen Sie den aktuellen Zustand des Betriebes beurteilen!

    b) Welche Fragen haben Sie bei der Beurteilung der künftigen Entwicklung des zu übernehmenden Betriebes zu klären, und welche Berechnungen nehmen Sie konkret vor?

    c) Erstellen Sie anhand eines Schemas eine Gewinnplanung bzw. Rentabilitätsvorschau zur Beurteilung der Zukunftsentwicklung des Betriebes!

>> Seiten 245 bis 247 |

11. Welche Aussage ist zutreffend?

- [ ] a Der Bestandsschutz eines bestehenden Betriebes geht nicht immer auf den Erwerber über.
- [ ] b Der Bestandsschutz eines bestehenden Betriebes geht immer auf den Erwerber über.
- [ ] c Der Bestandsschutz eines bestehenden Betriebes gilt für den Erwerber nur, wenn er von der Innung genehmigt wird.
- [ ] d Der Bestandsschutz eines bestehenden Betriebes gilt für den Erwerber nur, wenn er von der Handwerkskammer genehmigt wird.
- [ ] e Der Bestandsschutz eines bestehenden Betriebes gilt für den Erwerber nur, wenn er vom zuständigen Landeswirtschaftsministerium genehmigt wird.

>> Seite 248 |

12. Wer ist für die Abklärung bzw. Genehmigung von Neu-, An- und Umbauten zuständig, die im Zuge einer Betriebsübernahme vorgenommen werden?

- [ ] a Die Innung.
- [ ] b Die Handwerkskammer.
- [ ] c Die Industrie- und Handelskammer.
- [ ] d Das zuständige Gewerbeamt bei der Gemeinde.
- [ ] e Die Baubehörde der Gemeinde.

>> Seite 248 |

13. Beim Erwerb eines Betriebes spielt der Unternehmens- bzw. Betriebswert eine entscheidende Größe. Dabei spielen mehrere Bewertungsbegriffe eine wichtige Rolle. Setzen Sie in die nachfolgenden Sätze den jeweils richtigen Begriff ein: Ertragswert (A); Substanzwert (B); Firmenwert (C).

- [ ] a Der ________________ stellt den Zeitwert (nicht Buchwert!) des betriebsnotwendigen Anlage- und Umlaufvermögens dar.
- [ ] b ________________ ist die Größe, die ein Erwerber zusätzlich zum Substanzwert bereit wäre zu zahlen.
- [ ] c Der ________________ errechnet sich auf Basis der künftig zu erwartenden Erträge, die – aufgrund der unsicheren Prognose – aus den betriebswirtschaftlichen Gewinnen der vergangenen vier Jahre abgeleitet werden.

>> Seiten 249, 250 bis 251 |

14. Als Handwerksmeister haben Sie die Absicht, einen Ihnen zur Übernahme angebotenen Handwerksbetrieb durch Kauf zu erwerben. Damit Ihr Vorhaben finanziell tragbar ist und die Möglichkeit eröffnet wird, eine sichere, langfristige Existenzgrundlage für Sie und Ihre Familie zu schaffen, muss der Kaufpreis des Betriebes angemessen sein. Der Wertermittlung des Betriebes kommt somit eine zentrale Bedeutung zu. Für die Durchführung der Bewertung und die Kaufpreisermittlung sind eine Reihe von Unterlagen notwendig.

Aufgabe: Wie gehen Sie bei der Wertermittlung vor?

a) Geben Sie an, wie Sie den Substanzwert des Betriebes ermitteln!

b) Erläutern Sie, auf welchen Faktoren der Ertragswert beruht und wie er berechnet wird!

c) Welche Faktoren und Elemente gehen in die Bildung des Kapitalisierungszinssatzes ein?

d) Erklären Sie, wie sich der Firmenwert des zu übernehmenden Betriebes ergibt!

>> Seiten 249 bis 251 |

15. Sie befinden sich als Betriebsübernehmer, nachdem Einigkeit über den Kaufpreis besteht, in Verhandlungen über die Zahlungsmodalitäten des Kaufpreises.

Aufgabe: Erläutern Sie die geläufigsten Zahlungsmöglichkeiten!

>> Seiten 252 bis 253 |

16. Als Handwerker liegt Ihnen ein Angebot vor, einen Handwerksbetrieb pachtweise zu übernehmen. Sie wollen das Angebot annehmen.

Aufgabe: Erläutern Sie, auf welche wichtigen Regelungsinhalte Sie beim Abschluss des Pachtvertrages achten sollten!

>> Seite 253 |

17. Nachdem Sie Ihre Meisterprüfung mit Erfolg bestanden haben, will Ihnen Ihr Vater seinen Handwerksbetrieb übergeben. Es handelt sich also um eine Betriebsübergabe innerhalb der Familie. Dabei sind unterschiedliche Gestaltungsformen denkbar.

Aufgabe: Stellen Sie zwei der geläufigen Standardformen bei der Betriebsübergabe innerhalb der Familie dar!

>> Seite 253 |

18. Im Rahmen der Übernahme eines Handwerksbetriebes haben Sie als Übernehmer auch die Frage zu prüfen, inwieweit sich für Sie gesetzliche und vertragliche Pflichten sowie Haftungskriterien ergeben.

Aufgabe: Stellen Sie dar, welche diesbezüglichen Pflichten und Risiken für Sie als Übernehmer bestehen!

>> Seiten 254 bis 255 |

19. Wer fördert Betriebsübernahmen durch finanzielle Zuwendungen bzw. zinsgünstige Kredite in erster Linie?

- a Die Innungen.
- b Die Handwerkskammern.
- c Die Gemeinde- und Stadtverwaltungen.
- d Der Bund und die Länder.
- e Die Handwerksförderungsinstitute.

>> Seite 255 |

20. Sie haben als Handwerksmeister einen Betrieb übernommen. Dabei sind mehrere Formalitäten, Mitteilungen und Änderungsmeldungen an Behörden und sonstige Einrichtungen erforderlich.

Aufgabe: Erläutern Sie die notwendigen Formalitäten, Mitteilungen und Meldungen!

>> Seite 256 |

21. Im Rahmen Ihrer beruflichen Lebensplanung haben Sie sich vorgenommen, selbstständig tätig zu werden. Dabei beziehen Sie in Ihre Überlegungen auch die Frage ein, ob Sie diesen Weg allein oder zusammen mit einem Partner gehen wollen. Deshalb wollen Sie die Vorteile der Tätigkeit als Einzelunternehmer oder in Partnerschaft gegeneinander abwägen.

Aufgabe: Stellen Sie für den vorliegenden Fall fest:

a) Die Vorteile der alleinigen Tätigkeit als Einzelunternehmer!

b) Die Vorteile einer partnerschaftlichen Tätigkeit!

>> Seiten 257 bis 258 |

22. Im Zusammenhang mit der Planung der Gründung eines Handwerksbetriebes haben Sie sich entschieden, die berufliche Selbstständigkeit nicht allein als Einzelunternehmer, sondern in Partnerschaft mit einem Berufskollegen umzusetzen. Es ist Ihnen klar, dass die sorgfältige Prüfung und Auswahl des Partners eine wichtige Voraussetzung dafür ist, ob der gemeinsame Betrieb erfolgreich sein wird oder in einem Misserfolg endet.

Aufgabe: Erläutern Sie die wichtigsten Fragen, die bei der Auswahl des Partners zu stellen sind!

>> Seiten 257 bis 258 |

23. Nach bestandener Meisterprüfung wollen Sie sich im Zuge Ihrer beruflichen Lebensplanung selbstständig machen. Sie haben die Absicht, keinen neuen Betrieb zu gründen, sondern sich an einem bestehenden Betrieb zu beteiligen. Nunmehr liegt Ihnen ein entsprechendes Angebot eines Kollegen vor.

Aufgabe: Welche Rechtsformen können dabei in Frage kommen?

>> Seite 258 |

Lösungen zu den Wiederholungsaufgaben sowie handlungsorientierten, fallbezogenen Übungs- und Prüfungsaufgaben

1. Bedeutung persönlicher Voraussetzungen für den Erfolg beruflicher Selbstständigkeit begründen

1. –

2. Wirtschaftliche, gesellschaftliche und kulturelle Bedeutung des Handwerks sowie Nutzen von Mitgliedschaften in den Handwerksorganisationen darstellen und bewerten

1. a)	2. –	3. d)	4. –	5. –	6. –
7. –	8. a) 2 b) 2 c) 1 d) 2 e) 1 f) 1	9. e)	10. d)	11. a) b) b) – c) – d) –	12. –
13. –	14. –	15. –	16. –	17. a) 1, b) 2 c) 1 d) 2 e) 1	18. b)
19. a)	20. d)	21. –	22. a)	23. a)	24. e)
25. d)	26. b)	27. d)	28. –	29. –	30. –
31. b)	32. a), d)	33. d)	34. e)	35. b)	36. a) A b) B c) A d) C
37. –	38. a)	39. a)	40. –	41. –	42. –
43. –	44. –	45. d)			

3. Möglichkeiten der Inanspruchnahme von Beratungsdienstleistungen sowie von Förder- und Unterstützungsleistungen bei Gründung und Übernahme eines Unternehmens aufzeigen und bewerten

1. –	2. –	3. –	4. –	5. b)	6. –
7. –	8. –	9. noch nicht	10. –	11. c)	12. c)
13. b)	14. c)				

4. Entscheidungen zu Standort, Betriebsgröße, Personalbedarf sowie zur Einrichtung und Ausstattung eines Unternehmens treffen und begründen

1. –	2. –	3. –	4. a)	5. –	6. –
7. –	8. –	9. –			

5. Marketingkonzept zur Markteinführung entwickeln und bewerten

1. –	2. –	3. –	4. b)	5. a), d)	6. –
7. –	8. –	9. –	10. a)	11. –	12. –
13. –					

6. Investitionsplan und Finanzierungskonzept aufstellen und begründen; Rentabilitätsvorschau erstellen und Liquiditätsplanung durchführen

1. –	2. –	3. –	4. –	5. –	6. a) C, B b) B c) A, B
7. –	8. –	9. –	10. –	11. –	12. –

7. Rechtsform aus einem Unternehmenskonzept ableiten und begründen

1. d)	2. d)	3. –	4. a)	5. –	6. b)
7. a)	8. –	9. –	10. b)	11. –	12. –
13. –					

8. Rechtsvorschriften, insbesondere des bürgerlichen Rechts sowie des Gesellschafts- und Steuerrechts, im Zusammenhang mit Gründung oder Übernahme von Handwerksbetrieben anwenden

1. –	2. d)	3. b)	4. a)	5. –	6. a)
7. b)	8. e)	9. –	10. e)	11. e)	12. b)
13. –	14. –	15. –	16. c)	17. –	18. b)
19. –	20. –	21. –	22. a)	23. d)	24. –
25. –	26. b)	27. e)	28. –	29. b)	30. d)
31. –	32. –	33. d)	34. –	35. –	36. a)
37. –	38. –	39. a)	40. –	41. c)	42. –
43. b)	44. d)	45. –	46. a)	47. c)	48. –
49. b)	50. –	51. a)	52. b)	53. –	54. a)
55. –	56. –	57. b)	58. c)	59. –	60. e)
61. b)	62. c)	63. –	64. –	65. –	66. –
67. d)	68. b)	69. –	70. –	71. d)	72. c)
73. –	74. d)	75. d)	76. a)	77. b)	78. e)

79. d)	80. a)	81. a)	82. e)	83. b)	84. a)
85. c)	86. c)	87. e)	88. –		

9. Notwendigkeit privater Risiko- und Altersvorsorge begründen, Möglichkeiten aufzeigen

1. –	2. –	3. d)	4. b)	5. –	6. d)
7. b)	8. –	9. d)	10. –	11. e)	12. a) A b) B c) A d) B e) B f) B
13. –	14. –	15. a), c)	16. –		

10. Bedeutung persönlicher Aspekte sowie betriebswirtschaftlicher und rechtlicher Bestandteile eines Unternehmenskonzeptes im Zusammenhang darstellen und begründen

1. –	2. –	3. –	4. –	5. –	6. –
7. –	8. –	9. –	10. –	11. a)	12. e)
13. a) B b) C c) A	14. –	15. –	16. –	17. –	18. –
19. d)	20. –	21. –	22. –	23. –	

A

B

C

D

E

F

G

S

T